예수님이 만사형통 이신 이유

강요셉 지음

**예수님의 뜻은 믿는자가 만사가 형통하는 것이다.
예수님은 천지를 주관하시는 분이기 때문이다.**

예수님은 동행하며 성도들의 삶을 이끌어 주신다.
예수님은 성도들이 세상에서 누리기를 원하신다.

예수 믿었으면 만사형통의 복을 누려야 야한다.

성령출판사

예수님이
만사형통 이신 이유

성령

들어가는 말

예수를 믿었다는 것은 축복입니다. 하나님께서 부르실 때는 축복하시기 위해서 부르신 것입니다. 이는 아브라함을 불러서 축복하신 것을 보면 이해가 가는 것입니다. 일부 목회자나 성도들이 예수를 믿으면 고난을 당해야 하는 것으로 알고 있는 경우가 있습니다. 예수님께서 우리를 구원하시기 위해서 고난을 당했으니 고난을 당해야 한다는 것입니다. 물론 하늘의 사람으로 바꾸기 위해서는 고난을 당해야 합니다. 그러나 하늘의 사람으로 바뀐 다음은 성령의 지배를 받으면서 살아가기 때문에 고난이 아니라, 평안의 삶이 되는 것입니다. 하나님께서 주신 축복을 누리면서 하나님의 나라 확장의 도구가 되어야 하기 때문입니다.

하나님의 뜻은 예수를 믿는 성도가 지금 이 땅에서 마음의 천국을 누리며, 아브라함의 복을 받아 누리면서 하나님의 나라 확장의 군사로 쓰임을 받다가 하나님의 나라에 들어가는 것입니다. 그렇기 때문에 죽어서 천국 가는 예수를 믿으면 하나님의 뜻과 상반된다는 것입니다. 죽어서 천국 가는 예수를 믿으면 이 땅에서 살아가면서 하나님의 나라 확장의 군사가 될 수가 없기 때문입니다. 하나님은 예수를 믿는 성도들이 하나님의 나라를 건설하는 군사가 되기를 원하십니다. 그렇기 때문에 성도들을 성령으로 인도하면서 훈련하시는 것입니다. 하나님은 우리를 부르실 때 분명하게 축복하여 하나님의 나라를 선전하게 하기 위해서 부르신 것입니다. 그렇기 때문에 예수를 믿었으면 만사형통의 복을 받아야 합니다.

이 책을 통하여 예수를 믿으면 받는 축복이 무엇인지 바르게 알기를 소원합니다. 바르게 성령의 인도를 받아 하나님께서 원하시는 영적인 수준으로 바뀌기를 바랍니다. 하나님은 영이신 하나님과 교통하는 성도가 되기를 원하시기 때문입니다. 예수를 믿는 성도는 하늘에 시민권이 있는 사람입니다. 이제 하나님께서 공급하시는 것으로 삶을 살아야 합니다.

문제가 생기더라도 하나님께 기도하여 하나님께서 지시하시는 방법으로 문제를 해결해야 합니다. 이 책을 통하여 영이신 하나님과 관계가 열려서 만사형통의 복을 받아 누리시기를 바랍니다.

주후 2015년 8월 20일
충만한 교회 성전에서
저자 강요셉목사.

세부적인목차

1부 예수님이 만사형통

1장 만사형통하게 하려고 오신 예수님

(요 3:16)"하나님이 세상을 이처럼 사랑하사 독생자를 주셨으니 이는 그를 믿는 자마다 멸망하지 않고 영생을 얻게 하려 하심이라"

예수님은 아담의 죄악으로 인하여 마귀의 포로가 된 사람들을 구원하여 하나님의 나라를 건설하려고 오셨습니다. 하나님의 부름에 순종하여 예수를 믿은 사람들을 만사형통하게 하셔서 하나님의 나라확장에 사용하시려고 부르신 것입니다. 그러므로 하나님의 부름에 순종하여 예수를 믿은 것은 축복이고 행운입니다. 하나님의 부르심에는 반드시 예비하신 축복이 있습니다. 하나님은 베드로전서 2장 9-10절에 "그러나 너희는 택하신 족속이요, 왕 같은 제사장들이요, 거룩한 나라요, 그의 소유가 된 백성이니, 이는 너희를 어두운 데서 불러내어 그의 기이한 빛에 들어가게 하신 이의 아름다운 덕을 선포하게 하려 하심이라. 너희가 전에는 백성이 아니더니 이제는 하나님의 백성이요 전에는 긍휼을 얻지 못하였더니 이제는 긍휼을 얻은 자니라" 한마디로 하나님을 선전하게 하려고 부르신 것입니다. 잘되게 하여 하나님을 증거하게 하려고 부르신 것입니다.

그뿐만 아니라, 하나님은 빌립보서 2장 13-14절에서 "너희 안에서 행하시는 이는 하나님이시니 자기의 기쁘신 뜻을 위하여 너희에게 소원을 두고 행하게 하시나니, 모든 일을 원망과 시비가 없이 하라" 하나님은 예수를 믿는 자에게 소원을 두고 행하신다는 것입니다. 그렇기 때문에 예수를 믿으면 만사형통하는 것은 당연한 것입니다. 그러므로 하나님의 부름을 받고 순종하여 예수를 믿었다는 것은 말로 표현할 수 없는 축복입니다.

그런데 똑같은 예수를 믿어도 어떤 사람은 만사가 형통합니다. 반대로 만사가 불통인 사람들이 있습니다. 그것은 하나님께서 갈렙에게 하신 말씀을 성령으로 깨달으면 이해가 될 것입니다. 하나님께서는 "오직 내 종 갈렙은 그 마음이 그들과 달라서 나를 온전히 좇았은즉 그의 갔던 땅으로 내가 그를 인도하여 들이리니 그 자손이 그 땅을 차지하리라(민14:24)"고 말씀하셨습니다. 하나님은 갈렙의 마음이 멸망했던 다른 사람과 완전히 달랐다고 말씀하신 것입니다. 온전하게 하나님을 좇았다는 것입니다. 온전하다는 것은 인간적인 것이 전혀 섞이지 않고, 하나님의 수족 같이 하나님을 좇는 성도는 만사가 형통하다는 것입니다. 또 이 책을 끝까지 잘 읽으시면 예수를 믿으면 왜 만사가 형통한가의 명확한 해답을 얻을 수 있을 것입니다. 찬송가 384장 (통 434장) "나의 갈길 다가도록"을 함께 불러보겠습니다.

1절. 나의 갈길 다가도록 예수 인도하시니 내주 안에 있는 긍휼 어찌 의심하리요, 믿음으로 사는 자는 하늘

위로 받겠네 무슨 일을 만나든지 만사형통 하리라. 무슨 일을 만나든지 만사형통 하리라.

2절. 나의 갈길 다가도록 예수 인도하시니, 어려운 일 당한 때도 족한 은혜 주시네, 나는 심히 고단하고 영혼 매우 갈하나 나의 앞에 반석에서 샘물 나게 하시네, 나의 앞에 반석에서 샘물 나게 하시네.

3절. 나의 갈길 다가도록 예수 인도하시니, 그의 사랑 어찌 큰지 말로 할 수 없도다. 성령감화 받은 영혼 하늘나라 갈 때에 영영 부를 나의 찬송 예수 인도하셨네, 영영 부를 나의 찬송 예수 인도하셨네. 아-멘

예수님을 주인으로 영접하고 죄사함 받아 예수 안에 들어오면 만사가 형통한 것은 당연한 것입니다. 동정녀 마리아에게서 태어난 예수 그리스도는 하나의 평범한 인물이 아니라, 그는 영원한 하나님께서 사람의 몸을 쓰시고 이 땅에 태어난 우리의 구주이시기 때문입니다. 이 그리스도를 주인으로 영접함으로 우리 개인의 운명이 달라지고 나라가 달라지고 인류의 역사와 운명이 달라져 왔고 지금도 달라지고 또 미래도 영원히 달라질 것입니다.

물론 예수를 믿기만 하면 바로 만사가 형통한 것이 아닙니다. 먼저 만사형통에 대하여 바르게 알아야 합니다. 만사형통이란 삶에 극한 어려움이 닥쳐도 하나님의 도움으로 극적으로 해결되는 것이 만사형통입니다. 처음 예수를 믿고 세상을 살아오면서 쌓인 것들을 말씀과 성령으로 해결할 때는 어려움이 있을 수

있습니다. 자신을 말씀과 성령으로 고치면서 하나님께서 원하시는 온전하게 순종하는 믿음의 수준으로 변화되는 것입니다. 변화가 되어야 하나님께서 원하시는 대로 지금 마음의 천국을 이루고, 삶에서 아브라함의 복을 받으며, 하나님 나라 건설에 군사로서 사명을 감당할 수가 있습니다. 하나님께서는 예수를 믿는 크리스천들을 성령으로 인도하면서 하나님께서 원하시는 영적인 수준에 도달하도록 훈련 하십니다. 온전한 믿음에 수준에 도달할 때도 성령님이 인도하시기 때문에 극한 상황에 처해도 하나님께 기도하여 순종함으로 극적으로 해결하게 됩니다.

우리는 만사형통의 복을 받기 위하여 예수를 믿었으면 먼저 교회에 들어와 예배를 드리며 말씀을 듣고 기도하다가 성령으로 세례를 받아야 합니다. 성령으로 세례를 받고 성령의 인도를 받으면서 세상에서 살아오면서 지은 죄를 회개해야 합니다. 그러면서 인간관계에서 받은 상처를 치유해야 합니다. 그러면서 혈통을 타고 역사하던 세상 신을 축귀하는 것입니다. 자꾸 자신의 마음 안에서 죄가 사해지니 세상이 떠나가고, 상처가 치유되고, 세상 신이 떠나가면서 하나님과의 관계가 열리는 것입니다. 성령의 인도를 받으면서 여호수아와 갈렙 같이 하나님께서 원하시는 온전한 믿음의 수준에 이르게 됩니다. 하나님의 뜻은 예수를 믿는 크리스천들이 모두 만사형통의 복을 누리면서 사는 것입니다. 예수님을 이 땅에 보내신 것은 하나님의 자녀들이 만사형통을 누리면서 세상에 하나님의 나라를 건설하기 위함입니다.

첫째, 예수님은 이 땅에 빛의 나라, 하나님의 나라를 건설하시려고 오셨습니다. 아무리 칠흑 같이 어두워도 빛이 비치면 어둠은 사라지고 천지가 광명하게 보이는 것입니다. 예수님이 오시기 전에는 인류는 캄캄한 밤 속에서 살았습니다. 왜냐하면 왜 우주가 생겨났는지 알 수가 없었습니다. 어떠한 과학자도 어떠한 철학자도 이 질문에 대한 정확한 대답을 할 수가 없었습니다. 사람은 왜 살며 어디에서 와서 어디로 가는 가 아무도 대답할 수가 없었습니다. 사람은 그저 유물론적으로 육신으로 태어나서 살다가 한줌의 흙으로 돌아간 다는 이것 외에는 아무것도 몰랐습니다. 그러나 그리스도께서 이 세상에 빛으로 오심으로 말미암아 이 모든 문제가 명명백백하게 밝혀지고 말은 것입니다. 흑암이 지배하고 있는 이 땅에 하나님의 나라를 건설하려고 오신 것입니다.

예수 그리스도가 이 땅에 오심으로 흑암이 물러가니 우주를 지으신 하나님께서 계시다는 것을 우리에게 증명해 보여 주신 것입니다. 그러므로 예수 그리스도의 생애를 통해서 하나님께서 나타나셔서 역사함으로 하나님이 살아 계신 것을 뚜렷이 보여 주셨습니다. 죄인의 죄를 사하고 귀신을 쫓아내며, 물위로 걸으시며, 오병이어로 오천 명을 먹이시고 열두 바구니를 남기시며, 죽은 나사로를 무덤에서 나흘 만에 살려내시며, 예수님 자신이 죽었다가 부활하신 이 역사를 통해서 이 우주에 하나님이 계신 것과 이 하나님께서 하늘과 땅과 세계와 그 가운데 모든 것을 지으셨다는 일을 의심할 수 없이 증명해놓고 말은 것입니다.

예수 그리스도가 오심으로 말미암아 바로 이 우주는 하나님과 그 아들 예수님께서 지으셨으며, 하나님의 즐거움을 위해서 하나님의 아름다운 정원으로 하나님께서 지으셨다는 것을 알 수 있습니다. 그러므로 그리스도가 오심으로 말미암아 태양이 의미가 있고, 달이 의미가 있고, 저 수많은 별들이 의미가 있으며, 이 우주가 왜 지어졌는가, 그 의미들을 우리는 발견 할 수가 있는 것입니다. 예수 그리스도로 말미암아 우리 한 사람 한 사람의 생명도 의미가 있고 가치가 있게 되는 것입니다. 우리는 우연히 왔다가 덧없이 살다가 한줌의 흙으로 돌아가는 존재가 아니라는 것을 예수를 통해서 알게 된 것입니다. 우리는 모두다 하나님의 형상과 모양대로 지음을 받은 귀한 존재이었으나 하나님을 반역하고 죄악으로 떨어져서 버림받은 존재이었습니다. 그러나 하나님이 우리를 이처럼 사랑하사 그 독생자를 보내주셔서, 우리의 죄를 예수께 담당시킴으로 우리 죄 때문에 예수님이 십자가에 못 박혀 몸 찢고 피를 흘려 죽어서 죄과를 지불하고, 하늘나라 가는 밝은 길을 열어 놓으셔서, 예수 그리스도를 통해서 우리 하나님께서 한 사람 한 사람을 불러 구원하시기를 원하시며, 우리로 하여금 하나님이 지으신 이 우주 만물의 아름다운 정원을 상속으로 받고, 하나님과 함께 영원히 살기를 원하는 존재라는 것을 밝히 깨달아 알게 된 것입니다.

이러므로 우리는 우연히 온 존재도 아니요, 덧없이 살다가 한

줌의 흙으로 돌아갈 존재도 아니라는 것을 알았습니다. 우리는 하나님의 형상과 모양을 닮은 영혼이 육체를 입고 살다가 육체의 장막집이 무너지면 그리스도를 통해서 구원받은 영혼들이 영원한 천국에 들어가서 우주를 상속으로 받아 이 아름다운 정원을 즐기면서 하나님과 함께 영원히 살 수 있는 존재라는 사실을 분명하게 우리 마음속에 깨달을 수 있게 된 것입니다. 이것은 예수께서 빛으로 오셨기 때문에 그리스도를 모시는 사람마다 빛 가운데 들어와서 이 진리를 소상히 알 수 있습니다.

둘째, 예수님은 우리에게 천국을 가지고 오셨습니다. 예수님이 오시기 전에는 인생들이 모두다 세상나라만 알고 세상 속에서 살았습니다. 세상나라는 인본주의가 판을 치는 나라입니다. 인간들은 인간 중심에 서서 무엇을 먹을까, 무엇을 입을까, 무엇을 마실까에 만 관심을 가졌습니다. 인간은 성적 욕망을 달성하기 위해서 몸부림치고 명예와 권력을 얻기 위해서 서로서로 대적해서 싸웠습니다. 만인이 만인을 대적해서 싸우는 삶을 살아왔습니다. 인간은 오직 감각주의에서서 눈으로 보고 귀로 듣고 코로 냄새 맞고 맛보고 손으로 만지는 세계 이외에는 아무것도 소유하지 않았습니다. 인간은 세속주의에 흘러가는 존재이었습니다. 그래서 이 세상의 쾌락을 얻기 위해서 이 세상의 풍속을 좇아 마음이 원하는 데로 살았습니다. 인간은 이 세상 밖에 가진 것이 없었습니다.

그러므로 이 세상을 떠날 때는 인간은 모든 것을 잃어버리고 말을 것입니다. 그러나 예수님이 크리스마스에 이 세상에 오심으로 주님은 우리에게 이 세상나라가 아닌 하늘나라를 가지고 와서 우리에게 소개해 주셨습니다. 예수님께서 오셔서 우리에게 하나님 아버지를 소개해 주셨습니다. 우리에게 보혜사 성령님을 소개해 주셨습니다. 전에는 알지 못했는데 하나님 아버지와 그 아들 예수와 성령 보혜사 삼위일체 하나님께서 우리의 가슴속에 들어오게 된 것입니다. 하나님의 자녀로서 영적인 가족을 이루며 살게 해주셨습니다. 그리고 우리에게 위대한 하나님의 말씀을 주셨습니다. 옛날에는 몰랐는데 하늘에서 내려온 말씀으로서 창세기부터 우리 영혼이 이 말씀을 통해서 새로운 세계를 발견하고 새로운 양식을 발견하게 된 것입니다.

옛날에는 인간의 수단과 방법으로만 살았는데 이제 예수님이 오시자 하늘나라의 능력을 의지하고 하나님을 우리 삶의 자원으로 삼고 믿음으로 사는 길을 열어주신 것입니다. 그래서 주님께서 오셔서 우리에게 없던 영적인 세계를 활짝 열어 주셨습니다. 인간이란 무엇인가 우리 영혼이 마음을 갖고 육체 속에 살고 있는 존재라는 것을 밝히 보여 주셨습니다. 육체는 세상에 속해 살지마는 우리 속사람은 하늘나라에 속해서 살아야만 된다는 것을 보여주셨습니다. 이러므로 그리스도가 오심으로 말미암아 우리는 두 세계 속에 살게 된 것입니다. 육신의 속에 속하여서 육체를 통해서 살고 우리들 속에 하늘나라가 들어와서 우리는 신령한 하늘나라와 더불어 살 수 있는 우리들이 되었습니다. 그래서 육체의 세계는 날로 늙어지나 우리 속 하늘나라 세계는 날로 새로워져서 주님오시는 그 날에 우리 속사람이 그리스도와 함께 영원한 영적인 세계 속에 들어가서 살 수 있는 길을 주님께서 열어주신 것입니다. 이를 위해서 예수님께서 오신 것입니다.

셋째, 우리에게 새로운 삶의 터전을 주시려고 오신 것입니다. 예수님이 오시기 전에는 우리들은 다 인간의 지혜와 지식과 총명과 수단과 방법으로 살아왔습니다. 이마에 땀을 흘리면서 살아왔습니다. 우리의 삶의 터전이 그것이었습니다. 또, 우리 대한민국 백성들은 이 삼천리 반도에서 삶의 터전을 삼고 살아왔습니다. 우리도 그것이 삶의 터전이었습니다. 그러나 예수님이 오심으로 말미암아 우리에게 새로운 삶의 터전을 제공해 주신 것입니다. 새로운 터전은 다른 것이 아니라 바로 십자가가 우리의 새로운 삶의 터전인 것입니다.

우리 주 예수께서 십자가를 우리에게 소개해 주심으로 그것이 우리의 새로운 삶의 세계가 전개 된 것입니다. 십자가에는 죄의 용서가 있는 삶의 터전이 있습니다. 십자가에는 하나님과 화목 되고, 하나님의 성령이 우리 속에 들어와서 거하시고, 우리가 하나님을 아버지로 삼고 우주를 지으신, 절대 전능하신 하나님을 향해서 아바아버지라고 부르고 살게 만들어 주신 것입니다. 아버지가 천지 만물을 지으셨으니 아버지와 함께 사는 우리들이 무엇을 두려워 할 수 있으리오. 아버지를 우리 삶의 터전으로 소개해 주신 것입니다. 예수님은 십자가를 통해서 우리에게 치료의 새로운 터전으로 예비해 주셨습니다.

우리는 이 세상에 살면서 마음과 육신이 수많은 병들에게 짓밟히고 찢겼지마는 십자가 밑에서 예수님이 만들어 주신 새로운 삶의 터전에는 치료가 있습니다. 전지전능하신 하나님의 기적적인 치료의 역사가 있어서 마음이 고침 받고 우리의 육신이 고침을 받게 하신 것입니다. 십자가 밑에 주님께서 마련하신 새로운 삶의 터전은 저주가 없어지고 가시와 엉겅퀴가 사라지고 아브라함의 축복이 우리에게 임하여서 모든 생활에서 형통할 수 있는 그런 삶의 터전을 만들어 주셨습니다.

예수님이 십자가 밑에서 만든 삶의 터전은 사망이 철폐되고 음부가 철폐되고 영생과 부활의 영광을 우리에게 갖다 주는 삶의 터전이 마련된 것입니다. 우리에게는 새로운 삶의 터전이 주워졌습니다. 수없이 많은 사람들이 교회에 가서 주여! 주여! 하면서도 하나님이 주신 이 삶의 새로운 터전을 얻지 못하고 내버리고 있습니다. 이스라엘 백성이 애굽에서 나왔지마는 그들이 젖과 꿀이 흐르는 가나안 땅, 삶의 새로운 터전을 저버려 놓고 그들은 태양이 내리쬐는 물기 없는 모래사장의 활활 타오르는 사막에서 살았습니다.

왜 그랬습니까? 그들이 알지 못했으므로 그들이 믿지 않았으므로 그들이 불순종하였으므로 하나님이 주신 젖과 꿀이 흐르는 가나안의 삶의 터전을 그들은 소유하지 못했습니다. 오늘날에도 우리에게는 십자가 밑에 하나님께서 새로운 삶의 터전을 허락하여 주셨습니다. 우리가 이것을 알고 믿어야 되는 것입니다. 우리가 이것을 순종하고 이것을 주장해야 되는 것입니다. 우리는 믿음으로 이 삶의 터전을 점령하고 예수께서 우리에게 주신 이 삶의 터전을 우리의 것으로 삼아야만 하는 것입니다.

넷째, 신령한 지혜와 지식과 총명을 주시기 위해서 오셨습니다. 이 세상에 태어난 인간의 본연의 지혜나 지식이나 총명을 통해서는 하나님 섭리나 역사를 깨달아 알 수가 없습니다. 아무리 대학에 들어가서 공부하고 연구원에 들어가서 공부해서 학, 박사의 지식을 얻는다 할지라도 하나님이 계획하고 적정하신 신령한 지식은 얻을 수가 없습니다. 그러나 우리는 예수를 믿음으로 말미암아 하나님의 성령께서 오심으로 우리에게 신령한 지혜와 지식과 총명을 주셔서 이 세상 사람이 알 수 없는 것을 알게 만들기 위해서 예수님이 오신 것입니다. 우리 주 예수께서 오심으로 우리는 이 세상에 살면서 무엇이 참이며 무엇이 거짓인 것을 알게 된 것입니다.

예수께서 말씀하시기를 내가 곧 길이요 생명이라고 말씀한 것입니다. 예수 그리스도를 모시고 예수 그리스도의 중심에 서고 예수님의 말씀을 따라가는 것은 그 어느 곳이나 진리인 것입니다. 그것은 속일 수가 없는 것입니다. 그러나 우리가 예수 중심으로 서지 않고 예수 그리스도의 말씀에 어긋나는 일을 할 때는 이것은 그 무엇을 해도 거짓이요, 마귀에게 속한 것입니다.

이러므로 우리가 이 땅에 살면서 무엇이 참이며 무엇이 거짓인가를 예수 그리스도를 통해서 밝히 알 수 있고 참을 따라서 살 수 있게 만들어 준 것을 하나님께 감사할 수밖에 없습니다. 그것뿐 아니라 때를 깨닫는 총명도 주셨습니다.

우리는 하나님이 주신 신령한 지혜와 지식과 총명을 통해서 하나님의 뜻을 압니다. 하나님은 예언하며 말씀하시기를 저희가 평안하다 안전하다할 그 때에 잉태된 여자에게 해산의 고통이 이름같이 멸망이 홀연히 다가올 것이라고 말씀한 것입니다. 그러므로 이 땅에 언제 멸망이 다가올지 알지 못하는 시대에 살고 있는 것입니다. 하나님의 진노와 심판이 어느 순간에 철퇴와 같이 우리 머리 위에 떨어질지 알지 못합니다. 그렇기 때문에 우리는 사람들이 평안을 구걸하고 있는 동안에 회개하고 자복하여 우리 마음속에 그리스도를 모실 준비를 하고 있습니다. 우리는 때를 알고 있습니다.

주께서 호령과 천사장의 고함과 하나님의 나팔로 친히 하늘로 좇아 강림하시리니 주안에서 죽은 자들이 먼저 일어나고 살아남은 자들이 변화되어 구름 속으로 끌려 올라가 영원히 주와 함께 있으리라고 말씀하고 있는 것입니다. 그 날과 그 시는 알지 못하지만은 주님의 강림하실 날이 바로 우리 눈앞에 와 있다는 이 사실을 오늘 우리는 예수 그리스도로 말미암아 신령한 지혜와 지식과 총명을 통해서 깨달아 알 수가 있습니다.

예수를 믿어 성령으로 말씀의 비밀을 깨달은 사람들, 기도하고 성령으로 충만함을 받은 사람들은 하나님이 주시는 신령한 지혜나 지식이나 총명을 통해서 이 모든 일이 결과적으로 어떻게 될 것을 우리는 밝히 알게 되는 것입니다. 곧 주님은 강림하실 것이요, 예수 그리스도를 믿는 사람은 다 변화되어 공중으로 올라 갈 것입니다. 이 세계는 칠 년 동안 적그리스도가 점령하는 나라가 될 것이요, 공중에는 칠 년 동안 성도들이 그리스도와 함께 혼인잔치를 할 것입니다.

철 년이 끝나고 난 다음에 이 땅에 내려와서 적그리스도와 사탄과 그 모든 따르는 사람들은 다 체포되어서 사탄과 적그리스도는 불과 유황으로 타는 못에 던짐을 받을 것입니다. 그리고 천년 왕국이 이루어지고 그 이후로 영원무궁 신천신지가 이루어질 것입니다. 우리는 그리스도와 함께 하나님을 섬기며 하나님이 만드신 이 우주의 아름다운 정원에서 우리는 영원히 살게 될 것입니다. 이것이 바로 하나님께서 우리에게 주신 복된 소식이요, 이와 같은 일을 하기 위해서 예수께서 이 땅에 찾아오신 것입니다.

다섯째, 우리에게 풍성한 생명을 주시기 위해서 오셨습니다. 아담과 하와가 하나님을 대적하고 떠나 나온 후로 이 세상은 삭막한 세상이 되고 사막이 되고 말았습니다. 마귀가 와서 도적질하고 죽이고 멸망시키는 일을 계속해 왔습니다. 인류는 서로 물고 찢고 싸우고 피투성이의 역사를 창조해 왔습니다. 비극은 어느 곳에나 연출되어 왔습니다. 그러나 예수께서 오신 것은 우리에게 생명을 주되 더 풍성히 주시려고 오셨습니다. 주님은 우리에게 더 많은 믿음을 주시고 소망을 주시고 사랑을 주시기 위해서 오셨습니다. 우리 주님께서는 성령으로 우리에게 의를 주시고 평강으로 넘치게 하시고 우리의 마음속에 기쁨이 충만하게 만들어 주시기 위해서 오셨습니다. 주님은 우리에게 긍정적인 삶을 주시고 적극적인 삶을 주시기 위해서 오신 것입니다. 우리 하나님이 우리와 같이 계심으로 하나님을 사랑하는 자 곧 그 뜻대로 부르심을 입은 자들에게는 모든 것이 합력하여 선을 이룹니다. 항상 하나님을 기뻐하고 쉬지 않고 기도하며 범사에 감사하여 그리스도의 풍성한 생명을 누리도록 하기 위해서 주님께서 오신 것입니다.

여섯째, 우리를 영원히 아버지 하나님 나라로 데리고 가시기 위해서 오신 것입니다. 우리는 이 땅에서 행인과 나그네 길을 영원히 걷지 않습니다. 우리 발이 모두 가시와 엉겅퀴를 밟아서 걸레처럼 찢어지고 상처투성이 된 채로 살게 하기 위해서 오신 것은 아닙니다. 우리 주님은 우리를 위해서 영광스럽고 아름다운 세계로 인도하시기를 원하시는 것입니다. 예수님께서는 요한복음 14;1-3절에 "너희는 마음에 근심하지 말라 하나님을 믿으니 또 나를 믿으라 내 아버지 집에 거할 곳이 많도다, 그렇지 않으면 너희에게 일렀으리라. 내가 너희를 위하여 처소를 예비하러 가노니 가서 너희를 위하여 처소를 예비하면 내가 다시 와서 너희를 내게로 영접하여 나 있는 곳에 너희도 있게 하리라"고 말씀하고 있는 것입니다. 우리를 위해서 주님은 영광스럽고 아름다운 처소를 예비해 놓았습니다.

눈물과 근심과 탄식과 이별하는 것이나 곡하는 것이나 앓는 것이나 죽는 것이나 배고픈 것이 없는 세계인 것입니다. 이 영광스러운 세계를 주님께서 예비해 놓으시고 주님께서는 우리를 그곳에 데려가기 위해서 또다시 두 번째 세상에 오실 것입니다. 예수님이 말씀하시기를 내가 곧 길이요 진리요 생명이니 나로 말미암지 않고서는 아버지께로 올 자가 없다고 말씀한 것입니다. 인간의 과학으로 가는 것 아닙니다. 지식으로 가는 것도 아닙니다. 종교로 가는 것도 아닙니다. 의식으로 가는 것도 아닙니다. 예수가 바로 우리의 길이 되시는 것입니다. 예수를 구주로 모신 사람은 그 길 안에 들어온 사람인 것입니다.

예수를 믿는 사람은 바로 그 길 안에 들어와 있는 사람인 것입니다. 예수 그리스도를 통해서 우리는 예비 된 영원한 천국으로 들어가게 되는 것입니다. 그 날은 지금 우리 눈앞에 곧 다가오고 있는 것입니다. 아마 우리가 지상에 사는 이 날 동안 금년 크리스마스가 지구상에서 보내는 마지막 크리스마스일는지도 우리는 모르는 것입니다. 다음 크리스마스는 주님과 함께 천국에서 보낼는지도 모릅니다. 구원에 확신이 없는 분은 "구원을 누리며 사는 비밀"책을 읽어보시기를 바랍니다. 이 책의 19장과 20장을 읽으면 구원에 확신이 생기고, 만사형통의 복을 누리며 살게 될 것입니다.

2장 왜 예수님을 믿어야 하는가?

(행 16:30-31)"그들을 데리고 나가 이르되 선생들이여 내가 어떻게 하여야 구원을 받으리이까 하거늘 이르되 주 예수를 믿으라 그리하면 너와 네 집이 구원을 받으리라 하고"

예수님은 우리를 하나님의 은혜가운데 살도록 인도하신 구원자 이십니다. 원래 하나님은 사람을 축복 속에 살도록 창조하셨습니다. 아담(인간)이 하나님의 명령에 순종하지 않고 아내의 말을 듣고 선악과를 먹고 죄의 종이 된 이후 믿지 않는 영혼들은 심판을 받아 죽은 후 지옥에 가는 형벌을 받게 되었습니다. 죄인 된 인간의 삶 가운데도 고난과 어려움 고통 질병 등이 들어오게 되었습니다. 우리를 불쌍히 여기신 하나님 아버지께서 아들 되신 예수님을 보내 2,000년 전 마리아를 통해 성령으로 잉태하셔서 사람의 모습으로 태어 나셨습니다.

서른 살이 될 무렵 세례요한으로부터 물세례를 받자 하나님께서 기뻐하셔서 성령으로 세례를 받으시고, 성령의 이끌림을 받아 광야에서 40일간 주리시며 마귀의 3번의 시험을 이기셨습니다. 성령의 이끌림을 받아 천사의 수종을 들며 하나님의 일을 시작 하셔서 병을 고치고, 귀신을 쫓아내며 천국 복음을 증거 하셨습니다. 이땅에 하나님의 나라를 건설하러 오신 것을 사람들에게 친히 눈으로 보게 하시면서 해방사역을 하셨습니다.

하나님의 뜻을 이루기 위해서 십자가에서 피 흘려 죽으시고, 사흘 만에 다시 살아 나셔서 죄의 문제를 단번에 완전히 해결해 주셨습니다. 이를 믿는 우리는 아담의 죄악이 사해져서 의인으로 하나님께 나아갈 수 있게 되었습니다. 의인으로 살아가면서 예수님께서 공생애에 하시던 일을 친히 감당하도록 하셨습니다. 예수님께서 "그런즉 너희는 먼저 그의 나라와 그의 의를 구하라 그리하면 이 모든 것을 너희에게 더하시리라(마 6:33)" 하셨습니다. 이 말씀의 뜻은 믿는자의 마음에 천국이 이루어지면 나머지는 자동으로 이루어진다는 것입니다. 예수님은 믿는 자의 마음에 천국이 이루어게 하여 아브라함의 복을 받아 누리면서 이 땅에 하나님의 나라를 건설하게 하시려고 오신 것입니다.

첫째, 아담이 하나님께 지은 인류의 죄를 해결하기 위해서입니다. 죄는 반드시 죽어야 사함을 받게 됩니다. 사람의 의, 선행, 공로로 구원을 받을 수 없기 때문입니다. 세상에는 도덕과 윤리 면에서 다른 사람들과 비교하여 뛰어나게 바르게 사는 사람들이 얼마든지 있습니다. 이런 사람들은 자기가 죄인이라는 생각을 전혀 하지 않습니다. 자기가 세운 공로의 대가로 천국에 가는 것으로 판단하고 생각합니다. 그러나 이것은 사람들이 생각대로 만들어 놓은 구원의 방법일 뿐, 주님께서 인간의 선행으로는 절대로 안 된다고 말씀하시는 것입니다.

롬3:10절에 "의인은 없나니 한 사람도 없다"하였고, 롬3:23

절에 "모든 사람이 죄를 범하였으매 하나님의 영광에 이르지 못하더니"말씀하고 있습니다. 자신이 죄인이라고 인정하는 사람만이 나의 죄를 대신하여 십자가의 형벌을 받으신 예수님이 필요한 것입니다. 하나님이 인정하시는 의인은 믿음으로 사는 사람입니다. 갈3:11절에 "또 하나님 앞에서 아무나 율법으로 말미암아 의롭게 되지 못할 것이 분명하니 이는 의인은 믿음으로 살리라."하였습니다. 바라기는 오늘 이 책을 읽는 모든 분들이 예수님을 바르게 알고 만사형통의 복을 받으시기를 소원합니다.

하나님 나라는 자신의 죄를 깨닫고 회개하는 자만이 들어 갈 수 있습니다. 죄 중에도 가장 무서운 죄는 하나님의 존재를 부인하는 것입니다. 하나님은 어떤 죄인도 용서 받을 수 있는 유일한 길을 예비하셨습니다. 요1:1~3절에 요한은 하나님이 육신을 입고 세상에 오신 분이 예수님이라고 말합니다.

예수님 안에는 참 하나님의 성품과 참 인간의 성품이 함께 있습니다. 벧전3:18절에 "그리스도께서도 한번 죄를 위하여 죽으사 의인으로서 불의한 자를 대신하셨으니 이는 우리를 하나님 앞으로 인도하려 하심이라" 예수님의 십자가에서의 죽으심으로 말미암아 우리의 죄의 값을 대신 치르신 사랑으로 희생한 사건입니다. 주님의 십자가 사랑으로 하나님과 내가 화목이 되고, 이웃과 내가 진정으로 화목하게 된 것입니다. 따라서 예수님을 구주로 알고 믿고 의지하는 자에게 구원이 있습니다. 할렐루야!

구원은 예수님을 믿고 영접하는 자에게 주어지는 특별한 은혜입니다. 본문 행16:31절에 "주 예수를 믿으라. 그리하면 너와 네 집이 구원을 얻으리라"하였습니다. 빌립보 감옥의 교도관이 바울 사도가 전하는 이 말씀을 듣고 그와 온 가족이 예수님을 믿고 영접하여 구원 받은 가정이 되었습니다.

　　둘째, 하나님의 사랑을 받기 위하여 그러한 것입니다. 인간의 심성에 가장 큰 병은 미움입니다. 아담과 하와가 타락한 이후로 마귀가 인간에게 심어준 가장 파괴적인 무기가 미움인 것입니다. 그렇기 때문에 아담의 첫째 아들 가인이 둘째 아들 아벨을 밭에서 돌로 쳐죽인 이후로 인류 역사는 피의 강물이 흘렀으며 시체의 산이 되었습니다. 이와 같은 미움의 결과는 인간을 도적질하고 죽이고 멸망시키는 일을 한 것입니다. 이 미움을 극복하기 위해서는 사랑을 체험하지 않으면 안 됩니다. 이 사랑은 내가 스스로 만들어 내는 것이 아니라, 하나님께로부터 받아서 그것을 나누는 것입니다.

　　그런데 하나님의 사랑이 구체적으로 우리 주 예수 그리스도를 통해서 나타난 것입니다. 하나님이 세상을 이처럼 사랑하사 독생자를 주셨다고 말씀하신 것입니다. 예수님이 십자가에서 몸 찢고 피 흘린 대속 안에서 하나님의 사랑이 구체적으로 우리에게 나타난 것입니다. 예수님은 우리를 위해서 속죄제물, 속건제물, 번제물이 되셔서 일생의 모든 죄를 다 대신하시되 하나님 앞에 지은 죄, 사람 앞에 지은 죄, 심령으로 지은 죄를 다 주님이 친히 고난당하심으로 용서해 주셨습니다. 이를 통한 하나님의 큰 사랑을 우리가 느끼지 아니할 수 없습니다. 그리스도가 화목제물이 되셔서 하나님과 우리 사이의 원수된 담을 다 헐어 버리시고 하나님과 우리에게 사랑으로써 하나 되게 만들어 주셨으니 이 큰 사랑이 얼마나 넘칩니까?

하나님께서 예수 그리스도를 통해서 우리의 병과 연약함을 대신 짊어지게 하심으로 우리에게 치료를 베푸시고 슬픔에서 기쁨을 주신 그 사랑을 기억할 수 있습니다. 예수를 통해서 우리의 모든 저주를 짊어지게 하시고 우리의 삶 속에 하나님의 은총과 아브라함의 형통함이 임하게 하신, 이 하나님의 사랑을 생각해 보십시오. 예수님이 우리 대신 죽어 장사된바 되고 사흘 만에 부활하심으로 사망과 음부를 제하시고 천국 가는 문을 활짝 열어 놓은 이 그리스도의 사랑, 이 사랑을 우리가 회개하고 예수를 믿음으로 우리 속에 바로 받아들이면 체험할 수 있는 것입니다. 이것은 소설 속에 있는 사랑이 아닙니다. 그렇지 않으면 우리가 영화의 한 장면에서 본 사랑이 아닙니다. 현재 고통당하고 미움이 꽉 들어찬 세상에 사는 우리들이 예수를 통해서 구체적으로 우리 생애 속에 체험하는 사랑인 것입니다.

셋째, 청지기의 삶을 살기 위하여 그런 것입니다. 천지와 만물을 하나님께서 지으셨고 또 소유하고 계십니다. 그러므로 내 생명도 나의 현재와 미래도 내 것이 아니라 다 하나님의 것입니다. 시편 89편 11절에 "하늘이 주의 것이요 땅도 주의 것이라 세계와 그 중에 충만한 것을 주께서 건설하셨나이다." 그렇게 말하고 있는 것입니다. 그리고 이 우주 가운데 절대적인 주권을 가진 자는 하나님이십니다. 그러므로 우리는 하나님의 절대 주권에 전적으로 복종하며 살아야 될 청지기인 것입니다.

사무엘상 2장 6절로 7절에 "여호와는 죽이기도 하시고 살리기도 하사며 음부에 내리기도 하시고 올리기도 하시는 도다. 여호와는 가난하게도 하시고 부하게도 하시며 낮추기도 하시고 높이기도 하시는 도다" 라고 말씀하고 계시는 것입니다. 시편 123편에 1절로 2절에 "하늘에 계신 주여 내가 눈을 들어 주께 향하나이다. 종의 눈이 그 상전의 손을 여종의 눈이 그 주모의 손을 바람 같이 우리 눈이 여호와 우리 하나님을 바라며 우리를 긍휼히 여기시기를 기다리나이다"고 말씀하고 있는 것입니다.

그러므로 하나님은 우리의 주인이시요, 우리는 그의 자녀들이요, 청지기인 것입니다. 청지기는 자기 마음대로 일을 저지를 수 없습니다. 청지기는 주인의 시키시는 일을 해야 되는 것입니다. 청지기는 주인이 맡긴 바 일을 하는 것입니다. 예수를 믿는 사람들은 하나님 앞에 서서 보게 될 때 자기의 생명도 하나님의 것이요, 재산도 운명도 하나님의 것입니다. 자기의 일상적인 삶과 직장도 다 하나님이 주신 것입니다. 그렇기 때문에 내가 이 세상에서 받은 모든 직장과 직위는 하나님이 주시는 천직으로 알고 하나님을 섬기는 마음으로 섬겨야 되는 것입니다.

내가 구두 수선공이면 구두 수선하는 것을 하나님이 내 천직으로 주셨음으로 부끄럽게 생각하지 않습니다. 하나님을 섬기듯이 구두 수선을 하는 것입니다. 소제공은 소제하는 것이 하나님이 주신 천직입니다. 그러므로 하나님을 섬기는 심정으로 소제를 하게 되는 것입니다. 그래서 모든 일에 천직으로써 최선을 다해야 되는 것입니다. 베드로전서 4장 10절에 "각각 은사를 받은 대로 하나님의 각양 은혜를 맡은 선한 청지기같이 서로 봉사하라"고 말한 것입니다.

맡은 자에게 구할 것은 충성입니다. 주인과 달란트의 이야기가 있지 않습니까? 주인이 멀리 여행을 가면서 한 사람에는 한 달란트를, 다른 사람에게는 두 달란트를, 다른 사람에게는 다섯 달란트를 주어서 이것으로 장사하게 했는데 주인이 돌아와 보니 두 달란트를 받은 사람은 네 달란트를 만들고 다섯 달란트를 받은 사람은 열 달란트를 만들었는데 한 달란트를 받은 사람은 땅에 파묻어 놓았다가 그것을 그대로 들고 나왔습니다. 그럴 때 주인께서 뭐라고 하겠습니까? 그 주인이 대답하여 가로되 "악하고 게으른 종아, 너는 심지 않는데서 거두고, 헤치지 않는 데서 모으는 줄로 네가 알았느냐 그러면 네가 마땅히 내 돈을 취리하는 자들에게나 두었다가 나로 돌아와서 내 본전과 변리를 받게 할 것이니라 하고 그에게서 그 한 달란트를 빼앗아 열 달란트 가진 자에게 주어라"라고 말한 것입니다. 그러나 다섯 달란트나 두 달란트 받은 자들은 주인이 이르되 "잘 하였도다 착하고 충성된 종아 네가 작은 일에 충성하였으매 내가 많은 것을 네게 맡기리니 네 주인의 즐거움을 참여할지니라"고 말씀한 것입니다.

이처럼 우리 인생은 하나님께로부터 받은 달란트인 것입니다. 하나님께 받은 지혜와 지식과 총명이 있으면 그것도 하나님의 것이요 자신의 것이 아닙니다. 가지가지 직장도 직업도 하나님이 주신 것입니다. 주인은 하나님이요. 우리는 자녀들이요, 청지기이니, 우리는 주인을 모시는 마음으로 충성을 다해야 되겠고 언젠가 주인에게 이 모든 것을 다 계산하여 회계해서 바쳐야 될 일이니, 그렇기 때문에 우리는 이 땅에 살면서 청지기로서의 충성을 다하는 마음을 가지고 살 수 있으니 이러한 마음의 상태를 얻기 위해서 예수를 믿어야 됩니다.

넷째, 정의롭게 살기 위해서 우리는 예수를 믿어야 됩니다. 예수를 믿으면 우리가 이 세상을 살아나가는 규범과 계명이 분명해지는 것입니다. 주님 앞에 나오면 십계명에도 있지 않아요. 사람이 하나님과 어떠한 관계를 맺을 것이냐? 네 앞에 다른 신을 두지 마라. 우상에 절하지 말라. 하나님의 이름을 망령되이 부르지 말라. 안식일을 거룩히 지키라. 이것이 하나님과 사람 사이에 분명한 계명입니다. 내가 하나님을 어떻게 믿을까? 이것은 바로 이 4계명이 분명히 보여주게 된 것입니다.

내가 이 세상에서 어떻게 살까? 사람과 사람의 윤리와 도덕적인 계명이 6가지로 분명히 보여 주고 있는 것입니다. 네 부모를 공경하라, 이 세상에서 모든 윤리와 도덕의 근본이 부모를 공경하는 데에 있는 것입니다. 부모를 공경하지 않는 사람은 스승도 공경하지 아니하고 선배도 공경하지 않습니다. 윗사람도 무시하고 멸시하는 것입니다. 그러므로 사회의 질서가 무너지고 마는 것입니다. 부모를 공경하는 사람은 스승도 공경하고 손위의 사람도 공경하고 선배와 또 사회의 높은 분들을 공경하게 되어 사회의 질서가 서게 되는 것입니다. 너희 부모를 공경하라, 살인하지 말라, 미워하는 것도 살인한다고 말했었습니다. 그리고 간음하지 말라, 도덕적인 부패와 방종을 못하도록 성경은 분명히 가르치고 있는 것입니다. 도적질하지 말라. 네 이웃을 거짓 증거 하지 말라. 오늘날 얼마나 서로서로 비난하고 공개하고 참소하지 않습니까. 네 이웃을 거짓 증거하지 말라고 하나님께서는 말씀하셨거든요. 네 이웃을 탐하지 말라, 나보다 잘 되는 사람 뒤에 가서 허리춤을 잡아당기고 온갖 시기와 분노와 질투를 가지는 것도 하지 말라고 했습니다. 우리가 인생을 살면서 하나님께서 어떻게 살아가야 될까를 분명히 규정해서 보여주고 있는 것입니다. 우리는 이 규범을 따라서 살려고 노력하게 되면 우리의 삶 속에 정의가 살아나게 되고 진실이 살아나게 되는 것입니다.

이렇기 때문에 우리의 세계에 분명한 삶의 정의의 규범을 보여주는 것이 기독교인 것입니다. 그러므로 예수를 믿어야 우리가 어떻게 살 것인가를 알고 살며 질서를 얻을 수 있습니다. 그렇기 때문에 우리는 다 예수를 믿고 하나님을 경외하는 사람이 되어야 하는 것입니다.

다섯째, 하나님께서 그리스도를 통해서 우리에게 꿈과 믿음을 주기 때문인 것입니다. 꿈이 없는 백성은 망합니다. 내일에 꿈이 없는 것을 생각해 보십시오. 오늘 우리가 얼마나 절망이겠습니까? 한 개인이나 민족이 꿈을 잃어버리면 힘을 잃어버리고 맙니다. 오늘날 우리 사회에 가장 큰 두려움은 이 여러 가지 시험과 환난 중에 우리 국민들이 내일에 대한 꿈을 잃어버리고 환멸에 처할까 두렵습니다. 꿈을 잃어버리면 대기업이나 중소기업들이 공장들을 다 외국으로 옮겨가는 것입니다. 돈이 있는 사람은 이 땅에서 살 희망이 없다고 돈을 다 뽑아서 외국으로 가지고 갑니다. 한국에 경제 공항이 일어납니다.

대란이 일어납니다. 은행이 파산하게 되고 수많은 사람들이 직장을 잃게 되고 사람들은 먹고 살기 위해서 발버둥을 치게 됩니다. 이것이 바로 꿈을 잃으면 이런 일이 생깁니다.

성경에는 꿈을 잃은 백성은 망한다고 말한 것입니다. 그러므로 이 민족에 꿈을 심어줄 자가 누가 있겠습니까? 위대한 정치가나 지도자는 반드시 민족에게 꿈을 심어 주어야 되겠는데 지금의 우리 민족에게 꿈을 심어줄 민족의 지도자나 정치가가 어디에 있습니까? 정권이나 얻으려고 눈에 혈안이 되어서 서로 시기하고 이합집산을 계속합니다. 여기에서 우리가 어떻게 꿈을 얻을 수 있습니까?

우리가 꿈을 얻을 수 있는 길은 갈보리산 십자가에 못박힌 예수 밖에 꿈을 얻을 수가 없는 것입니다. 예수님은 그곳에서 죄인이 용서받은 의인이 될 수 있는 꿈을 심어 주었으며, 소외당하고 버림받은 사람들이 그리스도를 통해서 하나님 품에 안길 수 있는 꿈을 심어 주었으며, 병들고 슬프고 고통당하는 자를 치료와 위로를 받을 수 있는 꿈을 심어 주었으며, 가난하고 굶주리고 낭패와 실망을 당한 자들이 아브라함의 축복을 받고 희망을 얻을 수 있는 꿈을 심어 주었으며, 심지어 죽는 자들까지라도 영생 천국을 얻을 수 있는 꿈을 심어준 것입니다. 그리스도 안에 들어오면 그리스도가 우리를 푸른 초장과 쉴만한 물가로 인도해 주기 때문에 예수 안에서 우리는 꿈을 얻을 수가 있는 것입니다.

이렇기 때문에 우리는 언제나 그리스도를 통해서 하나님 앞에 나와서 꿈을 얻어 이 현실적인 생활에 눈에는 아무 증거 없고 귀에는 들리는 소리 없고 손에는 잡히는 것 없어도 내일을 향하여 창조적인 믿음을 가지고 살아갈 수가 있는 것입니다.

그러므로 120명의 유럽의 신자들이 메이플라워호를 타고 그 거치른 대서양 물결을 헤치고 광막한 미대륙에 상륙해서 그들이 그곳에서 아메리칸 인디언의 공격을 받으며 사나운 짐승들의 습격을 받았음에도 불구하고 땅을 개척하여 300년이 조금 넘어 세계 최대의 국가인 미합중국을 세운 것은 그들의 마음속에 꿈이 있었기 때문인 것입니다. 그들의 영국 정부에서 온 것도 아니요, 불란서 정부가 준 것도 아닌 것입니다. 그들의 가슴속에 심어진 꿈은 우리 주 나사렛 예수께서 주신 꿈인 것입니다. 예수를 마음속에 품으면 어떠한 절망적인 상황 속에서도 우리들은 꿈을 얻을 수가 있는 것입니다.

그러므로 오늘 이 어려운 때에 우리 민족에게 필요한 것은 예수가 필요한 것입니다. 그리스도 안에서 하나님이 주신 꿈을 가지고 우리가 나아갈 때에 운명을 변화시키는 기적을 창조해 낼 수가 있는 것입니다. 그뿐 아니라 예수 안에서 하나님이 우리에게 믿음을 주시는 것입니다. 시편 146편 5절에 "야곱의 하나님으로 자기 도움을 삼으며 여호와 자기 하나님에게 그 소망을 두는 자는 복이 있도다"고 말한 것입니다. 믿음이라는 것은 전능한 하나님을 믿는 것입니다.

시카고에서 대 화재가 나서 시카고가 불탈 때 그때 시카고에서 제일 큰 교회를 가지고 목회하는 분이 D.L 무디 목사였습니다. 얼마나 불길이 심했던지 그분이 미처 피신할 시간이 없어 잠옷 바람으로 성경 한권만 들고서 맨발로 뛰어 나왔습니다. 그러자 신문 기자들이 와서 비웃었습니다. 당신은 전지전능 무소부재하신 하나님을 믿는다고 했는데 그 하나님이 그래 당신 교회를 보존하지 못해서 이렇게 불태워 버리고 말았습니까? 당신 잠옷 바람으로 뛰어나오지 않았소? 하나님이 어디 계시오?

그때 D.L 무디 목사님은 말했습니다. 나는 오랫동안 하나님께 우리 교회보다 더 큰 교회를 세워 달라고 기도를 많이 했는데 결단을 못 내리고 있으니까 하나님이 오늘 불로써 우리 교회를 태워 버려서 새로운 교회를 짓도록 내게 결단을 시키려고 그렇게 하신 것이요. 또 이 낡은 교회를 고치려면 비용이 굉장히

들 것인데 하나님이 불로써 비용도 안 들고 그냥 그대로 없애 주시니 얼마나 감사합니까?

이젠 이 자리에 전에 있던 교회보다 더 큰 교회를 지을 것이요. 그러니깐, 기자들이 묻기를 당신 돈이 어디에 있느냐? 많은 돈을 숨겨 놓았느냐. 아닙니다. 나는 한 푼의 돈도 숨기지 아니하였습니다. 그러면 무슨 돈으로 교회를 짓겠다는 말입니까? 무디 목사는 낡은 성경을 흔들면서 내가 불길 가운데 뛰어 나올 때 이 성경 한 권만 가지고 나왔는데 이 성경 안에 모든 돈이 다 들어 있습니다. 내가 먹고 입고 마시고 살 것뿐 아니라 내가 새로운 교회를 지을 모든 돈이 이것에 들어 있습니다. 기자들은 비웃었습니다. 그러나 곧장 D.L 무디는 영국으로 건너가서 대 부흥을 일으키니 성령의 불이 떨어 졌습니다. 영국 교인들이 즐겁게 돈을 드렸습니다. 그 영국에서 받은 헌금을 가지고 시카고에 와서 전보다 더 아름답고 영광스러운 교회를 지었던 것입니다.

창세기부터 계시록 가운데 하늘의 하나님이 우리에게 주신 7천여 가지의 약속의 말씀이 있습니다. 우리는 그 말씀을 받아 마음속에 먹고 믿음으로 기도하면 오늘날 전지전능한 하나님이 우리의 생활 가운데에 능력의 손을 나타내 주시는 것입니다.

여섯째, 예수 안에서 궁극적인 소망이 있기 때문인 것입니다. 인간은 피할 수 없이 다 죽어야 됩니다. 이 세상에 죽지 않고 영원히 살 사람은 아무도 없습니다. 너희 인생이 무엇이냐 잠시 있다 사라지는 안개니라. 모든 사람은 풀과 같고 그 영화는 풀의 꽃과 같다. 풀은 마르고 꽃은 시들어지고 마는 것입니다. 이러므로 인간은 피할 수 없이 죽음의 공격을 받고 사라질 수밖에 없는 것입니다. 그런데 이 죽음을 무력화시켜 버린 것이 예수님이신 것입니다. 예수님은 하나님의 아들로서 사람으로 오셔서 완전한 하나님이 완전한 사람으로 와서 우리 사람들을 대신하여 죽음을 혼자 가슴에 끌어안고 십자가에서 죽음을 죽여 버리고 주님께서 사망과 음부도 멸하시고 부활하심으로 말미암아 그리스도 안에서 우리가 죽음을 이기고 영원히 살 수 있는 길을 열어 놓은 것입니다.

예수께서 말씀하시기를 내가 곧 부활이요 생명이니 나를 믿는 자는 죽어도 살겠고 살아서 나를 믿는 자는 영원히 죽음을 보지 아니 하리라고 말씀하신 것입니다. 주님이 천국 가시기 전에 말씀하기를 "너희는 마음에 근심하지 말라 하나님을 믿으니 또 나를 믿으라. 내 아버지 집에 있을 곳이 많도다. 그렇지 않으면 내가 일렀으리라. 내가 가서 너희를 위하여 처소를 예비할 터이니 내가 처소를 예비하면 다시 와서 내가 있는 곳에 너희도 함께 있게 하리라"고 말씀하신 것입니다. 이렇기 때문에 죽음을 무력화시키고 사망의 세력을 철폐한 분이 예수님 밖에 없습니다. 내가 곧 길이요 진리요 생명이니 나로 말미암지 않고는 아버지께로 올 자가 없다고 말씀하신 것입니다. 이렇기 때문에 우리는 예수 그리스도를 믿어야 되고, 만사형통의 복을 받아야 되고, 예수 그리스도를 세상에 전파해야만 되는 것입니다.

3장 믿는 자의 멍에를 지신 예수님

(마11:28)"수고하고 무거운 짐 진 자들아 다 내게로 오라

내가 너희를 쉬게 하리라"

예수님께서 우리를 내려다보고 "수고하고 무거운 짐 진자들은 다 내게로 오라 내가 너희를 쉬게 하리라 너희는 내 멍에를 메고 내게 배우라 그리하면 너희 마음에 쉼을 얻으리라 내 멍에는 쉽고 내 짐은 가벼움이라"이렇게 청하고 있는 것입니다. 예수님은 "또 무리에게 이르시되 아무든지 나를 따라오려거든 자기를 부인하고 날마다 제 십자가를 지고 나를 따를 것이니라(눅9:23)"이는 자기가 세상을 살아가는데 필요한 모든 문제를 자신이 해결하려고 하지 말고 예수님께 가지고 나오라는 말씀입니다. "자기를 부인하고"자기가 해결하려고 하지 말고 가지고 예수님께 나오라는 말씀입니다.

그러므로 우리는 이 그리스도의 초청을 생각하고 마음속에 한번 깊이 생각해 보아야 할 것입니다. 왜냐하면 오늘 이 세상에 사는 사람 치고 수고하고 무거운 짐을 지지 않은 사람이 하나도 없습니다. 우리 주님은 인간을 볼 때 수고하고 무거운 짐 진자로 인간을 평가하고 있는 것입니다. 한 번 가슴에 손을 얹고 생각해 보십시오. 나는 아무 짐도 없다. 나는 땀을 흘리지 않

고 인생을 유유히 살고 있다. 아주 매일같이 쉽고 가볍고 편안하게 인생을 산다고 자백할 사람이 누가 있습니까? 모두 다 자기 몫의 개인 짐이 있습니다.

그리고 그 짐을 끌고 가려고 자기가 만든 멍에를 목에 걸고 모두다 애를 쓰고 힘을 쓰고 있는 것입니다. 그러므로 우리는 오늘날 참으로 편안하고 성공적인 인생을 살기 위해서는 우리 주님의 가르치심이 절실히 필요한 것입니다. 우리의 마음속의 무거운 짐이 다 내려지고 우리 마음속에 강물 같은 평화가 넘치고 기쁨이 넘치고 자신과 확신이 넘치는 이러한 삶을 살 때까지 우리의 마음은 올바른 신앙의 길을 배워야 되는 것입니다. 예수님께서 말씀하시기를 내 멍에를 메고 내게 배우라고 했습니다. 배워야지 안 배우면 예수를 믿는다고 하면서도 계속 자기의 멍에를 걸머지고 자기가 자기 짐을 끌고 가려고 애를 쓰는 것입니다.

첫째, 원래 하나님께서 인간을 지으실 때는 인간의 목에 멍에가 없었습니다. 왜냐하면 짐이 없는데 멍에를 왜 만들겠습니까? 끌 짐이 있어야 목에 멍에를 메고 끌지, 끌어갈 짐이 없는데 무엇 때문에 멍에를 만들어서 목에 걸머지겠습니까? 아담과 하와가 지음을 받았을 때는 에덴동산에서 보니까 목에 멍에를 메고 지고 끌고 갈 짐이 하나도 없었습니다. 왜냐하면 인간이 태어나기 전에 하나님께서 일을 다 완성을 해 놓았습니다. 언제 하나님께서 아담을 보고 "야! 소매 걷고 일어나라 빨리 빛을 만들어야겠다. 멍에를 걸머지고 빚을 만들러 가자" 그랬나요? 아담이 태어나기 전에 빛은 만들어졌고, 아담이 태어나기 전에 궁창도 만들어졌고, 아담이 태어나기 전에 모든 땅들도 다 열매 맺는 나무와 잎도 다 만들어졌고, 아담이 태어나기 전에 해와 달과 별들도 다 만들어졌고, 아담이 태어나기 전에 공중의 새들도 물고기들도 다 만들어졌고, 아담이 태어나기 전에 각종 짐승들도 다 만들어졌고, 아담이 태어나기 전에 이미 에덴동산도 다 만들어서 먹기도 좋고 보기에도 아름다운 실과나무를 다 나게 하시고, 아담이 마지막 엿새째에 지음을 받고 보니까 그가 할 일이 하나도 없습니다. 할 일이 없으니까 멍에를 질 필요가 없지요. 짐을 질 필요가 없는데 지게가 왜 필요합니까? 짐을 질 필요가 없는데 수레가 왜 필요합니까? 짐을 질 필요가 없는데 목에 멍에가 왜 필요합니까? 아담과 하와는 천지간에 보아도 할 일이 없습니다. 왜? 하나님이 혼자 일을 다 해 놓았기 때문인 것입니다.

이렇기 때문에 사람은 원래부터 멍에를 메고 땀을 흘리면서 자기 인생의 짐을 끌고 가겠끔 만들어 놓지 않았습니다. 짐은 하나님이 홀로 짊어지십니다. 하나님께서 당신이 친히 멍에를 걸머지시고 모든 짐을 다 짊어지시고 모든 일을 다 행하셨습니다. 일을 행하는 여호와, 그 일을 성취하시는 분도 여호와인 것입니다. 그러므로 하나님께서 일을 다 해 놓았기 때문에 인간은 일을 할 것이 없으므로 원래부터 멍에 없는 자유의 인생이었습니다. 그들은 믿음, 소망, 사랑이 넘치고 평안과 기쁨이 넘칩니다. 그들은 오로지 하나님 아버지를 섬기고 아버지를 경배하고 예배하고 찬송하며 믿고 순종하고 살면 에덴동산에서 정말 천국의 영광을 누리고 살수가 있습니다.

그런데 아담이 하나님을 반역했습니다. 그것은 왜냐하면 마귀가 와서 그것이 너무나 샘이 났기 때문에 아담보고 말했습니다. "야! 너 하나님께 왜 신세지고 사니? 너도 하나님의 형상과 모양대로 지음을 받아서 너도 하나님처럼 될 수가 있는데 무엇 때문에 하나님께 신세지고 사니? 사람이 신세지고 살면 꼬락서니가 말이 아니지 않느냐? 그러므로 독립해라. 독립해. 신세 그만 지고 독립해. 너도 하나님처럼 될 수 있는 거야. 선악과를 뚝 따먹고 하나님처럼 되어 가지고 하나님과 경쟁하며 살아야지 무엇을 하나님께 신세지고 시시하게 사느냐?" 마귀는 자꾸만 독립하라고 합니다. 너도 하나님처럼 된다고 합니다.

그러나 마귀가 언제나 말을 안 하는 것은 네가 하나님처럼 되려고 독립하고 난 다음에는 하나님처럼 일할 수 있는 능력이 없다. 그 말은 안 하는 것입니다. 독립을 하는 것은 좋지만 독립하고 살아갈 힘이 없는데요. 자녀들이 부모에게 반역해서 나 독립해 나가겠다고 보따리 싸 가지고 나가는 것은 자기 마음대로 할 수 있지만 나가서 먹고 살 힘이 없는데요. 나가서 당장 전셋집이나 월셋집 얻을 돈도 없고 또 나가서 매달 살아갈 능력이 없는데 독립을 하는 것은 좋지만 능력이 없는 독립은 어떻게 됩니까? 그 다음에는 거지 신세밖에 안 되는 것입니다. 처절한 절망밖에 다가오는 것이 없습니다.

아담과 하와가 꾀임을 받은 것이 바로 그것인 것입니다. 하나님께서 다 짐을 지어 주시고 자기는 멍에 없이 사는 그 편안한 생활을 져버리고 독립하기 위해서 그는 선악과를 따먹고 말았습니다. 그래서 우리 인생의 두 번째 장면이 나옵니다. 하나님을 반역하고 그는 독립을 선포하고 에덴에서 쫓겨났습니다. 그리고 그는 이제는 나가자마자 자기는 하나님처럼 되고 독립이 되었다고 생각했습니다. 인본주의로 서서 이제 인간의 능력으로 모든 인생의 문제를 다 끌고 갈 수 있다고 생각했습니다.

그러나 하나 발견한 것은 너무나, 너무나 기가 막힙니다. 자기가 이제 처음 멍에를 만들어서 인본주의라는 멍에, 하나님께 독립했다는 멍에, 자기의 능력으로 살겠다는 멍에를 목에 걸고 한번 끌어보니까 죄 짐이 끌려지나요? 자꾸 죄만 지어 가는데 죄 짐이 끌려지나요? 그는 죄 짐을 끌고 죄를 없애버려야 의롭게 살 수 있는데 의롭게 살려고 아무리 애를 써도 뒤에 쌓이는 것은 자꾸 죄가 쌓입니다. 그래서 끌려고 하니 죄의 짐이 목을 완전히 부여잡고 그는 움직이지 않습니다. 완전히 죄 짐의 포로가 되어 고통 속에 있습니다.

그 다음에 또 보니까 그의 짐에 미움의 짐이 실려 있습니다. 세속과 미움이 잔뜩 실려서 아무리 미워 안 하려고 해도 미워 안 할 수가 없습니다. 아담은 하와와 서로 싸우고 그리고 가인은 아벨과 시기 질투해서 가인이 아벨을 돌로써 쳐서 죽이고 그때로부터 시작해서 인간은 종족은 종족끼리 싸우고 민족은 민족끼리 싸우고 나라는 나라끼리 싸우고 인류의 역사는 피투성이의 전쟁을 하고 있습니다. 그것을 아무리 끌고 가려고 해도 끌 힘이 없습니다. 평화를 가져오려고 하는데 이 미움과 전쟁의 무거운 짐을 끌 수가 없습니다.

인간은 거기에다가 질병의 짐을 끌 수가 없습니다. 아무리 의학이 발달하여 한 가지 병을 없애면 또 한 가지 병이 생기고 이거 없애면 또 더 무서운 병이 생기고 그래서 병이란 짐을 잔뜩 수레에 싣고서 우리가 끌려고 애를 씁니다. 우리의 삶 속에도 무병 3년이면 못 살 사람이 없다고 합니다. 우리의 삶 속에 끊임없이 가족간에 질병이 있어 우리는 질병 때문에 고통을 당하고 그 수고하고 무거운 짐을 끌지 못해서 발버둥을 칩니다.

거기에다 저주의 짐이 있습니다. 또 저주의 짐이 와서 가시와 엉겅퀴가 나지요. 아무리 땅을 파도 가시와 엉겅퀴가 나고 수확이 잘 안되지요. 가뭄이 오지요. 홍수가 나지요. 바람이 불지요. 가난을 면할 수가 없습니다. 괴롭습니다. 직장을 잃지요. 사업이 잘 안되지요. 사업이 잘되어도 피땀을 흘리지요. 그래서 사람이 먹고산다는 것은 이마에 땀이 흐릅니다. 그 먹고사는 수고하고 무거운 짐을 걸머지고 이것을 끌고 가니 정말 힘듭니다. 자식새끼들 먹여 살려야 한다. 처자를 돌봐야 한다. 이 얼마나 무거운 짐입니까. 그 짐을 걸머지고 이른 아침부터 저녁까지 열심히 잡아당기고 끄니까 목이 벗겨지고 피땀이 흐릅니다.

결국에는 인간이 도저히 끌 수 없는 짐이 있습니다. 죽음의 마지막 무거운 짐이 얹혀지면 그 짐을 끌지 못하고 발버둥을 치고, 발버둥을 치고 아무리 발버둥을 쳐도 그 짐을 끌지 못하고 결국에는 그 자리에서 거꾸러지고 마는 것입니다. 한 많은 인생이 끝납니다. 그의 삶은 관속에 들어가고 못은 꽝꽝 박혀지고 슬픈 상여의 소리와 함께 공중묘지에 가서 파묻히고 이름 없는 들풀이 그 위에 나부낍니다.

인간은 정말 생각해 볼 때 하나님을 떠나서 자력으로 살겠다고 자기 목에 멍에를 걸고 출발한 이후로부터 시작해서 사는 삶 전체가 불안과 공포와 절망과 슬픔과 고통밖에 없었습니다. 인간의 삶 전체는 그 불안이라고 표현할 수밖에 없는 것입니다. 아침에도 불안한 마음으로 일어나고 하루 종일 생존경쟁 속에서 불안과 공포 가운데 피땀 흘리고 살다가 저녁에 또 불안과 공포 속에서 잠자러 들어가는 것입니다. 너희 인생이 무엇이냐? 잠시 있다가 사라지는 안개니라. 모든 인생은 풀과 같고, 그 영화는 풀의 꽃과 같다. 풀은 시들고 꽃은 떨어지고 마는 것입니다. 그러기 때문에 오늘날 철학자들도 인간을 볼 때 절망에 이르는 병에 걸린 사람들이라고 말했습니다. 키에르케고르 같은 사람은 "인간은 죽음에 이르는 병에 걸린 사람이다" 벌써 그 병이 태어날 때부터 죽음에 이르는 병이다. 우리가 아무리 살려고 해도 종국적으로 죽고 만다는 것입니다.

인간은 벌써 태어날 때부터 이 죄 짐이 너무나 무거워서 죄책감과 절망의 무거운 짐에 몸부림을 칠 수밖에 없습니다. 인간은 태어날 때부터 허무와 무의미의 무거운 짐이 짓누릅니다. 아무리 애를 쓰고 살아도 의미가 무엇입니까? 사는 의미가 없습니다. 이것이라고 해서 참으로 내 운명을 바치고 사는 의미가 없습니다. 살고 난 모든 걸음을 돌아볼 때 허무한 것밖에는 없습니다. 그러기 때문에 전도자는 말하기를 "헛되고 헛되며, 또 헛되고 헛되니 모든 것이 헛되고 헛되도다"라고 탄식한 것입니다. 인간은 허무와 무의미라는 무거운 짐을 지고 있습니다. 하나님을 저버린 사람이 운명적으로 걸머져야하는 짐이 허무와 무의미인 것입니다.

그 다음 마지막 짐이 죽음과 무의 절망의 짐인 것입니다. 사람은 죽는다. 이번에도 메르스로 인하여 36명의 생명이 희생되었습니다. 죽음이란 얼마나 비참합니까? 아무리 사랑하는 사람도 죽음이 다가와서 빼앗아 가면 대화가 없어집니다. 그리고 그 형체가 사라지는 것입니다. 또 그 죽은 사람을 보고 가슴을 치고 땅을 치고 울던 그 사람도 또 얼마 있지 아니하면 똑같이 죽어서 관에 실려서 나가고 마는 것입니다. 인간은 그러므로 너무나 허무하기 짝이 없는 존재인 것입니다.

오늘날 하나님을 져버리고 자기 스스로 멍에를 만들어서 자기 운명을 끌고 가겠다고 하는 인생들, 아무리 과학을 발전시키고, 문명을 발전시키고 문화를 형성하여 산다고 자랑하지만 실제로 인생은 무엇이냐? 자기의 수고하고 무거운 짐을 끌 재간이 없는 사람입니다. 그러므로 예수님께서는 인간을 보시고 말씀하기를 수고하고 무거운 짐 진 자들아, 큰 소리 하지 말라. 수고하고 무거운 짐 진 자들아 너희 스스로는 이 짐을 끌고 갈 수 없는 비극적인 존재라고 말한 것입니다.

셋째, 여기에 우리 어미 소 되시는 예수님의 초청이 무엇입니까? 수고하고 무거운 짐 진자들아 그렇게 멍에를 목에 걸머지고 발버둥을 치지 말고, 너희 멍에를 벗어서 꺾어 버리고, 너희 짐일랑 내 짐에 맡겨버리고, 나의 십자가 멍에 밑으로 들어오너라. 내가 너희 멍에를 대신 맡아서 끌어 준다는 것입니다. 예수님은 하나님이시오. 그는 참 사람이 되어 오신 분이신 것입니다. 그는 무한한 능력을 가지고 있습니다. 그는 하늘과 땅의 모든 권세를 가지고 있습니다. 하나님은 예수 그리스도를 통해서 보이는 모든 세계를 다 만들었고 보이지 않는 모든 세계도 다 만들었습니다. 하나님은 예수 그리스도를 통해서 온 우주 만물을 잡고 운행하시는 것입니다. 예수님이야말로 하나님의 영광의 광채시요. 그 본체의 형상인 것입니다.

이런 하나님의 아들이 사람을 구원하기 위해서 동정녀 마리아의 몸에 성령으로 잉태되시고 죄 없이 잉태되어 죄 없이 태어나셔서 30세에 요단강에 가서 세례를 받으시고 성령으로 충만함을 받고 하나님의 보내심을 받아서 우리의 짐을 걸머지려고 나오신 것입니다. 짐은 원래 하나님이 걸머지지 사람이 걸머지게끔 만들어 놓지 않았습니다. 천지와 만물의 짐도 창조의 무거운 짐을 하나님이 짊어졌지 사람이 짊어지지 않았습니다. 멍에는 하나님이 걸머지지 사람이 걸머지지 않습니다. 예수님께서는 오셔서 인간의 모든 짐을 벗겨주기 위해서 주님이 친히 십자가의 멍에를 걸머지게 된 것입니다. 십자가의 멍에는 사람은 걸머지지 못합니다. 걸머져도 이것을 끌고 갈 힘이 없습니다. 그러나 예수님께서는 우리를 대신해서 십자가의 멍에를 걸머지셨습니다. 그리고 아담으로부터 시작된 모든 인류의 그 무거운 짐을 예수님께서 자기의 수레에 주워 담았습니다. 아담으로부터 마지막 주님이 강림하실 때까지의 모든 죄악의 무거운 짐을 예수님 당신이 전부다 당신의 멍에 위에 얹었습니다. 모든 인간이 물고 찢고 싸우는 이 미움, 원한, 세속, 이 모든 죄악의 짐을 예수님 당신이 전부 짊어졌습니다. 그리고 모든 질병의 고통의 짐도 예수님이 담당했습니다.

무엇을 먹을까? 무엇을 입을까? 무엇을 마실까? 염려하는 것, 굶주림과 낭패와 실망의 짐도 예수님께서 끌어안았습니다. 그리고 죽음의 영원한 멸망의 짐도 예수님께서 끌어안았습니다. 예수님께서는 이 짐을 끌어안기 위해서 그는 십자가에 매달렸습니다. 하나님 앞에서 매를 맞고 그는 몸이 찢어지고 피를 흘렸습니다. 인간이 반역한 죄를 주님께서 대신 갚으신 것입니다. 주님은 그 고통이 극도에 달했을 때 그는 하나님을 향해서 외쳤습니다. "하나님이여, 하나님이여, 어찌하여 나를 버리시나이까?"

우리를 위해서 짐을 짊어지러 오신 예수님께서는 먼저 하나님 앞에 인간의 반역죄를 대속해야만 되는 것입니다. 이 반역죄를 대속하는 것이 쉬운 일이 아니었습니다. 그는 죄 없는 자로써 죄인이 되고 불의하지 않는 자로써 불의한 자가 되고 하나님께 사랑 받는 자가 미움받는 자가 되고 하나님께 용납 받은 자가 버림받은 자가 되어서 십자가에서 한없는 고통을 당했었습니다. 그리스도 예수의 고통을 우리는 도저히 상상할 수 없습니다. 예수님 오시기 600-700년 전에 이사야는 이것을 보고 그는 탄식하면서 이렇게 기록했습니다. "저가 찔림은 우리의 허물을 인함이요, 저가 상함을 우리의 죄악을 인함이라. 저가 징계를 받음으로 우리가 평화를 입었고, 저가 채찍에 맞음으로 우리가 나음을 입었도다 우리는 다 양같이 그릇 행하여 각기 제 길로 갔거늘 하나님께서는 우리 무리의 죄악을 저에게 담당 시켰도다"

이것은 정말 상상을 초월한 일인 것입니다. 예수님께서 오셔서 자원하여 우리의 수고하고 무거운 모든 짐을 당신이 걸머지고 그리고 그는 십자가에서 이 대가를 다 지불하셨습니다. 이렇기 때문에 오늘날 인간의 모든 영혼의 구원으로부터 시작해서 우리의 모든 삶의 무거운 짐을 예수님께서 당신의 멍에 위에 실었었습니다. 그리고 예수님께서 오늘날 우리에게 말합니다. 우리 곁에 와서 어미 소가 새끼소에게 말한 것처럼 "너희 멍에를 꺾어라. 너희 멍에를 벗어라 내가 이미 걸머진 짐을 또 네 목 위에 걸어서 끌지 마라. 이제는 너희 멍에를 꺾어 버려라. 이제 너희 짐은 내 수레에 내가 다 실었다. 이 이상 더 너는 짐을 질 필요가 없다. 수고하고 무거운 짐 진자들은 다 내게로 오라 내가 너를 쉬게 하리라."할렐루야!

그러므로 오늘 이 시간에 예수님 앞에 나온 자가 해야할 것은 무엇입니까? 자신의 멍에를 꺾어야 되는 것입니다. 멍에를 걸어 매면 끌려고 달려들어요. 자기 멍에에 짐을 연결해 놓고 자꾸 끌려고 하는데 아예 멍에가 없으면 짐도 못 끌어요. 그렇지 않아요? 그러니까 하나님이여 오늘 이 시간에 나는 아버지 앞에서 내 멍에를 꺾어 버립니다. 내가 멍에가 없으면 짐을 못 지지요. 지게가 없는데 어떻게 짐을 집니까? 수레가 없는데 어떻게 주워 담습니까? 아예 멍에를 꺾어 버려야 합니다. 그래서 내 인본주의의 멍에를 꺾어 버리고 내 중심의 멍에를 꺾어 버리고 내 중심으로 살겠다는 멍에를 꺾어 버리고 하나님 앞에 가서 "주여! 나는 못합니다. 나는 안 합니다. 나는 할 수 없습니다. 주님이시여, 나의 멍에를 꺾어 버렸습니다. 이제는 나는 주님 안에서 모든 것을 할 수가 있습니다."

이래서 우리가 짐이 생길 때마다 우리 주님의 수레에다가 짐을 옮겨 실어야 되는 것입니다. 남편의 문제가 생기면 기도해서 그것을 다 옮겨버리고, 아내의 문제가 생기면 그것을 수레에다가 옮겨 싣고, 자녀의 문제가 생기면 기도해서 주님의 수레에다가 실어버리고, 질고가 오면 병의 짐도 주님의 수레에 실어버리고 자신의 생활에 어려운 문제가 있으면, 사업상의 문제, 직장을 구하는 문제도 기도하고 전부다 실어버려야 합니다.

성령으로 기도하는 것은 우리의 짐을 주님께 전달하는 과정인 것입니다. 간절한 기도를 통해서 내가 맡지 말고 이 짐을 주님께 다 실어버리고 그럴 때마다 다 말하십시오. "나는 짐을 지고 갈 멍에를 다 꺾어 버렸다. 나는 멍에가 없는 몸이니 건방지게 왜 내가 짐을 끌고 가려고 하겠는가?" 이 멍에가 없으니 아예 처음부터 짐을 끌고 가려고 시도도 하지 말고 예수님께서 나 대신 큰 멍에를 걸머지고 있으니 예수님께 짐을 다 옮겨버리고 그다음에는 온유하고 겸손하게 순종하는 온유한 마음으로 믿음을 가진 겸손한 마음으로 주님 옆에 들어가서 "주여! 나는 주님 밑에 섰습니다."

멍에가 너무 커서 멍에가 주님 목에 걸려 있지 우리 목에는 걸리지도 않습니다. 그러나 주님 멍에 밑에 들어가서 "주여! 나는 주님을 따라갑니다. 살든지 죽든지 흥하든지 망하든지 쇠하든지 나는 주님 중심으로 살고 주님을 섬기며 주님과 함께 자고 깨고 주님과 함께 행합니다. 나는 주님께 순복하고 주님만 믿고 갑니다. 주여! 믿습니다." 그때로부터 주께서 "오냐, 너희 짐을 이제는 끌고 간다. 너희 무엇을 입을까? 무엇을 먹을까? 무엇을 마실까하는 문제는 내 문제이다. 너희 남편의 문제, 부인의 문제, 자식의 문제도 내 문제이다. 너희 사업의 문제도 내 문제이다. 그것은 내 목에 걸려 있다. 이제 내게 맡겼으니, 너는 끌고 갈 멍에가 없으니 내가 끌고 가마"

그래서 우리는 예수 그리스도와 함께 인생을 걸어갈 때 이제는 우리는 짐이 쉽고 가볍습니다. 왜냐하면 모든 짐을 전지전능 무소부재하신 예수님이 끌어주기 때문인 것입니다. 예수님께는 능치 못하심이 없습니다. 예수님이 못 끌 짐이 하나도 없습니다. 이러므로 우리는 우리 주 예수 앞에 나와서 우리의 모든 수고하고 무거운 짐을 다 그리스도의 수레에 옮겨 담는 믿음의 성도가 되시기를 주님의 이름으로 축원합니다.

오늘날 너무나 많은 사람들의 문제는, 자기 수레를 예수님께 맡기지 않는 것입니다. 아침에 나와 가지고서 "주여! 우리 남편의 문제가 여기 있사옵나이다. 맡으시옵소서. 우리 아내의 문제가 여기 있습니다. 자식의 문제를 내어놓습니다. 오! 하나님이시여! 내 사업의 문제도 여기 내어놓습니다. 나의 모든 고통의 문제도 주님께 다 내어놓습니다. 믿습니다. 주여! 다 맡겼습니다." 그리고 난 다음 일어나 나갈 때에는 자기의 조그마한 멍에에다가 다 도로 담고 주여 내일 또 와서 맡기겠습니다. 오늘은 이만하고 갈 테니 안녕히 계십시오. 그리고 그날 모든 짐을 자기 멍에에 도로 가지고 가면서 또 가서 고생을 합니다. 그냥 울고불고 마음에 고통을 당하고 불편한 심기를 가지고 삽니다. 왜? 자기 조그마한 멍에를 그대로 끌고 내 문제는 그래도 내가 해결해야지 주님 믿었다가 안 해주면 누가 손해나게? 까짓 내 문제는 내가 끌어야지 자기 목에 멍에가 그대로 걸려 있습니다. 예수를 믿는다고 하면서도 10년, 20년, 30년을 믿으면서도 늘 얼굴에 주름살이 늘어나고 늘 짜증을 내고, 늘 찡그리고 마음은 늘 불안하고 고통스럽습니다. 왜? 자기 짐을 자기가 끌고 가니까 고통스럽지요.

사람은 원래부터 멍에를 매도록 만들어 놓지 않았습니다. 하나님은 자녀들을 위해서 멍에를 만들어 준 일이 없습니다. 아담과 하와가 타락해서 자기가 멍에를 만들었지. 하나님이 만들어 주지 않았습니다. 그러므로 하나님이 주시지 않은 이 수고하고 무거운 짐을 끌고 가는 멍에를 오늘 나사렛 예수의 이름으로 다 꺾어 버리게 되시기를 주님의 이름으로 축원합니다. 영원히 꺾어 버리십시오. 주여! 나는 다시는 내 목에 멍에를 걸지 않습니다. 영원히 멍에를 꺾어 버립니다. 멍에가 없으니 짐을 나는 못 집니다. 내 짐은 못 집니다. 이제는. 내 짐은 오직 주님이 끌어 주시오니 십자가 멍에를 가지고 주님이 끌어 주시옵소서. 예수께 다 맡기고 마음의 큰 기쁨과 평안으로 인생을 쉽고 가볍게 믿음으로 살아가는 모두가 되시기를 주의 이름으로 축원합니다.

예수를 믿으면 예수님께서 멍에를 지십니다. 멍에를 예수님께 드려야 인생을 편안하게 살아갈 수가 있습니다. 예수를 믿으면 짐을 예수님이 지시기 때문에 만사형통할 수가 있는 것입니다. 예수를 믿는 순간 옛 사람은 죽고 예수로 다시 때어났기 때문입니다. 이제 예수를 믿는 우리는 예수님의 인생을 사는 사람들입니다. 자기에게 부여된 멍에는 예수님의 것입니다. 예수님의 은혜로 날마다 만사가 형통한 삶을 누리기시를 바랍니다.

4장 문제를 해결하시는 예수님

(마 11:28-30)"수고하고 무거운 짐 진 자들아 다 내게로 오라 내가 너희를 쉬게 하리라. 나는 마음이 온유하고 겸손하니 나의 멍에를 메고 내게 배우라 그리하면 너희 마음이 쉼을 얻으리니, 이는 내 멍에는 쉽고 내 짐은 가벼움이라 하시니라"

성도는 예수를 믿는 순간 죽었습니다. 그리고 다시 예수로 태어났습니다. 예수를 믿고 성령으로 거듭난 성도가 인생을 살아가면서 일어나는 모든 일은 자신의 일이 아닙니다. 죽은 자는 일을 할 수가 없는 것입니다. 다시 사신 예수님의 일입니다. 예수를 믿을 때, 자신은 죽고, 예수로 다시 태어났기 때문입니다. 이제 자기가 세상을 사는 것은 자신 속에 주인으로 임재하신 예수님이 사시는 것입니다. 성도는 자신 앞에 있는 문제를 자신의 능력이나 힘으로 하지 말아야 합니다. 예수님의 일이므로 예수님께 문의하여 예수님께서 하라는 대로 순종하면 믿음을 보시고 예수님이 하십니다.

일부 성도들이 자신 앞에 일어나는 일을 자신의 힘으로 하려고 합니다. 예수님의 일을 자신의 힘으로 하려고 하니 얼마나 힘이 들겠습니까? 자신의 힘으로 인생을 살아가려니 힘이 들고 버거워서 탈진이 찾아오기도 합니다. 목회자들도 마찬가지입니다. 목회는 예수님의 일인데 자신의 힘으로 하려고 합니다. 그러다가 힘들어서 목회를 포기하기도 합니다. 예수님을 믿고 성령으로 거듭난 성도는 성령의 인도를 받으면서 문제를 해결하는 것입니다. 성령님께 질문하여 지혜를 받아 해결하는 것입니다.

푯대를 향하여 가는 길에 부딪치는 모든 일은 예수님의 일이라고 믿는 믿음이 중요합니다. 문제가 나타나거든 하나님께 기도하는 것입니다. 하나님 이 문제를 어떻게 해결해야 합니까? 기도하여 성령께서 감동하시는 대로 순종하면 성령께서 문제를 해결하시는 것입니다. 문제를 만나거든 하나님께 기도하여 알려주신 지혜대로 순종하여 통과하시기를 바랍니다.

첫째, 사람이 이 세상에서 해결할 수 없는 가장 큰 문제는 죄악의 문제입니다. 사람들은 죄악의 문제를 해결하기 위해서 수많은 종교를 만들어 내고 도덕적이고 윤리적인 행위를 하려 했지만 만연한 죄악을 도저히 감당할 수 없습니다. 사람들은 어머니 뱃속에서부터 죄 중에 잉태되고 죄인으로 태어나서 죄의 뿌리에 연결되어 살고 있으니 보는 것, 듣는 것, 말하는 것 그리고 생각하는 것이 죄인 것입니다. 아무리 그 속에서 몸부림쳐도 헤어 나오지 못합니다. 누가 이 인생의 죄의 문제를 해결해 줄 것입니까? 이것은 우리에게 지대한 관심사인 것입니다.

한번은 예수님께서 바리새인의 집에 초청을 받아 가셨는데 그 집에 들어가자마자 그 동네의 여자 죄인 한 사람이 따라오며 주님 앞에서 그 눈물을 예수님의 발에 방울방울 떨어뜨리며 울었습니다. 예수님께서 자리에 앉으시자 그 여인은 머리채를 내려 눈물로 얼룩진 예수님의 발을 닦고 그 위에 자신이 귀하게 간직한 향유를 부었습니다. 그러자 함께 와 있던 동네 사람들은 속으로 예수님을 비난했습니다. "예수님이 만일 선지자이면 이 여인이 얼마나 더러운 죄인인줄을 아시고 근처에 오지도 못하게 할 텐데 예수님은 진짜 선지자가 아닌가보다" 그때 예수님께서 그 생각을 아시고 주인을 부르셨습니다. "시몬아 내가 네게 질문할 것이 있다. 여기에 빚을 진사람 둘이 있는데 한 사람은 5백 데나리온, 또 다른 한 사람은 5십 데나리온 빚을 졌다. 두 사람이 다 그 빚을 갚지 못하므로 탕감을 해준다면 누가 탕감해준 사람을 더 사랑하겠느냐" 시몬은 '물론 많이 탕감 받은 자가 더 많이 사랑하겠지요'라 대답했습니다. 그러자 예수님께서 "네 말이 옳다 내가 이 집에 들어올 때 이 여인은 눈물로 내 발을 적시고 머리로 닦고 끊임없이 내 발에 입 맞추고 향유를 부었다. 그런데 내가 들어올 때 너는 나의 발 씻을 물도 주지 아니하고 입 맞추지도 아니하고 머리에 감람유도 붓지 아니하였다. 그러나 이 여인은 나를 많이 사랑하므로 이 여자의 많은 죄가 용서를 받았느니라" 말씀하시고, 그 여인을 보시고 "네 믿음이 너를 구원하였으니 평안히 가라"고 하셨습니다. 예수님은 이 여인의 절실한 죄악의 문제를 해결해 주셨습니다. 이 여인은 마음속의 죄책으로 말미암아 주야로 고민하였으나 예수님께서는 그 여인의 죄악을 해결해 주신 것입니다.

어떻게 예수께선 그 여인의 죄악의 문제뿐 아니라, 우리의 죄악의 문제도 해결해 주실 수 있을까요? 그 이유는 예수님께서 우리의 죄악의 대속물이 되셨기 때문입니다. 예수님께서 십자가에 올라가서서 그 몸을 찢고 피를 흘리신 것은 우리 인생의 죄악의 대가를 지불하시기 위해서입니다. 그 쓰린 십자가를 짊어지시고, 그 몸의 피를 다 흘리신 것은 우리의 죄의 대가를 하나님 앞에서 지불하시기 위함이었습니다. 예수님께서 바로 우리의 죄의 대가를 지불한 당사자이므로 우리의 죄를 용서하는 권세가 그에게 주어진 것입니다.

이사야서 53장 6절에 "우리는 다 양 같아서 그릇 행하여 각기 제 길로 갔거늘 여호와께서는 우리 무리의 죄악을 그에게 담당시키셨도다"라 기록되어 있습니다. 아무도 자신의 죄를 담당하여 갚을 능력이 없으므로 죄의 짐을 짊어지고 갚아주실 수 있는 예수께 하나님께서는 우리의 죄를 담당시키신 것입니다. 이사야서 53장 11절에 "가라사대 그가 자기 영혼의 수고한 것을 보고 만족히 여길 것이라 나의 의로운 종이 자기 지식으로 많은 사람을 의롭게 하며 또 그들의 죄악을 친히 담당하리라"고 말씀하셨습니다.

예수님께선 십자가에서 영혼의 수고를 하셨습니다. 그는 몸부림을 치고 고통을 당하셨습니다. 하나님과 세상 사람들에게 버림을 당하셨습니다. 예수님께서 십자가에서 당하신 영혼의 수고는 이루 말할 수 없습니다. 그러나 그 수고한 결과로 말미암아 수많은 사람의 죄악을 담당하시고 그들을 의롭게 만들어 주신 것입니다.

예수께서 오늘날도 친히 우리의 죄악을 담당해 주시고 우리의 모든 불의를 청산해 주심으로 모든 일을 다 완성해 놓으신 것입니다. 십자가에서 예수님께서는 "내가 다 이루었다"고 하셨습니다. 주님께서 다 이루시고 끝내신 일이므로 우리가 할 수 있는 남은 일은 없습니다. 우리가 '죄 사함을 받기 위해서 무엇을 할까요?'라고 질문 한다면 너희 할 일은 없다는 것입니다. 예수님께서 홀로 다 완성하시고 다 이루셨기 때문에 우리가 할 일은 남아있지 않습니다. 어떠한 종교도 어떤 인간적인 행위도 우리를 구원할 목적으로 한다면 이것은 예수님께서 이미 다 이루어 놓으신 일을 부인하는 것이 됩니다. 우리를 구원하기 위해서 우리가 해야 할 일은 없습니다. 주님께서 다 이루어 놓으신 것입니다. 우리의 할 일은 주께서 선물로 주시는 것을 믿음으로 받아들이는 것입니다.

그러므로 에베소서 2장 8절로 9절은 "너희가 그 은혜로 인하여 믿음으로 말미암아 구원을 얻었나니 이것이 너희에게서 난 것이 아니요 하나님의 선물이라 행위에서 난 것이 아니니 이는 누구든지 자랑치 못하게 하려 함이라"하셨습니다.

아무도 구원에 대해서 자랑할 수 없습니다. 구원은 하나님께서 우리에게 선물로 주신 것입니다. 우리는 믿음으로 값없이 받아들였을 뿐입니다. 이러므로 우리의 죄악의 문제는 예수 그리스도를 믿음으로 말미암아 해결됩니다. 그리고 성령이 오셔서 매일 우리가 성결한 삶을 살도록 이끌어 주시고 변화 시켜 주시는 것입니다.

둘째, 인간이 세상을 살면서 끊임없이 시달리는 문제는 병의 문제입니다. 잘사는 나라에 가도 수많은 병이 있고, 못 사는 나라에도 많은 병이 있습니다. 마음의 병이 있는가 하면 육신과 생활의 병이 있습니다. 병의 문제는 어떻게 해결할까요? 병이 중요한 문제가 아니라면 예수님께서 이 땅에서 보내신 그 귀중한 시간의 3분의 2를 치유사역에 쓰지 않으셨을 것입니다.

주님은 "회개하라 천국이 가까왔다"하시고, 곧장 병 고치시는 일을 하셨습니다. 귀신을 쫓아내고 병든 자를 고치셨으며 12제자들에게도 그렇게 하도록 하셨습니다. 70인의 제자들도 둘씩 보내시면서 천국 복음을 전파할 때는 반드시 병을 고치라고 하셨습니다. 왜냐하면 인생의 죄 값으로 온 이 병을 주님께서 죄를 사하심과 동시에 고치시기 원하셨기 때문입니다. 병은 하나님의 선물이 아니요, 하나님께서 기뻐하시는 것이 아닙니다. 병은 저주요 심판이요, 우리를 도적질하고 죽이고 멸망시키려는 마귀의 도구에 불과한 것입니다.

그러므로 우리가 병 고침을 받는 것은 하나님의 뜻입니다. 우리 하나님의 이름 중에서 여호와 라파가 있습니다. "여호와는 나의 병을 치료하는 하나님이라" 하나님의 성함이 병을 치료하는 의사라고 말씀하시니, 의사인 우리 하나님께 우리가 찾아간다면 병은 당연히 낫게 되는 것입니다. 건강한 자에게는 의원이 쓸 데 없고 병든 자에게 쓸모 있다고 예수께서 말씀하셨습니다. 시편 103편 1절로 3절에 "내 영혼아 여호와를 송축하라 내 속에 있는 것들아 다 그 성호를 송축하라 내 영혼아 여호와를 송축하며 그 은택을 잊지 말지어다 저가 네 모든 죄악을 사하시며 네 모든 병을 고치시느니라"고 말씀하셨습니다.

하나님의 은택을 잊고 사는 사람들이 많이 있습니다. 그러나 성경은 "하나님께서 주신 은택을 잊지 말라 저가 네 모든 죄를 용서하시고 네 모든 병을 고치신다"고 말씀하셨습니다. 성경은 "주 네 하나님을 섬기라 그리하면 저가 너희 물과 양식에 복을 내리고 너희 가운데 병을 제하리니 너희 중에 낙태하는 자나 잉태치 못하는 자가 없을 것이라 그가 너희 날 수를 채울 것이"라고 말씀하십니다. 이러므로 하나님께서는 우리의 병을 미워하시어 예수 그리스도를 통해 우리의 죄를 대속 하신 것입니다.

이사야서 53장 4절에 "그는 실로 우리의 질고를 지고 우리의 슬픔을 당하였거늘 우리는 생각하기를 그가 징벌을 받아 하나님께 맞으며 고난을 당한다 하였느니라"하셨습니다. 예수님께서 십자가에 못 박하시기 전에 매를 맞아 그 등이 갈기갈기 찢어졌는데 성경은 말씀하기를 "그는 실로 우리의 질고를 지고 우리의 슬픔을 당했다"고 하셨습니다. 그러므로 예수님께서 우리가 병들어 슬퍼하는 것을 대신 짊어지셨다는 사실을 깨달아 알라고 성경은 말하고 있는 것입니다.

또 이사야서 53장 5절은 "그가 찔림은 우리 허물을 인함이요 그가 상함은 우리 죄악을 인함이라 그가 징계를 받으므로 우리가 평화를 누리고 그가 채찍에 맞으므로 우리가 나음을 입었느니라"고 말하고 있는 것입니다. 예수님께서 2천 년 전에 채찍을 맞으셨으므로 우리는 2천 년 전부터 나음을 입은 것입니다. 우리는 나음을 받지 않았다고 생각하지만 병은 이미 2천 년 전에 나음을 받았습니다. 이제는 우리가 그것을 깨닫고 믿고 인정하고 기도하고 주장하는 일만 남은 것입니다. 병은 거짓되고 헛된 것입니다. 우리는 2천 년 전부터 벌써 치료함을 받아오고 있는 것입니다. 이사야서 53장 10절은 "하나님께서 그로 상함을 받게 하시기를 원하사 질고를 당케 하셨은즉"이라 말씀합니다.

얼마나 하나님께서 병 고치시기를 원하셨던지 하나님께서 그로 상함 받기를 원하사 질고를 당케 하셨다고 말씀합니다. 이러므로 우리 아버지 하나님의 열렬한 뜻은 우리의 영도 마음도 몸도 병에서 놓여남을 받고 건강하게 되는 것입니다. 이렇기 때문에 예수님께서 고통당하시고, 죽임을 당하시고, 부활승천 하신 이후 성령이 강림하셔서 교회를 세우셨을 때 예루살렘 총회의 총회장이었던 야고보는 전 세계에 이렇게 편지 했습니다.

야고보서 5장 14절로 16절에 "너희 중에 병든 자가 있느냐 저는 교회의 장로들을 청할 것이요 그들은 주의 이름으로 기름을 바르며 위하여 기도할지니라. 믿음의 기도는 병든 자를 구원하리니 주께서 저를 일으키시리라. 혹시 죄를 범하였을지라도 사하심을 얻으리라. 이러므로 너희 죄를 서로 고하며 병 낫기를 위하여 서로 기도하라 의인의 간구는 역사 하는 힘이 많으니라" 하셨습니다.

그러므로 교회는 병든 자를 위해 기도하고 그들의 치료를 위해 역사 하라고 명령하시는 것입니다. 이러므로 그리스도의 백성과 교회는 자신의 병 고침을 위해 기도할 뿐 아니라 다른 사람의 병 나음을 위해 기도해야 하는 것입니다. 병이 마귀에게서 온 것인 줄을 알았으므로 그것을 받아들일 필요가 없습니다. 끝까지 믿음으로 강하게 대결하며 기도하고 치료를 주장해서 병을 쫓아내고 건강을 확보해야 할 것입니다.

예수를 믿는 우리는 병도 하나님의 방법으로 치유해야 합니다. 왜냐하면 우리는 이 땅에서 살지만 하나님의 자녀로서 하늘나라의 시민권이 있기 때문입니다. 하나님께서 주시는 것으로 살아야 합니다. 질병을 치유하는 것도 하나님의 방법으로 치유를 해야 합니다. 하나님은 우리의 병을 고칠 수 있는 방법을 알고 계십니다. 그러므로 병이 발생하면 하나님께 기도하여 하나님께서 예비하신 사람을 만나서 치유 받아야 합니다. 하나님은 세상에서 치유하지 못하는 질병이라도 치유할 수 있습니다. 하나님은 불치의 병이라도 하나님의 사람을 통하여 치유하십니다. 문제는 기도하여 하나님이 예비하신 사람을 만나는 것입니다.

셋째, 우리는 살면서 수많은 사업의 문제에 부딪히게 됩니다. 사업의 문제에 대해 주님께서 관심을 가지고 계실까요? 사업의 문제를 해결하여 주실까요? 베드로는 밤이 맞도록 그물을 던졌습니다. 처자를 먹이어 살려야 하고 병든 장모의 약값도 벌어야 했습니다. 그는 초저녁부터 나가 그물을 던졌으나 아침 해가 떠오르도록 아무것도 잡지 못했습니다. 그는 처자와 장모를 어떻게 부양해야 할지 두려웠습니다. 해변에 나와 그는 찢어진 그물을 깁고 그물에 묻은 검불들을 씻어내고 있었습니다. 그때 군중들 앞에 예수님께서 걸어오시더니 베드로의 배에 오르신 후 군중을 피해 육지에서 떨어지기를 원하셨습니다. 예수님이 실패한 사업장에 오셨습니다. 빈 배와 찢어진 그물, 낙심하고 절망한 베드로 이것이 사업에 실패한 사람의 전형적인 모습이 아니겠습니까?

실패하여 공장의 기계가 작동하지 않고 기계가 다 녹슬고 아무것도 생산되지 않고 근로자는 다 떠나가서 주인은 낙심하고 앉아있는 이러한 현상의 대표적인 모습이 아닙니까? 이렇게 실패한 베드로의 사업장에 주님께서 찾아오신 것입니다. 주님께서 찾아오시고 그 안에서 주님의 사업을 시작하신 것입니다. "그의 나라와 그의 의를 먼저 구하라 그리하면 이 모든 것을 네게 더하시리라"고 하셨습니다. 주님께서 그 배를 타시고 주님의 사업을 하셨습니다. 베드로는 그 배와 시간과 몸을 빌려드렸습니다. 할 일이 없었으므로 주님의 사업에 협조하였습니다. 주님께서는 말씀을 다 증거 하시고 난 후 그 낙심한 베드로 에게 이렇게 말씀하셨습니다.

"깊은 데에 들어가서 그물을 던져 고기를 잡으라" 베드로는 기가 차서 예수님을 바라보지만 예수님의 얼굴 표정은 단호합니다. 그래서 베드로는 '제가 밤이 맞도록 그물을 던졌으나 잡은 것이 없으되 주님의 명령을 좇아서 그물을 던지겠나 이다'라고 말했습니다. 상식적으로 생각했을 때 낮에 깊은 곳에는 고기가 없습니다. 사람의 생각과 정 반대의 생각이지만 주님께서 그렇게 하라 하시매 베드로는 깊은 데로 가서 그물을 내렸습니다. 그러자 그물이 넘치도록 고기가 잡혀서 그의 배에 가득 채우고 동료의 배에까지 고기를 실었습니다.

사람이 아무리 실패하였을지라도 예수님이 다가오시면 그 실패를 성공으로 바꾸실 수 있는 것입니다. 예수님께서 사업을 한번만 도와주신 것은 아닙니다. 예수님께서 부활하실 즈음 제자들은 낙심하여 베드로와 함께 고향 갈릴리로 내려가서 호수에서 고기를 잡고 있었습니다. 그들은 디베리아 바다에서 그 날도 밤새도록 고기를 잡았으나 한 마리도 잡지 못했습니다. 아침이 되어 안개가 자욱이 끼었는데 저쪽 해변에서 누군가가 외쳤습니다. "애들아 무엇이 있느냐?" '아무것도 없습니다.' "배 오른편에 그물을 내려라" 오른 편에 그물을 내리니 잡은 것이 너무 많아 그물이 찢어질 지경입니다.

그러자 요한이 '주님이시다'고 말하매 베드로가 황급히 웃옷을 입고 헤엄쳐 예수님께 갔습니다. 예수님께서는 이미 불로 떡과 고기를 구워 아침을 준비하고 계셨습니다. 여기에서도 예수님은 제자들의 실패한 그 곳에 나타나셔서 그 실패한 자리를 성공으로 바꾸어 놓으신 것입니다. 주님께선 우리에게 성공을 주시기 위해서 기상천외한 일을 하실 필요가 없습니다. 실패한 그 사람, 그 장소, 그 건물을 예수님께서는 성공으로 바꾸시는 것입니다. 왜냐하면 예수님은 바로 성공이시기 때문입니다.

이제 주님이 베드로의 사업에 개입하시니, 주님의 지혜와 지식과 총명, 주님의 능력으로 일합니다. 그러므로 주님을 주인으로 모시면 실패한 그 자리에서 위대한 성공을 거두게 하시는 것입니다. 그러므로 우리는 사업을 할 때 인간의 힘으로 하지 말고 하나님 앞에 믿음의 씨앗을 심고 주님 중심으로 주님과 함께 나아가야 하는 것입니다.

믿음의 씨앗을 심고 주님을 의지하는 자와 하나님은 함께 하시는 것입니다. 그리고 난 후 항상 기도하기를 힘쓰고 주의 음성에 귀를 기울여야 합니다. 왜냐하면 주님께서 지식의 말씀과 지혜의 말씀을 주시기 때문입니다. 베드로 에게 "깊은 데로 가서 그물을 내려라" 하신 것은 주님의 지혜의 말씀입니다. 디베리아 바다에서 "오른 편에 그물을 던지라"하신 말씀도 주님의 지혜의 말씀인 것입니다. 주님께서는 우리가 어떻게 해야 승리하고 성공할지를 알고 계십니다.

그러므로 주님의 지혜의 음성에 귀를 기울여야 합니다. 말씀을 늘 읽고 기도하고 하나님의 음성에 귀를 기울일 필요가 있습니다. 너무나 많은 일에 있어서 불현듯이 하나님의 지혜가 머릿속에 들어옵니다. 기도하는 동안, 말씀을 읽는 동안 하나님의 깨달음, 지혜가 머릿속에 들어오면 순종해야 합니다. 순종할 때 성공으로 우리를 이끌어 주시는 것입니다. 인간의 삶에 성공과 실패는 인간의 지혜에 있지 않습니다. 인간의 성실과 노력도 중요하지만 하나님의 지혜가 없이 일하면 아무런 일도 일어나지 않습니다. 그러나 성실과 노력에 더하여 하나님의 지혜가 사람에게 있으면 그는 어디를 가나 형통하게 되는 것입니다. 바로 그 지혜를 주님께서 우리에게 주시는 것입니다.

우리는 예수님을 믿고 아브라함의 복을 받은 사람들입니다. 아담과 하와가 마귀에게 속에서 저주를 받아 가시와 엉겅퀴 속에서 고생을 하며 살았지만 예수께서 오셔서 우리의 저주를 대신 담당하셨습니다. 우리는 그리스도 예수 안에서 저주로부터 해방되어 아브라함의 복을 받은 사람들인 것입니다. 그러므로 마음을 느긋하게 가지십시오. 성도는 복 받은 사람들인 것입니다. 저주 받은 사람들이 아닙니다. 아브라함의 복을 받은 사람들이기 때문에 우리는 복 받은 사람으로서 살아갈 자격이 있습니다. 믿음 가운데 예수님을 모시고 생활하고, 예수님의 지혜와 지식을 받는다면 어느 곳에 가나 우리는 성공하고 머리가 되며, 꼬리가 되지 않고 위에 있고, 아래로 내려가지 않으며 남에게 꾸어 줄지라도 꾸지 않는 삶을 살아갈 수 있게 되는 것입니다. 마지막 때가 될수록 우리 예수님을 믿는 사람들은 이 세상 누구보다도 생활환경에서 성공해야 합니다.

넷째, 사망을 이기신 예수님을 우리는 알아야 합니다. 인간 생활에서 가장 절망적인 문제가 죽음입니다. 죽음의 문제를 사람들은 해결할 수 없기 때문에 모든 사람들이 체념하고 있습니다. 죽을 때가 오면 체념한 채 이를 받아들입니다. 그러나 죽음 저 너머의 영원한 지옥과 천국은 이 세상의 말로 표현 할 수 없습니다. 사망의 문제를 종교인이나 철학자가 해결할 수 있습니까? 예수님만이 생명의 주님 되심을 증명하셨습니다. 회당장의 딸이 죽었을 때 예수님께서 "이 딸이 죽은 것이 아니라 잔다"하셨을 때 모든 사람들이 비웃었습니다. 그러나 예수님께서는 베드로와 야고보와 요한, 그리고 부모를 데리고 방으로 들어가셔서 죽은 딸에게 "달리다굼, 딸아 일어나라"하시고 딸을 살리셨습니다. 이를 볼 때 예수님이 생명과 사망의 주가 되심을 알 수 있는 것입니다. 주님은 또 나인 성에 사는 과부의 아들이 죽었을 때 그 아들의 죽음으로 인해 통곡하는 여인을 보시고 불쌍히 여기시어 "청년아 일어나라"하시며 그 청년을 깨우셨습니다. 역사 이후 이러한 일들을 본적이 있습니까? 아무도 이러한 일을 한 적이 없습니다. 그러나 예수님께선 생명의 주도되시고 사망의 주도되심을 여기서 증명하신 것입니다.

그 무엇보다도 죽은 나사로를 일으키신 것을 보십시오. 그는 죽은 지 나흘이 되어 부패하여 냄새까지 났습니다. 무덤 속까지 들어간 사람을 그의 여동생인 마리아와 마르다를 데리고 많은 유대인들이 따라와 보는 가운데 "나사로야 나오라"하고 외치시고 죽은 나사로를 살리셨습니다. 죽은 자가 수의를 동여맨 채 살아 걸어 나왔습니다. 이러한 일들은 온 천하에 예수님께서 산 자와 죽은 자의 주가 되심을 증명하는 일들입니다. 예수님은 "나는 부활이요 생명이니 나를 믿는 자는 죽어도 살겠고 무릇 살아서 나를 믿는 자는 영원히 죽지 아니하리니 네가 이것을 믿느냐"라 말씀할 자격이 있는 것입니다.

내가 주인으로 인생을 살면 수고하고 무거운 짐을 벗을 수가 없습니다. 그러나 내가 예수님의 청지기가 되면 모든 짐을 벗어버리고 주님의 십자가에 맡겨버리고 우리는 그 십자가 멍에 밑에 가서 편안히 주님과 함께 인생을 살아갈 수 있습니다. 우리의 수고하고 무거운 짐, 멍에는 주님이 져주시고 우리는 그를 따라가기만 하면 되는 것입니다. "수고하고 무거운 짐진자들은 다 내게로 오라 내가 너희를 쉬게 하리니 내 멍에는 쉽고 내 짐은 가볍다"고 주님께서 말씀하십니다.

인생에 주인 노릇하지 마시고 참 주인 되시는 하나님 아버지와 우리 주 예수께 영과 마음, 몸과 생활, 과거와 현재와 미래의 인생도 다 맡기고, 아버지 중심, 예수님 중심으로 하나님을 주인으로 모시며 사시는 모두가 되시기를 예수님의 이름으로 축원합니다.

2부 부름 받아 축복받은 사람들

5장 아브라함을 부르시고 축복하신 하나님

(창 12:1-4)"여호와께서 아브람에게 이르시되 너는 너의 고향과 친척과 아버지의 집을 떠나 내가 네게 보여 줄 땅으로 가라. 내가 너로 큰 민족을 이루고 네게 복을 주어 네 이름을 창대하게 하리니 너는 복이 될지라. 너를 축복하는 자에게는 내가 복을 내리고 너를 저주하는 자에게는 내가 저주하리니 땅의 모든 족속이 너로 말미암아 복을 얻을 것이라 하신지라. 이에 아브람이 여호와의 말씀을 따라갔고 롯도 그와 함께 갔으며 아브람이 하란을 떠날 때에 칠십오 세였더라"

하나님께서 아브라함을 부르셨습니다. 부르신 이유는 연단하고 단련하여 온전해진 다음에 하나님의 영광을 나타내기 위해서입니다. 하나님의 부르심에는 반드시 예비한 축복이 있습니다. 축복하시기 위해서 부르신 것입니다. 우리도 축복하시기 위해서 세상에서 부르신 것입니다. 나도 축복을 받아 누린다는 믿음을 가져야 합니다. 우리는 아브라함을 믿음의 조상이라고 말합니다. 육체의 조상은 아담과 하와였지만 영적인 조상인 아브라함이 우리의 조상이 되시는 것입니다. 그는 한없는 축복을 받은 사람이지만 그러나 그의 생활은 결코 평탄하지 않았습다. 불같은 시험을 당해서 그는 복과 함께 믿음과 순종을 배웠던 것입니다. 우리가 아브라함의 복을 받으면서 세상을 살아가기 위하여 아브라함이 하나님과 동행하면서 무슨 일들을 체험했나 말씀 속에서 교훈을 얻어야 합니다.

첫째, 옛 사람을 떠나와야 합니다. 아브라함이 하나님의 부르심을 받을 때까지 하나님은 이 세상에 당신이 구주의 영광을 나타내지 아니하셨습니다. 그러나 75세까지 자기 멋대로 산 아브라함을 하나님이 택하셨습니다. 하나님께서는 아브라함을 부르시되 "너는 너의 고향과 친척과 아버지의 집을 떠나 내가 네게 보여 줄 땅으로 가라"(창12:1-3)고 새 출발을 명령하신 것입니다. 아브라함은 하나님의 부르심을 받아 있는 둥지를 다 털어버리고 떠나서 내가 지시할 땅으로 가라고 했습니다.

우리가 하나님의 부르심을 받을 때는 하나님이 반드시 아브라함과 같은 순서를 주십니다. 떠날 때는 떠나라. 그리고 갈 데로 가라. 떠나고 가는 것이 분명해야 하나님 앞에 은혜와 축복을 받는 것입니다. 하나님께서는 아브라함에게 살고 있던 고향과 친척과 아버지의 집을 떠나 네가 가나안 땅으로 가라고 한 것입니다(창12:1-3).

엄청난 하나님이 축복을 주신 것입니다. 아브라함이 복이 되겠다고 하신 것입니다. 아브라함에게 축복을 하는 자는 축복을 주고 저주하는 자에게는 하나님이 저주하겠다고 하신 것입니다. 그런 약속을 주셨음에도 불구하고 하나님께서는 아브라함에게 시련과 고난도 허락하신 것입니다. 떠나온 땅에서 완전히 손을 털고 오도록 만드시고, 들어온 가나안 땅에 와서도 믿고 순종하는 사람이 되도록 하나님께서 지시하신 것입니다.

우리들도 마찬가지입니다. 하나님은 훈련되지 않는 사람에게 절대로 복을 허락하지 않습니다. 성령의 인도를 받으며 하나님의 혹독한 시험을 통과해야 합니다. 그러나 아무리 시험이 어려워도 하나님께서 동행하기 때문에 넉넉하게 이길 수가 있습니다. 시험은 육체로 살던 세상을 버리고 하나님의 말씀에 순종하는 삶으로 바꾸는 것입니다. 오로지 하나님만 바라보고 하나님의 음성을 듣고 순종하는 사람으로 만들어 가십니다. 자신이 하나님을 위하여 무엇을 하려고 하는 사람이 되면 시험은 길어집니다. 하나님은 사람의 도움을 받아서 세상을 치리하지 않습니다. 오로지 하나님께서 하라는 대로 순종하는 사람을 통해서 세상에 하나님의 나라를 만들어 가십니다. 그렇기 때문에 하나님은 우리자녀들을 하나님의 음성을 듣고 순종하는 사람으로 바뀌는 사람으로 만들어 가십니다.

둘째, 하나님은 혈통의 문제를 해결하게 하십니다. 떠나온 땅에서 아브라함은 많이 갖고 데리고 이고 지고 가나안 땅으로 온 것입니다. 하나님이 네 고향과 친척과 아버지의 집을 떠나라고 했는데 떠나는 것이 힘듭니다. 더구나 75년 동안 살아온 고향산천을 떠난다는 것이 쉽지 않을 것입니다. 그렇기 때문에 하나님께 순종한다고 떠나는 왔지만 떠나올 때 친척들이 와서 "날 따라와! 봇짐 싸! 하나님이 나에게 복 주신다고 했으니 따라와!" 그리고 종들도 "너희들 다 계속 내게 고용되어 있으니 따라와!

월급 줄 테니까! 다 따라와!" 종들도 데리고 재산도 그가 모아놓은 재산을 나눠주고 올 수가 없어 아까워서 전부 꾸러미를 만들어서 걸머지고 그는 고향산천을 떠났습니다.

아마 하늘에서는 하나님이 내려다보시고 있는데 천사장이 와서 이런 말을 했을 것입니다. 하나님! 저 사람이 누굽니까? '아브라함이 나의 명령을 따라 고향 친척 있는 것을 떠나서 갈대아 땅으로 가는 길이다.' 안 그런 것 같은데요? 보니까 온갖 일가친척이 다 따라오고, 조카도 따라오고, 그다음에 소, 짐승들도 다 데리고, 종들도 데리고 일대 군단이 걸어가는데요? 그러니 아버지 하나님이 웃으시면서 '시련을 톡톡히 당해야 저것 다 떨어져 나갈 것이다. 두고 봐라!'

그런데 아브라함은 가면 당장 축복이 마구 떨어질 줄 기대했습니다. 그리고 가나안에 왔는데 아니 이럴 수가 있습니까? 비가 안 와서 전부 땅이 바짝 말랐습니다. 초목, 곤충이 다 타죽고 의지할 곳이 없고 농사지을 곳이 없습니다. 그러니 아브라함을 따라온 친척들이 모두 불평을 말하고 종들도 야반도주하고 엉망진창이 되고 만 것입니다. 하나님! 복을 주신다고 해서 하나님을 따라서 나왔는데 복은 안 와도 화가 이렇게 다가오니 어떻게 합니까? 하나님은 날 버렸습니까? 아무 대꾸가 없습니다.

그 땅에 기근이 들었으므로 아브라함이 도저히 견디지 못하겠음으로 살러 가야 되겠다. 하나님이 하라는 데로만 했다가는 큰일 나겠다. 그저 적당히 믿어야지 100% 믿었다가는 신세 망치겠다. 지금 이런 기근이 가나안에는 왔어도 애굽 땅에는 물이 풍부하고 농사도 잘되고 사람들이 많이 와서 사니 우리 애굽으로 살러 가자. 이제는 하나님이 가라고 말하지 않은 곳에 마음대로 갑니다.

그리고 꾀를 자기 마음대로 부리는 것입니다. 아브라함은 오랜 세월 동안 사라와 같이 살았으나 자식이 없었는데 아브라함은 자기가 보기에도 사라는 너무나 절세미인이었습니다. 아브라함은 그 긴 세월동안 살아오면서 인생에 별 재미는 없었으나 자기 부인 얼굴 쳐다보는 재미로 살았습니다. 절세미인이었다고 했습니다. 마음에 감탄할 정도로 예뻤습니다. 그렇기에 아브라함이 내려갈 때 그 아내에게 부탁을 한 것입니다. '여보! 당신하고 오래 살아서 당신이 굉장한 미인인 것을 내가 아는데 내가 미안해서 입으로는 그 말 못했지만, 오늘 시인한다. 틀림없이 내려가면 애굽 사람들은 당신의 아름다움을 보고 기절초풍을 할 것이다. 그리고 나를 잡아서 죽이는 것은 간단한 문제다. 나는 당신을 뺏기고 목숨도 잃을 것인데 나를 좀 살려주시오.'

사래가 '어떻게 살려줘요?' '이제부터는 여보라고 말하지 말고 오빠라고 말하시오.' 요사이 같으면 아무것도 아니지요. 요사이는 다 오빠 하니까 누가 진짜 오빠인지 가짜 오빠인지 모르는데 '나를 오빠라고 하면 나는 동생, 동생이라고 할 테니까' '그러다가 진짜 내가 동생인 줄 알고 장가오겠다고 하면 어떻게 합니까?' '그때는 그때 가서 보자.' '좌우간 나를 보고 오빠라고 해 달라고.' 그래서 애굽에 도착하니까 뭐 새로운 사람이 오면 원래 다들 호기심을 가지지만 이번에는 그야말로 절단강산입니다.

사람들마다 다 아브라함의 여동생 구경을 한다고 떼를 지어서 모여오니 아브라함이 기가 막힙니다.

그런데 임금님이 그 소식을 들었습니다. 바로가 듣기로 가나안에서 한 가족이 왔는데 여자는 기가 막히게 아름다운 여자란다. '빨리 데려오너라.' 그래서 아브라함은 자기 아내를 데리고 왕궁으로 들어가니까 왕궁에 들어가자마자 부인이 아브라함을 보고 '오빠 여기가 어디에요?' 동생, 여기가 바로의 궁이란다. 바로에게 절을 하니까 '너희 관계가 어떻게 되느냐?' 그러니까 아브라함이 '내 부모가 일찍 세상을 뜨시고 나는 이 여동생을 데리고 떠돌아다니며 나그네 같이 삽니다.' '너 진짜 여동생이냐?' 내 여동생입니다.

네 여동생은 이렇게 예쁜데 너는 왜 호박 같나? 나는 호박 같아도 내 여동생은 틀림이 없습니다. 바로가 여동생을 보고, 정말 이 사람이 네 오빠냐? 네! 내 오빠입니다. 그럼 잘되었다. 나하고 결혼하자. 그날로 당장 결혼해서 바로가 데리고 가 버리고 그 대가로써 소와 양과 짐승을 잔뜩 얻었습니다. 그런데 왕궁에 들어갈 때는 동생하고 같이 들어갔다가 만들어 놓은 동생하고 들어갔다가 나올 때는 짐승을 데리고 대신 나왔어요. 가만히 있으니 기가 막힙니다.

그때 비로소 아브라함이 기도를 많이 했을 것입니다. 하나님 살려 주십시오. 이 길만이 내가 살 길이라고 생각하고 꾀를 내었는데 내 꾀가 통과되지 않습니다. 하나님이 바로의 궁전을 쳤습니다. 하나님께서 나타나셨습니다. 하나님이 화를 주니까 다 회개하고 도로 내주어서 그 아내를 데리고 애굽땅에서 있지도 못하게 빨리 떠나라. 그래서 가나안 땅으로 왔습니다. 오니까 가나안 땅에는 그동안 비가 많이 와서 곡식이 잘되고 풀도 푸르고 좋습니다. 그런데 또다시 인위적으로 사니까 시련이 다가왔습니다. 그 시련이 뭐냐면 조카하고 싸움이 벌어진 것입니다.

조카도 삼촌 따라다니다가 삼촌에게 조금씩 도움을 받아서 큰 목장을 가진 사람이 되었습니다. 많은 양 떼와 소 떼와 짐승 떼를 거느린 목장주가 되었는데 삼촌의 목장 목동들과 자기의 목장 목동들이 싸움이 붙어서 야단법석이 났습니다. 왜냐하면, 서로 좋은 초지를 얻기 위해서 삼촌이 가진 초지에 자기 짐승들이 와서 풀을 뜯어 먹이니 삼촌의 목장들이 쫓아내고 그래서 아재비와 싸움이 벌어지고 그곳에 있는 다른 이방 민족들도 손가락질하고 야단법석입니다.

하나님 뜻을 거역하면 언제고 문제가 생겨나는 것입니다. 네 아비 집을 떠나라고 했는데 조카는 아버지 혈통을 이은 조카입니다. 조카를 떠나고 와야 되는데 조카를 데리고 왔기 때문에 그런 문제가 생긴 것입니다. 그래서 조카를 보고 '우리 헤어지자! 여기 타민족도 많은데 아재비와 조카가 싸워서 피투성이가 되고 소문이 자자하게 나는데 우리 헤어지자. 네가 동이라 하면 내가 서로가고, 네가 남이라 하면 내가 북으로 가겠다.' 아무리 일가친척 간이라도 물질 문제 가지고는 양보가 없습니다. 그렇게 하면 조카가 삼촌을 따라왔으니 '삼촌이 먼저 좋은 데를 택하십시오. 그러면 내가 다른 데를 택하겠습니다.' 그렇게 말하지 않았습니다. '얼씨구~ 내가 먼저 택하지 삼촌이 어떻게 되든지.' 그래서 소돔과 고모라가 있는 요단강 쪽을 바라보니 풀도 많고 물도 많고 좋았습니다.

롯이 보니까, 여호와의 동산 같고 애굽 땅과 같았습니다. 나는 풀도 많은 저 고모라성이 있는 동쪽을 택하고 갈 테니 그러면 삼촌만 여기 계세요. 그렇게 하라. 그리고 떠나버렸습니다. 조카가 떠나고 난후 메마른 초지가 있는 한쪽에 앉아 있으니 하나님이 일어서라! 동서남북을 바라보라. 똑똑히 바라보라. 네 눈에 보이는 그 땅을 내가 네게 주리니 영원하리라. 가볼 필요 없이 바라봄의 법칙을 통해서 네가 바라볼 수 있는 그 땅을 내가 다 주겠다. 우리도 성경을 읽어서 하나님께서 주신 약속을 믿음으로 바라볼 수 있는 것을 다 바라보면 은혜로서 축복을 주실 것입니다(창13:7-12).

하나님은 이제 아브람에게 믿음으로 사는 법을 가르쳐 주었습니다. 갈대아 우르를 떠날 때 하나님의 말씀을 믿음으로 살았으면 괜찮을 것인데 그는 자기의 계획과 자기의 지혜를 따라 애굽으로도 내려갔고, 조카 롯에게 짐승들도 많이 나눠 주었고, 자기 인간의 수단과 방법으로 잘 살려고 했다가 실패를 많이 했습니다. 성경에는 주님께서 나의 의인은 믿음으로 말미암아 살리라고 했는데 오늘날 우리도 이 세상살이를 떠나서 하나님을 따라서 나왔으면 믿음으로 살아야 되는 것입니다.

믿음으로 사는 것이 쉽지 않기 때문에 훈련을 통해서 배우는 것입니다. 장막에서 늘 엎드려서 기도할 때도 땅만 보고 기도하면 소용이 없습니다. 꿈을 마음속에 품고 기도해야 하나님이 축복을 해주시는 것입니다. 이렇게 성경에 기록한 것은 우리들에게 이런 교훈을 깨달아 아브라함과 같이 불필요한 고생을 하지 않게 하기 위하여 기록한 것입니다. 하나님은 성령으로 인도하면서 아브라함과 같이 인간적인 모든 것을 끊어내게 하십니다.

셋째, 이성과 감각, 인본주의, 물질주의의 장막에서 나와야 되는 것입니다. 천막을 치고 옛날 사람들은 살고 있지 않았어요? 천막 밑에서 자꾸 기도만 하면 천막과 흙밖에 보이지 않습니다. 그러나 천막 밖에 나와 하늘을 쳐다보면 수많은 별들이 보이는 것입니다. 하나님은 기도를 그렇게 하라는 것입니다. 세상의 부귀, 영화, 공명, 낭패, 실망만 생각하고 땅만 바라보고 기도하지 말고 천막 밖에 나와서 우리말로 다 한다면 이성이라는 천막, 감각이라는 천막, 인본주의라는 천막, 물질주의적인 천막에서 나와서 하늘을 바라보라. 수많은 별들이 있지 않느냐. 그 별들을 통해서 하나님이 아브람보고 네 자손이 저 별들처럼 많을 것을 생각하라. 마음에 꿈을 가지고 생각하고 바라보고 기도하라. 꿈을 가지고 무슨 꿈이냐. 별 하나가 내 한 자식이 된다는 것을 꿈을 꾸면 말로 다 할 수 없는 많은 자식 아닙니까? 나는 저 많은 자손들의 아버지가 되고 할아버지가 되고 조상이 된다. 그것을 마음속에 그려라! 오늘 예수 믿는 사람들은 하나님의 나라를 바라보고 하나님의 약속의 말씀으로 마음에 그림을 그려야 되는 것입니다.

우리가 어떻게 하늘을 쳐다보고 별들을 헤아리라는 것입니까? 우리의 하늘은 성경이 우리 하늘인 것입니다. 창세기부터 계시록까지 성경을 바라보고 읽고 성경에 있는 하나님의 약속의 말씀을 별처럼 마음에 간직하라는 것입니다. 성경을 읽고 말씀의 별을 가슴에 품고 기도하면 기적이 일어나는 것입니다. 마음속에 오랫동안 간직하고 바라보고 기도하는 그 목표의 별은 이루어지는 것입니다. 목표를 마음속에 그림으로 그려놓고 꿈을 꾸면서 기도하지 아니하면 믿음이 생겨나지 않습니다. 믿음이라는 것은 참 힘이 있되 꿈이 있어야 믿음이 있는 것입니다. 제가 묻겠습니다. 당신은 무엇을 믿습니까? 몰라요. 그러면 믿음이 뭔지 모르지 않습니까? 무엇을 믿지요. 목적이 있어야 되지 않습니까? 몸이 아프니까 몸이 나으려고요. 그렇지요. 몸이 낫겠다는 꿈을 꾸면 그 꿈을 믿는 것입니다. 몸이 낫는 건강의 꿈을 꾸기 때문에 네 믿음대로 될 것이라고 할 것입니다.

이와 같이 아브라함에게 하나님께서 상속자를 준 것도 아브라함이 오랫동안 85세에 기도했으나 꿈이 없이 기도했습니다. 천막 아래서 불평을 해가면서 내 아내는 지금 75세가 되고 나는 85세인데 아들을 못 낳았으니 이제 아들을 낳을 수가 없습니다.

하나님이 아들을 안 주므로 나는 종을 키워서 아들로, 후사를 삼겠습니다. 불평을 말하고 하나님을 공갈하고 그렇게 했습니다. 그러니까 하나님께서 이 사람아, 꿈을 갖고 기도해야지. 꿈이 없는 기도를 어떻게 하느냐. 저녁까지 기다려라! 저녁이 되니까 천막에서 나와라! 꿈을 가지고 기도하기 위해서 하늘을 쳐다보라! 하늘을 쳐다보니까 뭐가 보이니? 별들이 보입니다.

헤아려 보아라! 아이고 헤아릴 수 없이 많은데요. 너의 자손이 저별처럼 많을 것이다. 아브람이 입을 딱 벌리고 별들을 바라보고 별들이 자기의 자손이 된 것 같은 느낌으로 가슴에 꽉 들어차니 하나님, 내가 믿습니다. 전에는 무엇을 믿을 줄 몰랐는데 저 별들이 내 자손인 것을 믿습니다. 하나님이 아브람 보고 만족한다. 잘했다. 그것이 너의 의로움이 된다.

그래서 그는 서나 앉으나 이제는 아들이 가슴속에 별들처럼 꽉 차 있는 것을 바라보았습니다. 그 결과로 그 아내가 90이 되고, 아브라함의 나이가 100세가 되었을 때 아들을 낳으니 이름이 이삭인 것입니다. 그러므로 장막에서 나와서 하늘을 바라본 것이 그의 큰 축복의 계기가 되었습니다(창15:3-6).

바라봄과 믿음, 그 법칙을 통해서 역사가 일어난 것입니다. 꿈이 생길 때 믿음이 생깁니다. 무엇을 믿느냐. 꿈을 믿는 것입니다. 현재 있는 것 보고 믿을 사람이 어디 있습니까? 꿈이란 것은 장차 생겨날 것을 지금 믿는 것을 말합니다. 뭘 믿느냐. 건강을 믿습니다. 그것이 바로 꿈을 믿는 것입니다. 무엇을 믿느냐. 사업이 일어날 것을 믿습니다. 그것이 꿈이고, 그것이 믿음입니다. 그러므로 꿈은 마음속에 현재 그림으로 그리고 그것을 바라보고 있으면 그것이 내 것이 되었다는 믿음이 생겨나는 것입니다. 믿음이 생겨나면 믿음을 입술로 고백하는 것입니다. 그것이 내 것이라고 고백을 하면 현실적으로 날이 가고 달이 가면 이루어지게 되는 것입니다.

넷째, 하나님의 시험을 통과해야 합니다. 하나님을 삶의 목표로 삼지 않고는 지위나 명예나 돈이나 이런 것이 생활의 목표가 될 수 없다는 것입니다. 그러므로 우리는 하나님 말씀을 읽고 듣고 성령님을 환영하고 모셔드리며 의지할 때 성령이 우리 마음속을 훈련시켜서 하나님을 제일주의로 만들어서 살게 해주시는 것입니다. 오늘날 우리가 인생을 살면서 한편에는 복을 주시면서 다른 한편에는 시험과 환난을 반드시 주십니다.

왜냐하면, 믿음을 가르쳐주고 사랑을 가르쳐 주는 데에는 시련이 필요한 것입니다. 학교 다닐 때 어린아이들이 공부하는데 공부 좋아하는 애들 보았습니까? 공부가 싫어요. 그래도 공부가 장차 그를 현명하게 만들고 더 놀라운 삶을 살게 만들어 주기 때문에 억지로라도 공부를 해야 되는 것입니다. 공부는 싫으나 해야 된다. 시험과 환난을 하나님이 못 지킬만한 것을 주지 않지만, 반드시 시련과 환난을 통해서 신앙이 자라고 사랑이 자라게 해서 이 세상을 훌륭하게 살도록 만들어 주는 것입니다.

순종도 마찬가지입니다. 순종이란 하나님의 말씀에 온전하게 순종하는 것입니다. 한마디로 하나님의 수족같이 움직이는 것을 순종이라고 합니다. 여러 가지 환란과 시험을 통해서 자신의 힘으로는 세상을 이기기에 역부족하다는 것을 깨닫는 것입니다. 자동적으로 하나님의 말씀에 순종하도록 훈련하십니다. 하나님께서는 아브라함에게 고난을 준 것은 그를 통해서 하나님께 순종하는 것을 배우고 하나님을 사랑하는 것을 배운 것입니다.

그가 하나님이 대한 절대적인 사랑을 배운 것은 외아들 이삭을 모리아 산에서 제물로 바치라는 것입니다. 시험치고 그렇게 흉악한 시험이 어디 있습니까? 100살에 낳은 아들을 모리아 산에 데리고 가서 죽여서 각을 떠서 제물로 드려라. 시험치고는 굉장히 어려운 시험입니다. 답을 써야 돼요. 무슨 답을 씁니까? 하나님 시험을 좀 쉽게 만들어 주시옵소서. 그렇게 하든지 나는 못해요. 그렇게 하든지. 내가 시험을 성심껏 응답하겠습니다.

그렇게 하든지. 좌우간 시험을 쳐야 되는 것입니다. 그래서 점수를 매기는 것입니다. 아브라함은 엄청난 시험을 당했습니다. 축복을 많이 받은 이상, 그 축복을 잘 간수할 수 있는가 시험을 치르는 것입니다. 아브라함은 자기 아내 사라에게 이야기도 하지 않고, 자기 아들을 보고 '야! 하나님이 제사를 드리라고 하는데 모리아 산에 나와 같이 가자.' 한 사흘 걸릴 테니까 장작 매고 칼 들고 불씨 네가 가지고 가자! 사흘 길을 걸어서 모리아 산에 왔습니다. 그리고 그 아들을 데리고 장작을 걸머지고 불 횃불을 들고서 모리아 산으로 올라가는데 "아버지, 장작은 내가 걸머지고 불도 손잡고 있는데 제사드릴 양은 어디에 있나이까?" 기가 막힌 질문 아닙니까? "얘야! 이것은 중요한 제사니까 제물은 하나님이 직접 준비한다고 하더라. 가자!" 그래서 가서 아들과 함께 제단을 쌓고 장작을 펴놓고, 그 다음에 이삭에게 네 손발 내놓아라. 왜요? 하나님이 너를 잡아서 제물로 드리라고 한다. 어찌할 도리가 없다. 아마 그 아들이 아버지를 쳐다보고 눈물을 뚝뚝 흘렸을 것입니다. 아버지, 나이가 많으셔서 머리가 좀 어떻게 된 것 아닙니까? "백살에 낳은 아들이라고 그렇게 자랑하고 사랑하더니 나를 잡아서 제물로 드린다니요." "그래도 너를 주신 이도 하나님이시오 너를 도로 데리고 갈 이도 하나님이시니 나는 하나님을 위해서 너를 낳고 기른 대리인에 불과하다." 칼을 받아 잡고 그를 눕히고 들고 있던 칼을 들었습니다.

그때 마지막 순간까지 가만히 있던 하나님께서 보좌에서 확 일어났을 것입니다. "아브라함아! 아브라함아! 네 외독자 이삭에게 칼 대지 마라! 네가 네 외독자 이삭도 아끼지 아니하고 나에게 내놓았으니 내가 이제 안다. 네가 나를 사랑한 줄 안다." 사랑은 증거가 있어야 되는 것입니다. 이 세상에 부부라도 여보, 당신 사랑해. 나도 당신 사랑해! 쉽습니다. 왜 대가가 지불 안 되니까. 말로써 사랑한다고 누가 못해요? 그러나 사랑에는 대가가 지불됩니다. 대가가 있어야 되요. "내가 너를 사랑한다." 적은 대가가 있으면 적게 사랑하는구나. 많이 사랑하면 많은 대가를 지불하게 되는 것입니다.

예레미야애가 3장 33절은 "주께서 인생으로 고생하게 하시며 근심하게 하심은 본심이 아니시로다" 하나님은 시련을 주시고 난 다음에 찌푸리시고 고함을 치면 하나님도 조금만 더 참아라. 된다. 괜찮다. 괜찮다. 그렇게 하시는 하나님이라는 것입니다. 시련을 하나님이 주신 것은 유익을 주시기 위해서 주시는 것입니다. 시험 동안에 고통스럽다고 고함을 치면 "다 되었어. 다 되었어. 조금만 참아." 그렇게 말하시는 것입니다. 실제로 조금만 참으면 시련은 끝나는 것입니다. 하나님이 우리에게 유익을 주시는 것입니다. 그러므로 고난당할 때 불평할 것이 아니라, 그것이 내게 유익이 될 것이라 믿고, 더욱 하나님께서 하라는 대로 순종하며 견뎌야 되는 것입니다. 그러면 고난이 변하여 오히려 복이 되는 것입니다. 하나님을 사랑하는 자 곧 그의 뜻대로 부르심을 입은 자들에게는 모든 것이 합력하여 선을 이루느니라. 모든 것, 좋고 나쁜 것, 즐겁고 슬픈 것 다 합쳐서 유익이 된다. 우리들이 아브라함의 복을 받기 위해서는 이와 같은 시험을 반드시 통과해야 한다는 것을 알고 견디어 내야 합니다.

우리들이 세상에서 만사형통하려면 아브라함의 신앙의 여정을 마음에 새기고 아브라함과 같은 실수를 하지 않아야 합니다. 하나님은 온전한 믿음과 순종을 요구하십니다. 우리들에게도 동일한 수준이 되기를 바라십니다. 우리들이 성령의 인도를 받으며 하나님의 시험을 통과하여 만사가 형통하기를 바랍니다.

충만한 교회는 지방에 계시는 분들을 위하여 성령치유 집회 CD와 교재를 33종류를 비치하고 있습니다. 과목별 CD는 12시간을 녹음하여 12개입니다. 가격은 2만원입니다. 교재는 과목당 만원입니다. 필요하시면 주문하여 영성을 깊게 하실 수가 있습니다. 교재를 보며 CD를 들으면 현장에서 집회를 참석한 것과 같은 효과가 있습니다. CD를 들으면서 치유를 체험했다고 간증하는 분들이 많습니다. 전화는 02-3474-0675. 신청은 번호를 알려주시면 됩니다. 과목별 상세한 내용은 홈페이지 www. ka0675.com 에 들어 오셔서 확인 바랍니다. 홈피에 보시면 계좌번호와 과목별 상세목록을 확인하실 수 있습니다.

메일 kangms113@hanmail.net 를 이용하여 신청이 가능합니다(필요CD/교재번호. 주소. 전화번호. 우편번호).

6장 이삭을 축복하신 하나님

(창 26:1~22) "(12-16)이삭이 그 땅에서 농사하여 그 해에 백 배나 얻었고 여호와께서 복을 주시므로, 그 사람이 창대하고 왕성하여 마침내 거부가 되어, 양과 소가 떼를 이루고 종이 심히 많으므로 블레셋 사람이 그를 시기하여, 그 아버지 아브라함 때에 그 아버지의 종들이 판 모든 우물을 막고 흙으로 메웠더라. 아비멜렉이 이삭에게 이르되 네가 우리보다 크게 강성한즉 우리를 떠나라"

하나님께서 이삭을 축복하셨습니다. 이삭이 세상을 살아갈 때에 만사를 형통하게 하셨습니다. 하나님께서 이삭을 축복하신 영적인 이유가 있습니다. 이삭은 세상 것이 섞이지 않았다는 것입니다. 하나님께서 그가 어머니 뱃속에 있을 때 이름을 지어주셨습니다. 태중에서부터 하나님의 택함을 받았다는 것입니다. 그리고 아버지 아브라함이 모리아 산에서 번제를 드리려고 할 때 스스로 제물이 되었다는 것입니다. 그러니까 그의 속에 간사한 것이 하나도 없었다는 것입니다. 쉽게 말해서 전인격이 성령의 지배를 받는 순종의 사람이었다는 것입니다. 이삭의 전인격이 하나님 화 되었다는 것입니다. 그래서 이삭의 생애에는 불통이 없었습니다. 하나님의 뜻을 따라 순종하며 살았기 때문에 만사가 형통한 삶을 살았습니다. 우리도 이삭과 같이 전인격이 성령님의 지배를 받으면 이삭과 같이 만사가 형통한 삶을 살게 되는 것입니다. 모든 일이 하나님의 뜻에 부합된 일을 하기 때문입니다. 성도들이나 목회자나 할 것없이 예수를 믿고 심령천국을 이루면 아브라함의 복을 받아 누리면서 하나님의 나라를 건설하는 군사가 되려면 이삭과 같이 섞인 것이 없어야 합니다. 말씀과 성령으로 세상 것을 정화해야 합니다. 그러면 이삭과 같이 하나님의 복을 받아 누리면서 살 수가 있습니다.

첫째, 하나님의 축복은 후손들에게 이어진다는 것입니다. 하나님의 복이란 당 대를 넘어서서 시대를 초월하여 계속됩니다. 자신이 받은 축복은 반드시 후손들에게 이어지는 것입니다. 이런 의미에서 진정한 약속과 축복은 계승되는 것이며 아브라함에게 주셨던 그 축복과 약속은 이삭에게 이어집니다. 축복과 약속이 계승되기 위해서는 두 가지 요소가 필요합니다.

첫 번째는 계승자가 약속의 아들이어야 한다는 점입니다. 아브라함에게 많은 아들이 있었지만 복과 언약을 계승한 사람은 약속의 아들인 이삭 한 사람 뿐이었습니다.

두 번째는 약속의 아들일 뿐만 아니라, 동시에 믿음의 아들이어야 한다는 것입니다. 아무리 약속의 아들이었다 할지라도 믿음이 없었다면 축복은 계승되지 않을 것입니다. 저는 하나님께서 주신 복이 우리 당대에 끝나지 않기를 바랍니다. 우리 자녀들에게도 이 믿음의 유산이 계속 되어서 몇 대를 지나면서 정말로 하나님이 우리의 가문을 축복해 주시고, 그 가문 안에 위대한 하나님의 사람들이 많이 나오게 되기를 바랍니다.

믿음의 아들이 되는 것은 쉬운 일이 아닙니다. 아브라함도 25년 동안 믿음이 부족한 실수투성이었던 사람 이었습니다. 처음부터 믿음의 사람으로 태어나지 않습니다. 우리는 다 부족하고, 연약하고, 실수가 많은 인간이지만, 하나님께서 성령으로 인도하시면서 고난과 역경과 시련을 통해서 믿음의 사람으로 만들어 주십니다. 이런 의미에서 이삭도 예외는 아니었습니다. 믿음의 아버지 아브라함에게서 태어났다고 해서 이삭이 믿음을 자동적으로 갖지는 못 했듯이 목사와 장로의 자녀라고 믿음을 갖게 되는 것만은 아닙니다. 그 사람은 영적인 유산을 많이 받겠지만, 본인 자신이 믿음을 가져야 합니다.

이삭도 처음에는 실수가 있었습니다. 창세기 26장 1절을 보십시오. "아브라함 때에 첫 흉년이 들었더니 그 땅에 또 흉년이 들 매 이삭이 그랄로 가서 블레셋 왕 아비멜렉에게 이르렀더니" 이삭은 아브라함이 흉년이 들자 애굽으로 도피하여 낭패를 겪었던 과정을 반복하고야 맙니다. 1절에서 보듯이 이렇게 유약하고 이기적인 사람을 가리켜 어떻게 믿음의 사람이라고 말할 수 있겠습니까? 우리 시대에도 흉년이 있고 고난도 옵니다. 그러나 그럴 때 억울하게 당한다고 생각하지 마십시오. 고난을 피해가는 사람은 없기 때문입니다. 진정한 믿음은 고난이 없는 것이 아니라, 하나님의 말씀을 믿는 믿음으로 그 고난을 이기는 것입니다.

우리는 환경을 따라 살지 않게 되기를 바랍니다. 그러면 언제나 도피하는 사람이 됩니다. 하나님께서 기뻐하시는 창조적이고 개척 적이며 역사를 만들어 가는 사람이 아니라, 수동적인 사람이 될 수밖에 없습니다. 어떤 위기와 시련과 고난에 부딪힌다 할지라도 하나님께 기도하여 레마의 말씀에 순종하여 그것을 이겨내야 하는 것입니다.

이삭은 흉년이 들었을 때 고민하지 않을 수 없었습니다. 이삭은 하나님이 주셨던 약속의 땅을 버릴 것인가 아니면 기근을 만날 것인가를 고민했을 것입니다. 그는 선친으로부터 받은 많은 재산을 가장으로서 지켜야 할 책임이 있었습니다. 흉년 때 그 자리에 계속 있게 된다면 그 재산을 다 잃어버릴 수도 있었습니다. 그러나 신앙적으로 보면 아무리 기근이 있고 재산을 잃어버린다 할지라도 그 땅에서 도피해서는 안 되었습니다. 우리도 그 자리에 있자니 괴롭고 떠나자니 더 괴로 와서 "무엇을 어떻게 선택할 것인가?"를 고민할 때가 있습니다.

성숙한 믿음을 갖지 못했던 이삭은 결국 하나님의 약속보다는 흉년을 피해야 된다는 현실에 굴복합니다. 일단 위기를 피하기 위해 애굽 행을 결정하고 길을 떠났는데 도중에 블레셋 왕국을 지나야 했습니다. 블레셋 왕은 아비멜렉이고 수도는 그랄입니다. 이 때 하나님이 나타나십니다. 2절을 보십시오. "여호와께서 이삭에게 나타나 가라사대 애굽으로 내려가지말고 내가 네게 지시하는 땅에 거하라" 하나님의 뜻은 이삭의 생각과 달랐습니다. 하나님은 이삭에게 애굽으로 가지 말라고 하셔서 그에게는 더 큰 고민이 시작됩니다. 이런 맥락에서 본다면 우리의 삶 속에서 어떤 사람을 배우자로 선택할 것인가와 같은 고민도 마찬가지의 문제입니다. 신앙을 택할 것인가, 인간적인 조건을 택할 것인가를 고민하게 되기 때문입니다.

하나님의 뜻은 애굽으로 가지 말라는 것이었습니다. 기근과 흉년이 있기는 하지만, 하나님이 주신 땅에서 견디고 거하라는 것이 하나님의 뜻이었습니다. 그러나 이삭은 고민합니다. 하나님의 뜻인 줄 알면서도 순종하지 않으면 고민이 시작된다는 사실을 알아야 합니다. 하나님의 말씀에 순종하며 따라가면 고민할 필요가 없는 것입니다. 창세기 26장 3-4절을 보십시오. "이 땅에 유하면 내가 너와 함께 있어 네게 복을 주고 내가 이 모든 땅을 너와 네 자손에게 주리라 내가 네 아비 아브라함에게 맹세한 것을 이루어 네 자손을 하늘의 별과 같이 번성케 하며 이 모든 땅을 네 자손에게 주리니 네 자손을 인하여 천하 만민이 복을 받으리라"

하나님은 네 가지 약속을 하십니다. 첫 번째, 기근이 있지만 참고 견디면 '나는 너와 항상 함께 있을 것이다'라고 하나님은 말씀하십니다. 이것처럼 좋은 복은 없습니다. 복이란 '어떤 물질을 소유하는 것'이 아니라 '하나님과 함께 있는 것'입니다. 하나님이 '너와 항상 함께 있겠다.'는 말은 '너를 떠나지 않겠다.'는 말입니다. 하나님이 계신데 무엇을 더 원하겠습니까? 하나님이 약속하셨습니다. '나는 너와 항상 함께 있겠다. 네가 어디로 가든지 나는 너의 하나님이 되겠다.' 예수님도 제자들에게 이렇게 말씀하십니다. '세상 끝날 까지 너희와 항상 함께 있을 것이다. 담대 하라. 내가 세상을 이기었노라.'

두 번째, '약속의 땅을 너와 네 자손에게 주겠다.'는 약속을 합니다.

세 번째, '약속의 땅에서 살게 될 사람들 곧 약속의 씨를 주겠다.'고 말합니다. '하늘의 별처럼 네 자손을 번성케 해서 네 씨가 창대케 할 것이다.'라고 약속하십니다.

마지막 네 번째는 더 중요한 약속입니다. 4절 후반 절을 보면 '네 자손을 인하여 천하 만민이 복을 얻으리라'라고 하십니다. 약속의 씨 가운데 먼 훗날 메시아를 주겠다는 약속을 하시는 것입니다.

둘째, 순종의 길은 축복의 길입니다. 아브라함도 25년 동안 믿음이 없어서 인간적이고 세상적인 방법으로 하나님을 섬겼기 때문에 역경과 고난과 시련을 겪어야만 했던 것처럼, 예수를 믿는 사람이 시련을 겪는 까닭은 하나님이 주시는 믿음을 갖지 않고, 자신의 믿음으로 믿기 때문입니다. 주님을 인간적인 방법으로 섬길 때 갈등이 오고 역경에 부딪히게 됩니다. 아브라함은 25년 동안 시련을 겪으면서 연단을 받고 훈련을 받아 드디어 하나님이 주시는 믿음의 성숙기로 들어가기 시작합니다.

아브라함은 어떻게 믿음의 성숙기로 들어갑니까? 어떻게 하나님이 원하시는 믿음으로 들어가게 됩니까? 그 해답이 5절에 있습니다. 5절을 보십시오. "이는 아브라함이 내 말을 순종하고 내 명령과 내 계명과 내 율례와 내 법도를 지켰음이니라 하시니라" 축복과 성숙과 믿음의 비결은 '순종'입니다. 그것도 온전하게 행하는 것입니다. 아브라함은 그 전에는 적당히 인간적으로 순종을 했습니다. 자기 힘으로 하나님을 섬겼기 때문에 계속 젖은 나무가 타듯이 연기가 났던 것입니다.

아브라함의 신앙에도 전환점이 있었듯이 우리가 예수를 믿고 나서도 마찬가지입니다. 어떤 사람은 하나님을 믿으면서도 계속 원망과 불평과 짜증이 많습니다. 하나님도 괴롭고 자기도 괴로운 신앙생활을 하고 있을 때가 있습니다. 이런 과정은 빨리 끝내야 합니다. 이런 과정을 끝내고 나면, 정말 자유롭고 평안한 기쁨과 능력이 충만하고 하나님을 섬김에 있어서 갈등이 없는 그런 시간이 찾아옵니다. 저는 이 책을 읽는 분들에게 그런 시간이 빨리 오기를 소원합니다.

순종은 하나님의 약속과 복을 이루게 하는 비결이요, 하나님의 뜻을 이루게 하는 방법입니다. 이것이 하나님께서 이삭에게 해준 설명입니다. 그도 그렇게 하라는 것입니다. 그런데 이삭은 불완전한 순종을 합니다. 6절을 보십시오. "이삭이 그랄에 거하였더니" 이삭은 하나님이 애굽에 가지 말라는 말에 순종해서 애굽은 가지 않지만 그랄을 떠나지 않습니다. 기근이 있는 땅보다 그랄은 조금 더 좋기 때문에 그곳에 그냥 머물고 있었습니다. 이것은 불완전한 순종입니다.

어떤 사람들은 교회에 나오지만 깊이 들어오지를 않습니다. 적당히 선을 그어놓고 단순히 예배만 드리면서 '하나님! 이 선 안으로 들어오지 마세요.'라고 말합니다. 신앙의 회색지대를 만 드는 것입니다. 우리는 하나님의 진리의 말씀과 성령의 인도 안 으로 쑥 들어가야 합니다. 그러면 자유롭고 평안한 기쁨과 능력 이 충만하고 하나님의 살아 역사하심을 몸으로 느끼고 눈으로 보면서 살아갈 수가 있습니다.

셋째, 불순종의 사람을 고쳐 쓰시는 하나님이십니다. 하나님 은 우리를 진리의 말씀과 성령으로 인도하시면서 순종하는 사 람으로 바꾸십니다. 우리는 미숙하고 연약할 수 있지만 시간이 흐르면 변해야 합니다. 그러나 여전히 변하지 않고 성숙해 지지 않는 사람이 있습니다. 자기를 공개하지 않기 때문입니다. 예 수를 믿었으면 변해야 합니다. 바뀌져야 합니다.

차지도 덥지도 않은 사람, 믿는 것도 아니고 믿지 않는 것도 아닌 사람에게는 기적과 능력이 좀처럼 나타나지가 않습니다. 하나님의 축복의 역사와 형통이 나타나지 않습니다. 교회는 열 심히 다니지만 한 번도 전도와 철야기도와 새벽기도를 해 보지 못하고, 좀 더 하나님과의 관계 속에 깊이 들어가지 못한 사람 이 있습니다. 아니 그것은 고사하고 30분을 기도하지 못하는 성도가 있습니다.

수많은 사람을 스치고 만나지만 인격적인 깊은 만남을 피하듯이 하나님과의 깊은 만남을 거부하는 모습이 우리 안에 있다는 것입니다. 7절을 보십시오. "그곳 사람들이 그 아내를 물으매 그가 말하기를 그는 나의 누이라 하였으니 리브가는 보기에 아리따우므로 그곳 백성이 리브가로 인하여 자기를 죽일까 하여 그는 나의 아내라 하기를 두려워함이었더라." 믿음이 없는 사람은 환경과 사람에 대해 두려움을 갖기 마련입니다. 심지어 자기 아내가 예쁘다는 것도 두려움의 대상입니다. 그는 아내가 예쁘다는 단순한 사실에서 생각을 더 발전시켜서 '내 아내가 이렇게 예쁘고 매력적이니 다른 남자들이 탐하다가 보면 나를 죽일 것이다'라고 생각하는 것입니다.

사람이 아무리 돈이 많고 권력이 있어도 두려워하지 말고 매이지 않기를 바랍니다. 하나님을 두려워하십시오. 사람을 두려워 하다보면 올무에 걸리고 믿음에서 떠나게 되며 사람의 종이 됩니다. 이런 사람하고 하나님은 상대하지 않으십니다.

또 두려움이란 거짓말을 만들어 냅니다. 7절을 보면 '부전자전'이라는 우리의 옛말이 생각납니다. 아브라함도 부인을 이용하는 실수를 저지른 남자입니다. 세상에서 제일 어리석은 남자는 아내를 이용하고 어리석은 여자는 남편의 지위를 이용합니다. 부부는 사랑하는 관계여야 하는데 이용하는 관계가 되어 버린 것입니다. 거짓말은 오래 가지 못하고 시간이 가면 들통이 나게 되어있습니다. 8, 9절을 보십시오. "이삭이 거기 오래 거하였더니 이삭이 그 아내 리브가를 껴안은 것을 블레셋 왕 아비멜렉이 창으로 내다본지라 이에 아비멜렉이 이삭을 불러 이르되 그가 정녕 네 아내이어늘 어찌 네 누이라 하였느냐 이삭이 그에게 대답하되 내 생각에 그를 인하여 내가 죽게 될까 두려워 하였음이로라."

자기 아내를 껴안았다는 아무 것도 아닌 일이 그의 거짓말로 인하여 사건이 되어버립니다. 그는 수치를 당합니다. 여기서 우리가 확실하게 발견하는 것이 있습니다. 이때까지 이삭은 믿음의 사람이 아니었다는 것입니다. 그는 아직도 세상 사람들과 똑같이 상황과 형편에 따라 거짓말을 하며 사람과 환경을 두려워합니다. 그런데 놀라운 사실은 이런 이삭을 고쳐서 믿음의 사람으로 쓰신다는데 하나님의 눈물겨운 은혜가 있습니다.

10, 11절을 보십시오. "아비멜렉이 가로되 네가 어찌 우리에게 이렇게 행하였느냐 백성 중 하나가 네 아내와 동침하기 쉬웠을 뻔하였은즉 네가 죄를 우리에게 입혔으리라 아비멜렉이 이에 모든 백성에게 명하여 가로되 이 사람이나 그 아내에게 범하는 자는 죽이리라 하였더라." 요즘은 수치스럽게도 세상이 교회를 걱정해 주고, 교인이 목사를 걱정해 줍니다.

이삭의 경우도 오히려 아비멜렉이 이삭을 걱정해 주면서 모든 사람들에게 절대 이삭의 아내는 건들지 말라고 명하기까지 합니다. 바로 이것이 이삭의 신앙의 현주소였습니다.

예수님의 제자 가운데도 이삭처럼 비겁하고 연약한 사람이 있었습니다. 그는 제일 열심히 예수님을 따랐던 베드로서 예수님이 체포당해서 재판 받으러 가는 즈음 멀리서 예수님을 따라갑니다. 그는 비겁해서 같이 잡혀갈까봐 두려워했고 안 따라가자니 괴로워서 거리를 두고 쫓아갑니다. 그는 새벽에 뜰에서 불을 쬐다가 두 번이나 예수를 부인했습니다. 세 번째에는 예수를 저주까지 하면서 모른다고 말합니다. 세번 모른다고 부인했을 때 두 번째 닭 우는 소리가 들렸습니다.

믿음을 확실하게 갖지 않으면 이런 수치를 당한다는 사실을 우리는 기억해야 합니다. 그렇지만 이삭은 이러한 실패와 실수와 연약함을 지나서 드디어 하나님이 기뻐하시는 사람으로까지 변신하게 됩니다.

12-15절을 보십시오. "이삭이 그 땅에서 농사하여 그 해에 백배나 얻었고 여호와께서 복을 주시므로 그 사람이 창대하고 왕성하여 마침내 거부가 되어 양과 소가 떼를 이루고 노복이 심히 많으므로 블레셋 사람이 그를 시기하여 그 아비 아브라함 때에 그 아비의 종들이 판 모든 우물을 막고 흙으로 메웠더라." 이삭은 부족하고 실수가 많았음에도 불구하고 하나님으로부터 하나씩 교육을 받고 성숙해져서 하나님이 쓰시는 사람으로 변합니다. 이렇게 변했을 때 하나님은 먼저 그에게 물질적 축복을 더하여 주십니다. 이때는 흉년이 들었는데도 이삭이 농사를 지으니 1백배의 수확을 얻었습니다.

넷째, 지고도 이기는 믿음의 사람이 됩니다. 할렐루야! 예수님이 30배, 60배, 1백배라고 말하신 것을 보면 1백배는 최대한의 축복입니다. 저는 이 말씀을 들을 때 "하나님 우리 교인에게도 30배, 60배, 1백배의 축복을 주십시오. 우리 이 책을 읽는 성도님들에게도 물질적 축복을 허락해 주셔서 농사를 지으면 1백배의 수확을 주십시오." 라고 기도를 했습니다. 이러한 물질적 복은 물질의 시련을 겪고 난 다음에 주어진 것입니다.

저는 우리들에게도 고난과 시련을 겪고 난 다음에 이삭과 같은 축복이 임할 줄 믿습니다. 믿어야 합니다. 하나님께서 축복하시기 위해서 세상에서 불렀기 때문입니다. 예수를 믿는 성도가 아브라함의 축복을 받아 누리는 것은 하나님의 뜻입니다. "이는 그리스도 예수 안에서 아브라함의 복이 이방인에게 미치게 하고 또 우리로 하여금 믿음으로 말미암아 성령의 약속을 받게 하려 함이라(갈 3:14)"

그러나 우리는 여기서 더 발견하는 것이 있습니다. 블레셋 사람들이 이삭이 하는 일마다 잘되는 것을 시기해서 아브라함 때 판 우물을 흙으로 막아버린 것입니다. 성공은 언제나 시기와 질투를 불러일으킨다는 것을 알아야 합니다. 이것은 필연적인 것입니다. 급기야는 블레셋의 아비멜렉까지도 이삭에게 떠나라고 강요를 합니다.

16절을 보십시오. "아비멜렉이 이삭에게 이르되 네가 우리보다 크게 강성한즉 우리를 떠나가라" 그런데 여기서 아주 중요한 사실 한 가지를 발견하게 됩니다. 이삭이 거부가 되었고 시기와 질투를 받아 싸움이 붙었는데 이삭은 원망과 불평을 하지 않았다는 것입니다. 이것은 매우 특이한 것으로 그만큼 이삭이 하나님의 사람으로 성숙해졌다는 것을 의미합니다. 이삭은 어디를 가나 하나님만 함께 하시면 된다는 믿음이 있었다는 것입니다.

제가 성경을 통해서 한 가지 발견하는 사실 중 하나는 정말로 축복을 받고 싶다면 원망과 불평을 하지 말고 핑계를 하거나 남을 욕하지 말라는 것입니다. 성공을 해서 권력과 물질을 다 가지고도 원망과 불평을 하는 사람은 지옥의 삶 을 살고 있는 사람입니다. 가난해도 감사와 찬송을 하는 사람은 천국에서 사는 사람입니다. 원망이 오면 얼른 그것을 내보내야 합니다. 불평을 붙잡지 마십시오. 이삭은 원망하고 불평하지 않고 블레셋 사람들이 와서 자기 우물에다 흙을 집어넣으면 슬그머니 떠나서 또 다른 우물을 팠습니다.

17, 18절을 보십시오. "이삭이 그곳을 떠나 그랄 골짜기에 장막을 치고 거기 우거하며 그 아비 아브라함 때에 팠던 우물들을 다시 팠으니 이는 아브라함이 죽은 후에 블레셋 사람이 그 우물들을 메웠음이라 이삭이 그 우물들의 이름을 그 아비의 부르던 이름으로 불렀더라" 이삭은 이제 아브라함의 믿음으로 돌아갑니다. 어리석은 자녀들은 아버지와의 관계가 좋지 않으면 반항심으로 아버지가 하던 것을 다 바꿔 놓습니다. 그리고 실패를 하고 나면 결국 아버지가 했던 방법으로 돌아가는 것입니다. 이삭은 아버지가 부르던 이름으로 우물의 이름을 다시 부르고, 아버지가 팠던 우물을 다시 팝니다. 그는 아버지의 위대함을 보

게 된 것입니다.

19-22절을 보십시오. "이삭의 종들이 골짜기를 파서 샘 근원을 얻었더니 그랄 목자들이 이삭의 목자와 다투어 가로되 이 물은 우리의 것이라 하매 이삭이 그 다툼을 인하여 그 우물 이름을 에섹이라 하였으며 또 다른 우물을 팠더니 그들이 또 다투는 고로 그 이름을 싯나라 하였으며 이삭이 거기서 옮겨 다른 우물을 팠더니 그들이 다투지 아니하였으므로 그 이름을 르호봇이라 하여 가로되 이제는 여호와께서 우리의 장소를 넓게 하셨으니 이 땅에서 우리가 번성하리로다 하였더라" 우리는 이삭에게서 예수님의 모습을 봅니다. 싸우지도 않고, 도살장에 끌려가는 양같이 당하는 모습을 봅니다.

그에게는 또 하나의 특징이 있습니다. 그가 파는 우물마다 물이 잘 나온다는 것입니다. 이삭이 손만대면 복이 오는 것입니다. 블레셋 사람들은 우물을 계속 뺏다가 슬슬 겁이 납니다. 그는 하나님의 사람이므로 그를 괴롭히면 큰일 나겠다는 생각을 합니다. 그렇게 이삭은 블레셋 사람들을 이겼습니다. 그는 선으로 악을 이겼던 것입니다.

저는 이 책을 읽는 분들이 파는 우물들마다 물이 잘 나오기를 축원합니다. 하시는 기업과 일마다 잘 되면 얼마나 좋겠습니까. 이것이 이삭이 받은 축복입니다. 그는 축복을 나눠 주는 사람입니다. 저는 충만한 교회의 성도들이 이런 축복을 나눠주는 사람이 되기를 바랍니다. 경제가 어려운 시기이거나 IMF와 같은 위기 때도 이런 일이 있을 수 있다는 것입니다. 이 책을 읽는 분들에게도 오늘 이삭과 같은 축복이 있기를 바랍니다.

충만한 교회에서는 매주 토요일 10:00-12:30까지 각각 2시간 30분씩 개별 특별집중 기적치유 시간을 갖고 있습니다. 한번에 4-6명밖에 할 수 없으므로 1주일 전에 지정된 선교헌금을 입금하시고 예약을 합니다.

*대상은 이렇습니다. 충만한 교회 화-수-목 정기 집회에 참석해도 상처가 깊어서 효과가 나지 않는 분들이 최우선입니다. 여기서도 저기서도 치유와 능력을 받지 못한 분/ 불치병, 귀신 역사를 빨리 치유 받을 분/ 목과 허리디스크, 허리어깨통증, 근육통, 온몸이 아프고 무거움에서 치유해방 받고 싶은 분/ 자녀나 본인의 우울증, 공황장애, 조울증, 불면증을 빨리 치유 받을 분/ 가슴이 답답하고 기도하기가 힘이 드는 분/ 축복과 영의 통로를 뚫고 싶은 분/ 성령의 불세례를 체험하고 싶은 분/ 최단기간에 성령치유 능력을 받고 싶은 분입니다.

믿음을 가지고 오시기만 하면 무슨 문제라도 치유되고 해결이 됩니다. 염려하시지 말고 성령께서 감동하시면 오셔서 빠른 시간에 치유 받고 권능을 받아 쓰임을 받으시기를 바랍니다.

반드시 일주일 전에 선교헌금을 전화로 확인하시고 입금 후 예약해야 합니다(전화 02-3474-0675)

7장 야곱을 깨뜨려서 축복하신 하나님

(창 32:24-28)"야곱은 홀로 남았더니 어떤 사람이 날이 새
도록 야곱과 씨름하다가 자기가 야곱을 이기지 못함을 보고
그가 야곱의 허벅지 관절을 치매 야곱의 허벅지 관절이 그 사
람과 씨름할 때에 어긋났더라. 그가 이르되 날이 새려하니 나
로 가게 하라 야곱이 이르되 당신이 내게 축복하지 아니하면
가게 하지 아니하겠나이다. 그 사람이 그에게 이르되 네 이름
이 무엇이냐 그가 이르되 야곱이니이다. 그가 이르되 네 이름
을 다시는 야곱이라 부를 것이 아니요, 이스라엘이라 부를 것
이니 이는 네가 하나님과 및 사람들과 겨루어 졌음이니라."

하나님은 택한자를 반드시 순종하게 하여 축복하십니다. 하
나님은 야곱의 허벅지 관절을 쳐서 자기 생각대로 하지 못하고
하나님의 말씀에 순종하게 하십니다. 성경에 보면 "나는 아브라
함의 하나님이요 이삭의 하나님이요 야곱의 하나님이로라 하신
것을 읽어 보지 못하였느냐 하나님은 죽은 자의 하나님이 아니
요 살아 있는 자의 하나님이시니라 하시니(마22:32)"라고 말씀
하십니다. 야곱의 하나님은 부스러뜨려서 순종하게 하시는 하
나님이십니다. 우리 하나님께서 우리를 변화시키기 위해서 고
난을 주실 때 우리가 쉽게 순종하고 '천부여 의지 없어서 손들고

옵니다.' 하고 나오면 간단히 해방될 수가 있는 것입니다. 그러나 고집을 부리고 반항하고 내 길로 가면은 얼마나 많이 맞을지 형언할 수 없는 것입니다.

세상 사람들은 안 때려요. 세상사람 때려서 뭐합니까? 자기 자식 때리지 이웃집 자식 때립니까? 이웃집 자식이야 흙탕물에 뒹굴든 대소변을 보든 무엇을 관계 할 것이 있습니까? 내 자식이 흙탕물에 들어가면 끌어내어서 엉덩이를 때리고 꾸짖지 않습니까? 우리는 하나님의 자식이기 때문에 하나님이 그렇게 하시는 것입니다. 오늘 이 예를 야곱의 생애를 통해서 우리가 알아보십시다.

첫째, 귀향하는 야곱과 그 가족. 야곱은 외삼촌 집에서 20년 머슴살이한 끝에 하나님의 은총으로 굉장한 축복을 받았어요. 상상을 초월하는 축복을 받았습니다. 하나님의 기적적인 축복으로 거부가 되어 돌아옵니다. 그가 창세기 32장 10절에 기도할 때, "나는 주께서 주의 종에게 베푸신 모든 은총과 모든 진실하심을 조금도 감당할 수 없사오나 내가 내 지팡이만 가지고 이 요단을 건넜더니 지금은 두 떼나 이루었나이다" 외삼촌 집으로 도망 올 때는 지팡이 하나 짚고서 왔는데 이제 20년 세월이 흘러가고 난 다음 고향으로 돌아올 때는 한 떼 두 떼 바다의 모래 수와 같이 많은 짐승 떼를 거느리고 거부가 되어서 돌아오게 된 것입니다. 그런데 그가 돌아올 때 마음에 고통이 있습니다.

왜냐하면 형하고 사이가 나빴거든요. 팥죽 한 그릇으로 형의 장자권을 빼앗고 나중에는 형처럼 양털을 온 손에 입히고 목에 입혀서 눈이 어두운 아버지 야곱에게 가서 형이라고 속이고 축복을 다 받고 그의 형이 노해서 죽이려고 하니까 어머니가 친정집으로 도망을 보낸 것입니다. 그런데 20년 후에 돌아와도 그 마음에 상처가 그대로 남아 있거든요. 그래서 사람을 미리 보냈어요. 아우 야곱이 고향으로 돌아오는데 형님이 용납해 주십시오. 그런데 얍복 나루터에 왔는데 헐레벌떡 하고 보낸 사자들이 와서 하는 말이 "큰일 났습니다. 주인님! 형님이 400인의 장정을 거느리고 분노막심해서 일어나 찾아옵니다."

창세기 32장 6절로 7절에 "사자들이 야곱에게 돌아와 이르되 우리가 주인의 형 에서에게 이른즉 그가 사백 명을 거느리고 주인을 만나려고 오더이다 야곱이 심히 두렵고 답답하여." 한판 싸우기 위해서 400명이나 장정을 거느리고 오니 이제는 야곱은 죽었다고 생각한 것입니다. 공포에 휩싸였습니다. 이 어려움을 어떻게 해결할 것이냐. 아무리 부자가 되어서 돌아온들 형 400인의 장정들이 와서 칼로써 치기 시작하면 다 죽고 재산 다 뺏기지 않습니까? 그래서 형에게 어떻게 하든지 인간적 수단으로 마음을 얻어 볼까 싶어서 "암염소가 이백이요 숫염소가 이십이요 암양이 이백이요 숫양이 이십이요, 젖 나는 낙타 삼십과 그 새끼요 암소가 사십이요 황소가 열이요 암나귀가 이십이요 그 새끼 나귀가 열이라(창32:14-15)"

그리고 말하기를 창세기 32장 20절에 "또 너희는 말하기를 주의 종 야곱이 우리 뒤에 있다 하라 하니 이는 야곱이 말하기를 내가 내 앞에 보내는 예물로 형의 감정을 푼 후에 대면하면 형이 혹시 나를 받아 주리라 함이었더라." 그래서 물질을 보내어서 형의 마음을 녹이려고 한 것입니다. 그래도 그는 마음에 안심이 안돼요. 형의 성격을 아는 것입니다. 물불을 가리지 않는 형의 성격을 알기 때문에 형이 선물로 준 선물은 다 빼앗고 또 사람을 죽일 수가 있습니다. 그래서 그는 가족들을 먼저 얍복강을 건너게 한 것입니다.

창세기 32장 22절로 23절에 보면 "밤에 일어나 두 아내와 두 여종과 열한 아들을 인도하여 얍복 나루를 건널 새 그들을 인도하여 시내를 건너가게 하며 그의 소유도 건너가게 하고"다 건너보내고 자기는 안 건너갑니다. 왜냐, "최악의 경우에 도망치겠다. 처자야 죽든 말든 내가 살아 야지뭐. 내 죽고 처자가 살면 무슨 소용이 있느냐? 처자는 죽더라도 내가 살아야 되겠다." 이게 야곱입니다. 얼마나 자아가 강한지 다 오는데 "여보 당신은 안 가오?", "나 여기 볼 일 있어. 너희들 먼저 가!", "아빠 같이 가!", "아니야 아빠는 여기 볼 일 있어. 너희들 먼저 건너가!" 후안무치하게 처자들과 짐승들을 다 보내 놓고 난 다음에는 그는 쪼그리고 앉아서 상황을 봅니다. 왜냐하면 형이 와서 자기를 죽이려면 처자들부터 먼저 칼로써 죽일 것이라. 그때는 걸음아 날 살려라 도망을 치겠다고 생각을 한 것입니다. 창세기 32장 11절에 보면 "내가 주께 간구하오니 내 형의 손에서, 에서의 손에서 나를 건져주옵소서"

둘째, **하나님과 씨름한 야곱.** 그는 창자가 끊어질 듯이 부르짖고 고통 속에 있었습니다. 그런데 갑자기 날이 어두워지는데 어떤 분이 나타나가지고서 야곱의 멱살을 잡거든요. 그리고 난 다음 "야! 이놈아 건너가라! 처자와 함께 살아도 같이 살고 죽어도 같이 살아라!" "아~ 이 사람이 누구야? 나는 못갑니다." "가라!" 그래서 일본 씨름을 합니다. 일본 씨름은 밀었다가 밀기 아닙니까? 한국 씨름은 허릿 바를 잡고서 이렇게 하지만 일본 씨름은 밀기거든. 막 이 사람이 야곱을 밀어서 얍복강을 건너가라고 하니 야곱은 안가겠다고 같이 밀고 둘이가 밤새도록 밀고 당기는데 야곱의 고집이 얼마나 센지 날이 샐 때까지 양보를 안하는 것입니다. 처자는 죽더라도 나는 살아야 될 테니까. "야 이놈아! 처자가 죽으면 너도 같이 죽어야지. 살아도 같이 살고 죽어도 같이 죽어야 되지 않겠느냐? 너 건너가라! 건너가라!" "못 건너가요. 못 건너가요." 그때까지도 야곱은 자기와 씨름하는 분이 누군지 몰랐습니다. 하나님의 사자인데 그때 하나님의 사자는 육신으로 오기 전 예수님이신 것입니다. 예수님하고 밤새도록 씨름을 하는데 예수님이 도저히 안 되겠단 말입니다. 그래서 주님이 어떻게 했는지 아십니까?

셋째, **야곱이 깨어진 장면.** 손을 들어서 허벅지 관절을 쳤습니다. 허벅지 관절이 어그러지니까 그 자리에서 쓰러져서 절름 발이가 된 것입니다. 절단 났습니다. 꿈이 다 깨졌습니다. 도망 을 쳐야 되는데 이제는 허벅지 관절이 어그러졌으니까 이러고 어떻게 도망을 칩니까? 이제는 큰일 났습니다. 그래서 그 사람 을 부여잡았습니다. 부여잡고 "당신이 누군지 모르겠지만 나에 게 복을 주십시오. 나에게 복을 안주면 당신 절대 놓지 않겠습 니다. 나는 이제 허벅다리가 어긋났으니 절름발이가 되어서 형 이 오면 도망도 못치고 이제 죽게 되었습니다." 도망치겠다는 인 간적 계획이 허물어졌습니다. 성경에 보면 "사람이 마음으로 자 기 길을 계획할지라도 그 걸음을 인도하시는 이는 하나님이시 니라"고 말씀한 것입니다. 우리가 하나님 뜻에 거역된 일을 하 면 하나님이 허벅다리를 치시는 것입니다. 가정의 허벅다리, 사업의 허벅다리, 신체적 허벅다리를 치는 것입니다. 인간의 생각이나 계교대로 안 되는 것입니다.

하나님의 축복의 역사가 없이는 희망이 없다는 것을 빨리 알 아야 되는 것입니다. 무엇을 하든지 하나님의 축복이 있어야 안 무너지지 하나님의 축복이 없으면 무너지는 것입니다. 가정도 하나님의 축복이 있어야 되고, 자식을 기르는 것도 하나님의 축 복이 있어야 되고, 사업을 하는 것도 하나님의 축복이 있어야 되는 것이지…. 그것을 깨닫지 못하기 때문에 하나님께서 허벅 지 관절을 쳐서 어그러지니 인간의 힘으로는 아무것도 못한다 는 것을 깨닫게 해준 것입니다. 인간의 힘으로는 안 됩니다. "하나님이여 나는 못해요. 못해요." 야곱이 그런 심정입니다. 이제 큰 일 났습니다. 이제는 처자들과 같이 갈수도 없고 도망칠 수도 없고 하나님의 복을 받아 하나님이 같이 했어야 이 위기를 벗어날 수 있기 때문인 것입니다.

창세기 32장 26절에 "그가 이르되 날이 새려하니 나로 가게 하라 야곱이 이르되 당신이 내게 축복하지 아니하면 가게 하지 아니하겠나이다" 그때 그 천사가 뭐라고 물었냐면 "네 이름이 뭐냐?", "야곱이니이다." '야곱'이라는 말은 속이는 자, 빼앗는 자, 발꿈치 잡은 자인 것입니다. 왜 야곱이라고 했냐면 쌍둥이에서와 같이 태어났는데 먼저 야곱이 태어나려고 하다 도로 들어가서 에서가 나왔는데 나올 때 보니까 형의 발뒤꿈치를 잡고 나오거든요. 그래서 요~ 꾀 많은 사기꾼, 빼앗는 자, 발꿈치 잡은 자라는 이름의 야곱인 것입니다. 이름치고는 더러운 이름이지요. 이름을 잘 지어야지. 이름은 듣기도 좋고, 의미도 있어야지, 이름이 좋지 않으면 안 되는데 야곱은 자기가 자기 이름을 불러도 빼앗는 자, 속이는 자, 발꿈치 잡는 자라고 부른 것입니다. 그때 이 하나님의 사자가 그 이름을 바꾼 것입니다.

넷째, 변화된 야곱. "그 사람이 그에게 이르되 네 이름이 무엇이냐 그가 이르되 야곱이니이다. 그가 이르되 네 이름을 다시는 야곱이라 부를 것이 아니요 이스라엘이라 부를 것이니 이는 네가 하나님과 및 사람들과 겨루어 이겼음이니라(창

32:27~28)" 하나님과 씨름해서 져야 이기는 것입니다. 이기면 계속 야곱입니다. 지면 이스라엘이 되는 것입니다. 깨어져서 항복하면 이스라엘이 되고, 그 다음에는 하나님이 같이 하시는 사람이 되는 것입니다. 하나님의 겨루는 씨름에 끝까지 내가 고집을 부려서 야곱으로 있으면 하나님은 같이 하지 않는 것입니다.

먼저 내가 깨어져서 변화되면 상대가 변화되는 것입니다. 하나님은 야곱을 변화시켜야 야곱을 통해서 에서의 마음을 변화시킬 수 있기 때문에 먼저 야곱부터 변화시키려는 것입니다. 하나님은 언제나 자신이 먼저 변화되기를 바라십니다. 하나님께 깨어져서 내가 변화되면 이웃이 변화되는 것입니다. 하나님은 자신을 변화시키기를 원하시는 것입니다.

"누구든지 그리스도 안에 있으면 새로운 피조물이라 이전 것은 지나갔으니 보라 새것이 되었도다" 우리는 기도하고 주님을 앙망하면 매일같이 주님이 와서 우리와 씨름하고 우리를 변화시키는 것입니다. 우리의 삶 속에 큼직한 씨름만 있는 것이 아니라 작은 씨름도 있는 것입니다. 야곱이 허벅지 관절이 어그러져서 완전히 무너지고 자기중심에서 하나님 중심으로 돌아서서 나에게 복을 주시옵소서. 복을 안주면 나는 놓지 않겠나이다. 그러니까 하나님이 이름을 야곱에서 이스라엘로, 사기꾼에게서 하나님과 씨름해서 이긴 자로 변화시켜 준 것입니다.

참으로 승리의 생활을 하려면 자신이 먼저 깨어져야합니다.

하나님 앞에 무너져야 되는 것입니다. 하나님 앞에 무릎을 꿇어야 되는 것입니다. 그러면 스스로가 놀랄 만큼 내가 이렇게 변화될 수가 있느냐. 예수 믿고 난 다음 깜짝 놀랄 사람 많습니다. 내가 어떻게 이렇게 변화 되었느냐. 내가 어떻게 교회에 가게 되고 어떻게 찬송을 부르게 되고 어떻게 하나님을 사랑하게 되고 어떻게 아까운 돈을 십일조를 드리게 되고, 어떻게 사역 봉사를 하게 되었느냐, 야~ 내 마음 나도 몰라…. 내가 이렇게 변화될 줄 모르겠다. 당신이 어떻게 그렇게 변했느냐? 얘들아 네가 어떻게 그렇게 변했느냐? 하나님이 성령으로 인도하시면서 변화시켜 주는 것입니다.

하나님 앞에 깨어지니까 하나님이 야곱을 이스라엘로 변화시켜 주신 것입니다. 하나님이 변화시켜 주시는 기적은 놀라운 것입니다. 하나님은 우리를 성령으로 인도하시면서 변화되게 하십니다. 이 세상에 우리가 살면서 마음에 변화를 받아야 은혜를 받는 것입니다. 은혜란 그 당시에 기분이 좋고 몸이 찌릿찌릿하고 불을 확 받았다고 그게 은혜가 아니라, 내 마음이 확실하게 변화되는 것입니다. 실제적이고 체험적으로 불안하고 초조한 것이 편안한 마음으로 변화되고, 미운 마음이 고운 마음으로 변화되고, 사랑할 수 있는 마음으로 변화되고, 참을 수 있는 마음이 생기고, 이해와 동정과 사랑과 인내할 수 있는 마음으로 변화되는 것 이것은 하나님의 은혜요, 성령의 인도로 되는 것입니다. 우리가 변화되려면 하나님 앞에 내가 깨어져야 되는 것입니다. 내가 내 죄를 회개하고 나의 고집을 다 저버리고 하나님 앞에 두 손 들고 성령의 인도에 항복하면, 하나님께서는 변화의 작업을 시작하고 자신이 변화되면 남편도 변화되고, 아내도 변화되고, 자식들도 변화되고, 친구들도 변화되는 역사를 하나님께서 베풀어 주시는 것입니다. 저는 항상 이렇게 말합니다. 성령으로 세례를 받고 성령의 은사를 받으면 먼저 자신을 치유하라는 것입니다. 자신이 치유되면 가정을 치유하여 하나님의 나라를 만들라는 것입니다. 가정이 하나님의 나라가 되면 세상에 나가 자신과 가정이 예수를 믿고 변화 받은 은혜를 자랑하라는 것입니다.

진정한 승리자는 하나님께 항복한 사람인 것입니다. 그러니까 하나님이 성령으로 인도하시면서 우리를 항복시키기 위해서 계속 씨름하지 않을 수가 없는 것입니다. 그 씨름이 바로 실수와 실패와 고난인 것입니다. 장난친다고 변화되지 않습니다. 고난은 괴로운 것입니다. 우리가 세례 받고…. 성령으로 세례를 받고, 성찬 떼고 주님과 한 몸이 되었을 지라도 하나님이 자신 속에 계셔서 자신과 함께 살기 위해서는 하나님과 씨름을 해야 되는 것입니다.

하나님의 사람은 반드시 깨어진 그 날, 기념이 있습니다. 절름발이 야곱이 가는 길에는 태양이 떠올랐다고 말한 것입니다. 밤새도록 씨름하고 상처투성이가 되고 더벅머리가 되고 얼굴을 갈아서 아주 피멍이 들고 옷은 남루하게 되었지만 절뚝거리고 일어나서 하나님만 의지하고 변화되어 걸어가는 그 앞에 태양이 떠올랐습니다. 창세기 32장 30절로 31절 다 같이 보십시다. "그러므로 야곱이 그 곳 이름을 브니엘이라 하였으니 그가 이르기를 내가 하나님과 대면하여 보았으나 내 생명이 보전되었다 함이더라. 그가 브니엘을 지날 때에 해가 돋았고 그의 허벅다리로 말미암아 절었더라."

허벅지 관절이 어긋나 절어도 좋아요. 인생에 태양이 떠올랐던 것입니다. 기어가도 좋아요. 인생에 태양이 떠올랐습니다. 밤같이 캄캄하고 어두운 고통 속에 살다가 그 고통이 다 사라지고 내 마음속에 태양이 떠올랐다. 20년 세월동안 형에 대한 두려움과 불안과 공포를 가지고 살았습니다. 하루도 마음이 편하지 않았습니다. 그러나 천사와 씨름하고 자기가 깨어지고 난 다음에 자기의 모든 인생을 하나님께 내어 맡겼습니다. 이제 절뚝발이가 되었으니 도망을 못 치니 사나 죽으나 하나님께 맡겼던 것입니다. 염려와 근심도 하나님께 맡기고 살고 죽는 것도 하나님께 맡기고 먹고 사는 것도 하나님께 맡기고 처자도 하나님께 맡기고 완전히 하나님께 맡기고 나니까 그 마음속에 태양이 떠오르기 시작한 것입니다. 어두움이 사라졌습니다.

우리의 인생에 어두운 그림자가 사라져야 되는 것입니다. 무슨 어두운 그림자라도 있으면 하나님께 부르짖어 기도하여 하나님의 음성에 순종하고 마음속에 태양이 떠오르게 하십시오. 하나님의 방법으로 세상을 살아가는 사람이 되십시오. 비록 그는 절뚝거리고 갔지만 이제는 하나님이 같이하여 하나님의 방법으로 살아가는 하나님의 사람입니다. 야곱이 아니라 이스라엘입니다. 그가 얍복강을 건너갈 때에 가족들이 보고 놀랐습니다. 밤새도록 안 오더니만 머리는 다 산발이 되고 얼굴은 시커멓게 멍이 들었고 옷은 찢어지고 흙투성이가 되었고 그것도 좋은데 절뚝거리고 그렇게 오는데 얼굴을 보니까 저녁에 얼굴은 아주 흉악한 얼굴이더니만, 아침에 절뚝거리고 오는 얼굴은 환하게 태양이 떠올랐습니다.

그렇게 기쁨이 충만하고 평안하고 웃음이 넘치면서 절뚝절뚝하면서 "오너라. 오너라. 가자. 가자. 네가 내 뒤에 서라. 내가 앞장선다." 다 거느리고 앞장서서 갑니다.

다섯째, 위대한 승리의 행진. 이제는 깨어지고 변화되었으므로 가족을 책임지게 된 것입니다. 가족을 버리더라도 내가 살겠다는 것 아닙니다. 내가 죽더라도 가족은 살리겠다. 그리고 그는 이제 전적으로 하나님을 의지하고 믿음으로 행진하는 것입니다. 형이 이를 갈고 칼을 뽑고 단칼에 베려고 뛰어 오는데 보니까 뭐가 머리가 산발이 다 된 놈이, 옷은 찢어지고 흙투성이가 된 동생 야곱이 구부러져서 절뚝거리고 옵니다. 형이 보니까 저거 한주먹도 안돼요. 저것을 뭘 칼로써 찌르겠느냐. 형이 곁에 오는데 하나님의 능력이 야곱과 함께 해서 형에게 임하니까 형의 마음이 녹았습니다. 에서의 20년 동안 얼은 마음이 녹아

아우를 보니 불쌍한 마음이 들었습니다. 형이 말에서 뛰어 내려서 동생을 끌어안았습니다. 20년의 원한이 눈처럼 녹아 버리고 만 것입니다.

하나님이 그렇게 했지 사람의 힘으로는 안 됩니다. 형이 집을 떠날 때는 완전히 야곱을 박살을 내려고 떠났는데 에서가 절뚝거리는 야곱 앞에 와서 절름발이에게 형이 400인의 장정을 거느리고 항복을 하는 것입니다. 형의 원한이 사라지자 동생의 목을 끌어안고 엉엉 울었습니다. 어떻게 이런 기적이 일어날 수 있는 것입니까? 형의 그 완악한 마음이 어떻게 녹아질 수 있었습니까? 야곱이 변화되었기 때문에 형의 마음이 변화된 것입니다. 야곱이 이스라엘이 되었기 때문에 하나님이 같이 계셔서 하나님이 형의 마음을 변화시켜 버리고 만 것입니다. 먼저 내가 야곱이 이스라엘로 변화되면 하나님이 나를 사용하는 것입니다.

하나님이 사용하면 못할 일이 없습니다. 홍해수도 갈라지고 여리고도 무너뜨리는 하나님인데 무엇을 못하겠어요? 먼저 내가 변화되면 나를 통해서 하나님은 어떠한 역사도 베풀 수 있다는 것을 여기 보여주는 것입니다. 형이 동생의 목을 끌어 앉고 "야~ 이놈아, 하나님의 축복을 도둑질해가지고 도망가서 잘될 줄알았더니 이 모양이냐! 20년 동안 형을 배반하고 가서 있더니 돌아오는데 고작 이 절름발이가 돼서 돌아오느냐? 참으로 안되었다" 머리를 쓰다듬어 주고 끌어안아 주고 "내 400인의 군대를 너의 호위병으로 줄 테니까 나와 같이 가자!" 죽이러 온 사람이 호위병이 되고 만 것입니다. 죽이러 온 사람이 호위병이 되었어요.

창세기 33장 4절을 보십시다. "에서가 달려와서 그를 맞이하여 안고 목을 어긋맞추어 그와 입 맞추고 서로 우니라" 세상에 이런 일이 있습니다. 20년 원한을 가지고 이를 갈던 원수가 동생 앞에 와서는 이리 와서 그냥 운 것이 아나라, 그를 보고 달려와서 끌어안고 목을 어긋매끼어 또 입까지 맞추었네? 양치질 하지 않은 입에 구린내도 날것인데 입까지 맞추고 그리고 엉엉 울었습니다. 너무나 아름다워요. 하나님만 이렇게 할 수 있습니다. 사람은 못해요. 하나님은 이런 기적을 베풀 수 있는 것입니다. 내가 변화되면 하나님이 나를 사용하는 것입니다. "에서가 이르되 우리가 떠나자 내가 너와 동행하리라(창 33:12)". 얼마나 놀랍습니까? 야곱이 죽고 이스라엘로 변화되면 그 때 참된 승리자가 되는 것입니다.

여기서 우리가 바르게 알아야 할 것이 있습니다. 예수를 믿고 교회에 다닌다고 변화되지 않는다는 것입니다. 반드시 하나님의 살아있는 역사가 자신을 장악해야 변한다는 것입니다. 성령의 역사가 자신을 장악하게 하시기를 바랍니다. 이론으로 변화되지 못합니다. 성령의 살아있는 역사가 변화되게 하십니다. 성령으로 변화가 되어야 세상을 살아갈 때에 만사가 형통합니다. 왜 만사가 형통하느냐, 하나님의 방법으로 세상을 살아가기 때문에 만사가 형통한 것입니다. 자신이 죽고 예수로 태어나야 만사가 형통해지는 것입니다.

8장 예수 믿고 만사형통을 체험하는 성도

(갈 3:14)"이는 그리스도 예수 안에서 아브라함의 복이 이방
인에게 미치게 하고 또 우리로 하여금 믿음으로 말미암아 성령
의 약속을 받게 하려 함이라"

하나님이 우리를 세상에서 부르신 것은 성령으로 인도하시면
서 육적인 세상 것들을 깨뜨리고 제거하여 온전하게 순종하는
사람으로 만들어 만사형통으로 축복하여 군사로 사용하기 위해
서 부르신 것입니다. 온전하게 순종하는 사람을 축복하시어 하
나님의 일을 하시기 위해서 부르신 것입니다. 하나님의 부름을
받았다는 것은 축복입니다. 영적인 눈을 열고 보면 대단한 것입
니다. 왜 대단 하느냐, 성경은 이렇게 말씀하십니다.

"그러나 너희는 택하신 족속이요, 왕 같은 제사장들이요, 거
룩한 나라요, 그의 소유가 된 백성이니, 이는 너희를 어두운 데
서 불러내어 그의 기이한 빛에 들어가게 하신 이의 아름다운 덕
을 선포하게 하려 하심이라. 너희가 전에는 백성이 아니더니 이
제는 하나님의 백성이요 전에는 긍휼을 얻지 못하였더니 이제
는 긍휼을 얻은 자니라(벧전2:9-10)" 한마디로 하나님을 선전
하게 하려고 부르신 것입니다. 하나님의 택한 사람이라, 하나
님께서 주시는 것으로 세상을 살아갑니다. 하나님의 방법으로
문제를 해결합니다. 하나님의 방법으로 문제를 해결하니 해결
하지 못할 문제가 없습니다. 모든 문제를 하나님의 방법으로 해

결하려고 해야 합니다. 문제가 생기면 자신의 지식과 사람의 의견으로 해결하려고 하지 말고 하나님께 기도하여 하나님께서 알려주시는 방법으로 해결해야 합니다. 하나님의 나라를 선전하려면 잘되어야 합니다. 하나님께서 우리가 세상에 나가 하나님을 선전하게 하시려고 잘되게 하신다는 것입니다. 단 하나님의 말씀에 순종하는 사람에게 해당이 됩니다. 그런데 왜 예수를 믿으면서도 불통의 세월을 살고 있습니까? 이유가 분명하게 있습니다. 반드시 찾아서 고쳐야 될 것들은 이런 것입니다.

첫째는 샤머니즘의 신앙의 잔재입니다. 많은 성도들이 말씀을 듣고 행하는 자가 되는 방법을 잘 모르는 것이 사실입니다. 왜냐하면 샤머니즘의 신앙의 잔재가 남아있기 때문입니다. 샤머니즘의 신앙이 신이 문제를 해결하여 주기를 기다리는 것이기 때문입니다. 예수를 믿고도 하나님께서 문제를 해결하여 주시기를 바랍니다. 기독교는 문제가 있을 때 하나님께 기도하여 하나님의 음성(레마)대로 순종해야 문제가 풀어지는 것입니다. 그래서 하나님은 말씀을 듣고 행하는 자가 천국에 들어간다고 말씀하시는 것입니다(마 7:21-24).

목회자들도 말씀을 듣고 행하는 것이 무엇인지 성도들에게 명확하게 알려주지 않기 때문입니다. 하나님은 성도들을 통하여 세상에 하나님의 나라를 건설하십니다. 그렇기 때문에 하나님의 말씀(레마)를 듣고 행하는 성도가 필요한 것입니다. 먼저 기도에 대한 샤머니즘의 신앙의 잔재를 부수어야 합니다. 하나님은 문제를 해결하여 달라고 기도를 아무리 많이 해도 해결을 해

주시지 않습니다. 반드시 하나님의 말씀(레마)를 듣고 행해야 문제가 해결되는 것입니다. 샤머니즘의 신앙의 잔재 중에 제일 큰 문제는 기도하면 만사가 해결된다는 잘못된 이론입니다. 기도하면 신이 감동하여 문제를 해결하여 준다는 이론입니다. 그런데 하나님은 절대로 찾지 않고 물어보지 않으면 대답하시지 않습니다. 또 하나님께서 직접 인간의 문제를 해결하시지 않습니다. 하나님을 부르면서 성령으로 기도해야 합니다. 기도하면서 하나님의 음성을 들어야 합니다. 감동을 받아야 합니다.

문제가 있을 경우 어떻게 해야 할지를 하나님께 지속적으로 질문하는 것입니다. 하나님 저에게 이런 문제가 있습니다. 어떻게 해야 합니까? 하고 지속적으로 물어보면 하나님께서 들으시고 꿈을 통해서 이든지, 환상을 통해서 이든지, 감동을 통해서 이든지, 음성을 통해서 이든지, 반드시 응답을 하십니다. 응답을 듣고 행동에 옮기면 문제가 해결이 되는 것입니다. 바르게 알고 믿어야 합니다. 자신 안에 있는 샤머니즘 신앙의 잔재를 찾아 버려야 합니다. 그래야 예수를 믿으면서 만사가 형통한 것을 체험할 수가 있습니다. 하나님께 만사형통의 복을 받으려면 하나님의 뜻에 맞추어야 되는 것입니다.

필자가 매주 토요일 집중치유하면서 제일 안타까운 것이 있습니다. 권사들이 너무나 열심히 보이는 교회를 섬기다가 보니까, 자신의 마음 안에 있는 무형 교회에 관심을 두지 않고 관리하지 못하여 알지 못하는 오만가지 고통을 당하다가 치유 받는 것을 보면 마음이 편안하지 못합니다. 모두 하나같이 보이는 교회는 열심히 섬겼습니다. 보이는 교회가 잘되면 자신도 잘 풀릴 줄 알고 열심히 믿음 생활한 연고입니다. 이것이 샤머니즘 신앙의 결과입니다. 알아야 할 것은 교회에 나가서 예배를 드리고, 헌금을 드리고, 봉사를 하고, 철야기도를 하는 것은 감사함으로 기쁨으로 은혜로 참여해야 합니다. 반대로 부담이 되고, 힘이 들고, 시간이 아깝고, 다른 사람의 눈이 무서워서, 참여하지 않으면 하나님께 벌을 받을 것 같아 마지못해 참여한다면 인간적이고, 샤머니즘의 잔재로서 영이신 하나님과 상관이 없는 것입니다.

둘째는 교회에는 예수 이름이 있기 때문에 귀신이 역사하지 못한다는 것입니다. 성경에 교회에 귀신 역사가 없다는 말씀은 없습니다. 유형 교회에도 귀신역사가 있을 수 있습니다. 귀신에 대하여 무감각으로 믿음생활을 하며 세상을 살아가기 때문에 예수를 믿고도 여전하게 귀신의 공격으로 불통의 생활을 하는 것입니다. 성도들의 문제 뒤에는 반드시 악한 영의 방해가 있습니다. 방해하던 귀신이 떠나가야 만사가 형통한 것입니다.

셋째로 성도들이 유형교회와 무형교회의 역할에 대하여 바르게 알지 못합니다. "목사님! 저는 ○○○ 교회를 섬깁니다." 바르지 못한 대답입니다. "○○○ 교회에서 예배드리며 신앙지도를 받습니다."가 정확한 대답입니다. 하나님은 성도의 마음 안에 임재 하여 무형교회에 좌정하고 계십니다. 유형교회는 건물입니다. 유형교회는 성도가 예수님을 주인으로 모시고 영과 진리로 예배를 드리는 것입니다. 이렇게 보이는 유형 교회가 중요한 것으로 믿는 성도가 많다는 것입니다. 성도들이 보이는 교회에 치중을 함으로 자신 안에 임재하신 하나님과 관계를 열지 못하는 것입니다. 분명하게 유형교회는 성도들을 위해서 있는 것입니다. 성도들의 신앙의 성장과 하나님께 예배를 드리기 위해서 유형교회가 존재하는 것입니다. 성도들이 유형교회에 와서 담임목사의 설교를 들으면서 영을 깨우고, 성령 충만한 예배를 통하여 성령으로 세례도 받고, 성령 충만도 받고, 영육의 치유도 받는 것입니다. 성도에게 유형교회가 굉장하게 중요합니다. 모든 것을 유형교회를 통하여 받을 수 있기 때문입니다. 그래서 무슨 일이 있더라도 정기적인 예배는 꼭 참석해야 합니다. 예수를 믿고 만사가 형통한 삶을 살아가려면 교회를 잘 정해야 하고 교회 예배에 빠짐없이 참석해야 합니다. 교회 예배에 참석하는 것은 자신을 위한 일입니다. 성도가 유형교회를 잘 만나는 것이 축복입니다.

넷째는 예수를 믿을 때 성령으로 세례를 받았다는 자아입니다. 이렇게 자아가 고정되어 성령으로 세례를 받는 것에 관심을 두지 않으니 성령께서 혼(이성/감정/지성)과 육체를 장악하지 못하므로 하나님께서 원하시는 전인구원에 이르지 못하는 것입니다. 반드시 성령으로 세례를 받아야 합니다. 성령으로 세례를 받은 후부터 혼과 육체가 성령의 지배를 받게 됨으로 전인적인 치유가 일어나기 시작하는 것입니다.

바르게 알아야 할 것은 성령으로 세례를 체험하지 않고는 십년을 교회에 다녀도 구습이나 옛 성품이 변화되지 못합니다. 그래서 남편에게 부인에게 당신은 예수를 십년을 믿었는데도 왜 변화되지 않느냐고 하는 말을 듣는 것입니다. 말씀만 들어서는 변화되지 못합니다. 반드시 살아있는 성령의 역사가 일어나야 변합니다. 자신이 변화되지 못하니 예수를 믿으면서도 여전하게 불통의 삶을 살게 되는 것입니다. 성령으로 세례를 받고 자신의 자아와 구습과 상처를 치유 받아야 합니다. 그리고 혈통의 문제를 해결해야 합니다. 그래야 만사형통을 체험하면서 신바람 나는 믿음 생활을 할 수가 있습니다.

다섯째는 기도는 교회에서 해야 된다는 것입니다. 기도는 아무 곳에서나 할 수 있는 것입니다. 자신 안에 하나님이 임재 하여 계시기 때문입니다. 교회에 가서 기도해야 한다는 자아가 하나님과 깊은 관계를 유지하는데 큰 장애가 됩니다. 나아가 마음에 천국을 이루지 못하는 것입니다. 아무 곳에서나 성령으로 마음 안에 계신 하나님께 기도하는 습관이 되어야 만사가 형통한 생활을 할 수가 있습니다. 항상 기도하여 하나님께 집중해야 합니다.

여섯째는 성령을 받는다. 은사를 받는다는 것입니다. 성령은 처음은 받아야 하지만 후로는 자신의 마음 안에서 나타나야 하는 것입니다. 능력이나 성령을 받는 다는 자아가 있어서 자신의 마음 안에 관심을 갖지 않고 밖에 능력 있는 사람에게만 관심을 가지니 마음에 천국을 이루지 못하는 것입니다. 성령은 마음 안에서 나타나야 합니다. 분명하게 성령으로 세례를 받아 성령이 전인격을 장악하여 마음이 천국이 되어야 만사형통의 축복이 이루어지기 시작을 하는 것입니다. 심령을 성령으로 정화해야 합니다.

일곱째는 예수만 믿으면 구원받고 새사람이 된다는 자아입니다. 하나님은 빌립보서 2장 12절에서 "그러므로 나의 사랑하는 자들아 너희가 나 있을 때뿐 아니라, 더욱 지금 나 없을 때에도 항상 복종하여 두렵고 떨림으로 너희 구원을 이루라”고 말씀하십니다. 그리고 데살로니가전서 5장 23절에서 “평강의 하나님이 친히 너희를 온전히 거룩하게 하시고, 또 너희의 온 영과 혼과 몸이 우리 주 예수 그리스도께서 강림하실 때에 흠 없게 보전되기를 원하노라” 말씀하십니다. 따라서 전인구원을 위하여 관심을 가져야 합니다. 영-혼-육이 성령의 지배를 받아야 합니다. 성령의 지배를 받아야 자신이 하늘의 사람으로 변하고, 자신이 하늘의 사람으로 변해야 하나님과 관계가 열립니다. 영이신 하나님과 관계가 열려야 하나님의 권능으로 문제를 해결하며 만사가 형통한 삶을 살 수가 있는 것입니다.

우리는 바르게 알고 믿음생활을 해야 합니다. 하나님께서는 분명하게 보지 않고 믿는 자가 복되다고 하셨습니다. 무조건 알지 못하고 믿는 자가 복되다고 말씀하시지 않았습니다. 제가 지금까지 성령치유 사역을 하면서 체험한 바로는 성도들이 영적인 면에 무지하다는 것입니다. 모두가 무지해서 영육의 고통을 당합니다. 내가 지금까지 영적인 사역을 하면서, 상담을 하면서, 종합한 결론은 성도들이 기독교에 대하여 잘못알고 있는 것이 있다는 것입니다. 너무나 행위만을 중요하게 여겨서 살아있는 성령의 역사를 외면하는 경향이 많았습니다. 진작 문제의 해결은 성령의 역사가 일어나야 되는데 성령의 역사를 뒤로하고 행위(육)에다가 치중을 하니 문제가 해결될 수가 없는 것입니다. 하나님은 육체와 상관이 없으신 분입니다. 하나님께서 영이시기 때문에 영이신 하나님과 관계가 열려야 만사형통의 복을 받는 것입니다.

지금 불신자로 살다가 예수를 영접하는 분들이 정상적인 생활을 하는데 천국가려고 예수를 믿는 사람이 별로 없습니다. 모두 세상에서 영육의 문제로 고통을 해결하려고 이 방법 저 방법 별 방법을 다 동원했으나 해결하지 못합니다. 그러다가 예수를 믿으면 문제가 해결이 된다는 말을 듣고 예수를 영접하고 교회에 들어옵니다. 교회에 들어와서 문제만을 해결하려고 예배도 참석하고 봉사도 하고, 헌금도 하고, 철야기도도 합니다. 그런데 문제가 해결이 안 됩니다. 불평불만을 토로하거나, 믿음에서 떠나거나, 예수 믿어도 소용없더라하면서 원망을 하기도 합니다. 그런데 바르게 알아야 할 것은 이렇게 자신의 문제만 해결하려고 하니 문제가 해결이 안 된다는 것입니다.

하나님은 분명하게 "그런즉 너희는 먼저 그의 나라와 그의 의를 구하라 그리하면 이 모든 것을 너희에게 더하시리라(마 6:33)"말씀하셨습니다. 자신 안에 하나님의 나라가 먼저 이루어지게 하라는 말씀입니다. 그래서 교회에 들어오면 먼저 예배를 드리면서 기도하고 찬양하다가 성령으로 세례를 체험해야 합니다. 성령으로 세례를 받으면 성령께서 자신이 살아오면서 받은 상처를 치유하십니다. 앞에서 설명했던 자아를 부수십니다. 그러면서 자신 안에 계신 하나님과의 관계가 열립니다. 하나님과 관계가 열리니 심령이 점차로 하늘나라가 이루어집니다. 하늘나라가 이루어지면서 혈통에 역사하던 귀신이 떠나갑니다.

귀신이 떠나가니 하나님과 친밀한 관계가 됩니다. 기도할 때마다 하나님께서 음성이나 감동이나 꿈이나 환상을 통해서 자신의 문제를 해결하는 지혜를 주십니다. 주신 지혜대로 순종하니 문제가 해결이 됩니다. 마음 안에 계신 성령님의 역사로 귀신이 떠나가기 때문입니다. 그러므로 예수를 믿었으면 성령으로 세례를 받아 하나님과 관계를 먼저 열어야 합니다.

우리가 바르게 알아야 할 것은 예수만 믿으면 모든 문제가 해결이 되고 만사가 형통한 것이 아닙니다. 예수를 믿으면 원죄가 해결이 됩니다. 자범죄와 상처는 자신이 성령의 인도를 받아가며 해결해야 합니다. 예배를 드리며 말씀 듣고 기도하며 찬양하다가 성령으로 세례를 받게 됩니다. 성령으로 세례를 받은 후에 자신이 인생을 살아오면서 지은 자범죄를 해결합니다. 조상들이 지은 죄도 해결합니다. 왜냐하면 죄를 지으면 반드시 죄를 타고 귀신이 들어왔기 때문입니다. 인생을 살아오면서 받은 상처를 치유해야 합니다. 상처 뒤에는 귀신이 역사하면서 하나님의 말씀을 듣지 못하게 하거나 이해하지 못하는 문제를 발생하게 하거나 믿음이 자라지 못하도록 방해합니다.

우리가 확실하게 알아야 할 것은 예수만 믿으면 만사가 해결되는 것이 아닙니다. 아브라함은 25년간 하나님의 인도를 받으면서 하나님께서 원하시는 영적인 사람으로 변했습니다. 그러므로 자신이 성령의 인도를 받으면서 변화되려고 관심을 가져야 합니다. 하나님께서 원하시는 사람으로 변했을 때 만사가 형통하게 되는 것입니다. 성령으로 섞인 것을 정화해야 만사형통합니다.

많은 분들이 교회에서 열심히 하면 문제가 풀어진다고 합니다. 무조건 열심히 하면 문제가 풀린다는 것은 좀 생각해 볼 것이 많습니다. 지금 저는 성도들에게 이렇게 알려줍니다. 내가 교회에서 봉사를 열심히 하면 자동으로 문제가 풀리는 것이 아닙니다. 그렇다고 교회봉사를 하지 말라는 것이 아닙니다. 문제를 해결하려면 먼저 하나님께 기도하여 문제의 원인을 알아내야 합니다. 원인에 따라 말씀과 성령의 역사를 일으키며 선한 싸움을 싸워야 한다는 것입니다. 성령의 권세를 가지고 싸우면서 성령으로 열심히 봉사를 해야 문제가 해결되는 것입니다. 성경에도 성령으로 봉사하라고 말씀하셨습니다. 막연하게 열심히 하면 문제가 풀린다는 논리는 성립이 되지 않는 것입니다.

또 툭하면 신학 하여 목회하면 문제가 해결된다고 합니다. 그래서 많은 분들이 신학을 하고 목회를 합니다. 목회를 하면 문제가 풀어지는 것이 아니고 더 심해집니다. 저도 마찬가지 이었습니다. 신학 하여 목회하면 금방 잘 되는 줄 알았는데 점점 더 문제가 꼬여서 더 어려워지는 것입니다. 기도하다가 성령의 음성을 듣고, 성령을 체험하고 영적인 전쟁을 하니 문제가 서서히 풀렸습니다. 그렇기 때문에 신학하면 자동으로 문제가 해결이 되는 것이 아닙니다. 반드시 말씀과 성령으로 심령을 치유하며 영적전쟁을 해야 문제가 해결이 되는 것입니다. 자신이 없어지고 성령으로 채워져서 예수님의 성품으로 변화되는 만큼씩 문제가 해결되고 환경이 열리는 것입니다. 우리는 바르게 알고 바르게 행해야 합니다. 그래서 무엇을 하면 하나님이 문제를 해결하여 주신다는 생각은 아예 버리는 것이 좋습니다. 제가 치유사역을 하며 경험한 바로는 영육의 문제는 말씀과 성령으로 찾아내어 끊어내고 치유하기 전까지는 떠나가지 않으면서 알게 모르게 문제를 일으킨다는 것입니다. 그러므로 자신에게도 영육의 문제가 있을 수 있다고 인정하고 성령의 역사로 찾아내어 치유하는 것이 중요합니다.

헌금을 많이 하면 문제가 해결된다고 합니다. 그래서 헌금을 많이 하게 하는 부흥강사가 인기가 있습니다. 헌금을 하면 영육의 문제가 해결이 된다고 거액의 헌금을 하게 합니다. 그래서 카드로 거액의 헌금을 했다는 목회자와 성도를 종종 만납니다. 헌금은 내가 받은 은혜가 크고 성령이 감동하면 하는 것이 헌금입니다. 성령이 감동하는 헌금을 해야 하나님이 받아 주시고 축복하시는 것입니다. 헌금에 대하여 바르게 알고 행해야 할 것입니다.

능력자에게 안수기도 받으면 문제가 풀린다고 합니다. 능력이 있다고 자칭하는 목회자가 공공연하게 자기가 안수했더니 문제가 풀렸다고 합니다. 이는 자기가 안수해서 문제가 풀린 것이 아니고, 성령의 역사로 문제가 풀린 것입니다. 본인은 그저 하나님께 쓰임을 받은 것입니다. 우리는 하나님의 영광을 가로채는 사역자가 되어서는 안 됩니다. 모든 영광을 하나님께 돌리는 사역자, 성도가 되어야 합니다. 능력자의 안수한번 받아서 문제가 풀리고 권능을 받는 다면 얼마나 좋겠습니까? 절대로 안수한번 받아서 문제가 풀리는 것이 아닙니다. 내가 변하여 예수 심령이 되었을 때 문제가 풀리는 것입니다. 영적으로 변하는 만큼씩 문제가 해결이 되는 것입니다. 절대로 자신이 변하지 않으면 문제는 풀리지 않습니다. 이는 영적으로 조금 더 체험하고 깨달으면 알 수가 있습니다.

축사하고 은사 있으면 능력이 있고 다 된 사람이라고 자만합니다. 일부 분별력이 없는 성도들은 축사를 하는 교회가 제일로 권능이 있는 교회라고 믿고 있습니다. 축사를 하면 다되는 줄로 착각을 합니다. 축사를 하고 은사가 나타나도 심령이 예수 심령으로 변화되지 않으면 헛것입니다. 축사 능력과 은사는 육에서 나오는 경우가 많기 때문입니다. 성령을 체험한 사람이면 모두 예수 이름으로 기도할 때 귀신이 쫓겨나갑니다. 축사를 너무나 어렵게 생각하지 말기를 바랍니다. 성령의 인도를 받고 원리만 제대로 알면 정말로 쉬운 것이 축사입니다.

그래서 반드시 축사는 성령의 역사를 통하여 해야 합니다. 성령의 역사 없이 완력으로 축사하는 교회의 성도들은 모두 은혜가 메마를 수가 있습니다. 말씀을 듣고 성령의 인도를 받으면서 축사를 해야 합니다. 축사만 하면 평생 축사를 받아야 합니다. 반드시 심령에 말씀과 성령의 은혜를 채워야 떠나갔던 귀신이 다시 들어오지 못합니다. 그래서 성도들은 영적인 견문을 넓히고 자신이 자신의 영을 지킬 수 있는 권능을 길러야 합니다. 권능 있는 사역자만을 의지하면 절대로 안 됩니다. 축사의 권능이나 은사는 성령의 열매가 있는 심령에서 나오는 것이라야 합니다.

일부 어린 성도들이 귀신을 쫓아내면 권능이 있는 사람이고 영적으로 깨어있는 사람으로 알고 추종하고 따릅니다. 그러나 우리는 열매를 볼 줄 알아야 합니다. 심령이 변하여 예수 인격이 나오고 옆에만 가도 은혜가 전이되는 심령이 되려고 해야 합니다.

예수를 믿으면 만사형통하다는 것에 반론을 제기하는 목회자가 있습니다. 이분들이 주장하는 것은 만사형통은 샤머니즘의 신앙의 잔재라고 합니다. 그러면서 "무리와 제자들을 불러 이르시되 아무든지 나를 따라오려거든 자기를 부인하고 자기 십자가를 지고 나를 좇을 것이니라.(눅9:23)" 그러면서 하는 말이 기독교에서는 십자가를 진다는 것은 희생과 고난을 뜻하는 것이라, 예수를 믿으면 만사형통이 될 수가 없다고 합니다. 이는 말씀을 잘못 이해한 것입니다. 자신의 삶의 모든 걱정근심, 혼란과 풍파를 자기가 해결하려고 하지 말고 가지고 예수님께 나오라는 말입니다. 성도는 예수를 믿으면서 죽었기 때문에 자신의 문제를 예수님의 문제이기 때문입니다. 예수님이 해결하신다는 것입니다.

이분들은 복음을 오해한 것입니다. 만사형통을 무조건 육적인 만족과 물질만능에 두기 때문입니다. 만사형통은 예수님을 믿고 성령의 인도를 받으면서 믿음생활을 하다가 무슨 문제를 만나더라도 하나님께 기도하여 하나님께서 알려주신 대로 순종하면 해결이 된다는 것입니다. 만사형통을 무조건 잘되는 것으로 잘못이해하기 때문에 복음에 반대되는 말씀을 전합니다. 말씀이 영이요 생명이라(요6:63)고 하셨습니다. 이런 복음에 반대되는 말씀을 듣고 믿어 버리면 하나님께서 주시고자 하는 아브라함의 복을 받지 못합니다. 성도들이 이런 복음을 듣고 믿음생활하면 물질로 지질이도 가난하여 복음전도를 하지 못합니다. 스스로 가난하다고 입술로 시인하는데 하나님께 물질의 복을 받을 수 없는 것입니다. 성령은 믿음을 통해서 역사하시기 때문입니다.

바르게 알아야할 것은 예수를 믿으면 무조건 잘되는 것이 아닙니다. 예수를 믿고 땅의 사람이 하늘의 사람으로 바뀌는 과정에서는 영육의 고통이 있습니다. 그러나 성령(형통)께서 함께하시기 때문에 넉넉하게 이기고 통과할 수가 있습니다. 아브라함도 처음 하나님의 부르심을 받고 나와서는 영육의 고통을 받은 것이 사실입니다. 그러나 하나님께서 함께하시면서 도와주셔서 고난을 무난하게 통과 했습니다. 그래서 나중에는 개인이 318명이라는 군대를 거느릴 정도로 부자가 되었습니다. 아브라함의 종이 이렇게 표현합니다. "그가 이르되 나는 아브라함의 종이니이다. 여호와께서 나의 주인에게 크게 복을 주시어 창성하게 하시되 소와 양과 은금과 종들과 낙타와 나귀를 그에게 주셨고(창24:34-35)" 아브라함의 종이 하나님께서 복을 주셔서 부자라고 말합니다.

그리고 사도행전에 나오는 예수님의 제자들을 보면 알 수가 있습니다. 복음을 전하는데 밥을 굶어서 복음을 전하지 못했다. 물질이 없어서 복음을 전하지 못했다는 말이 있습니까? 한구절도 없습니다. 복음을 전하는데 문제가 없도록 공급하셨다는 것입니다. 이것이 만사형통한 것입니다. 브리스길라와 아굴라 부부가 가난하여 먹고살 수가 없었다고 했습니까? 먹고살고 복음을 전하는데 부족함이 없도록 하나님께서 공급하셨습니다. 아무리 문제가 커도 당황하지 않고 하나님께 기도하여 하나님의 말씀에 순종하여 해결되는 것이 만사형통한 것입니다.

3부 만사형통을 위한 영의 입구

9장 성령으로 세례를 받아라.

> (행 11:15-16)"내가 말을 시작할 때에 성령이 저희에게 임
> 하시기를 우리에게 하신 것과 같이 하는지라. 내가 주의 말씀
> 에 요한은 물로 세례를 주었으나 너희는 성령으로 세례를 받
> 으리라 하신 것이 생각났노라"

하나님은 성령으로 세례를 받으라고 말씀하십니다. 예수를
믿으면서도 오만가지 문제와 고통을 당하면서 사시는 분들을
보면 모두가 하나같이 말씀 중심의 전통적인 믿음 생활을 했다
는 것입니다. 저는 치유를 전문으로 사역하는 목사입니다. 제
가 15년이 넘도록 사역을 하면서 체험한 바로는 성령으로 세례
받아 자신의 상처와 자아와 혈통의 문제를 치유 받지 못하니 30
년을 믿어도 여전하게 불통의 생활을 하고 있었습니다. 불통의
세월뿐만이 아니라, 오만가지 문제와 상처와 정신적이고 영적인
문제로 고생하고 있었습니다. 물론 전부 다는 아닙니다. 일부 성
도들이 세상 사람들과 똑 같은 문제로 고생을 하십니다. 이는 예
수를 믿고 교회에 나와 성령으로 세례를 받아 전인격을 성령이
지배하게 하여 섞인 세상 것을 정화하지 못한 연고입니다. 반드
시 크리스천은 말씀과 성령으로 섞인 세상 것을 해결해야 하나

님께서 원하시는 미음천국과 아부라함의 복을 받습니다.

어느 집사가 영육의 문제와 정신적인 문제로 사람노릇을 제대로 하지 못하다가 우리 교회를 찾아와 집중치유를 받고 정상으로 화복되어 직장을 다니게 되었습니다. 이분이 몇 주마다 한 번씩 집중치유를 받으러 옵니다. 어느날 저하고 교회 세면장 앞에서 만났습니다. 제가 얼굴을 보니 너무나 평안하고 건강하게 변했습니다. 그래서 "집사님 지금까지 신앙생활을 바르게 하지 못한 것 같습니다." 그랬더니 이분이 하는 말이 "목사님! 저 신앙생활 열심히 했습니다. 예배란 예배는 빠짐없이 참석했고요, 필요하면 기도원도 가서 기도했습니다." 그래서 제가 "그것이 아니고 성령으로 세례 받고 성령의 인도와 지배를 받는 신앙생활을 하지 못했다는 말입니다. 성령의 지배를 받지 않는 믿음생활을 하다가 보니 영육의 문제가 치유되지 않아 고생하신 것입니다. 성령의 세례를 받지 않고 그냥 막연하게 열심히 믿음 생활을 하면 이렇게 불필요한 고생을 합니다."

예수를 믿고 성령으로 거듭난 성도가 인생을 살아가면서 일어나는 모든 일은 자신의 일이 아닙니다. 죽은 자는 일을 할 수가 없는 것입니다. 다시 사신 예수님의 일입니다. 예수를 믿는 사람들은 하나님의 택한 사람입니다. 하나님께서 주시는 것으로 세상을 살아갑니다. 하나님의 방법으로 문제를 해결합니다. 하나님의 방법으로 문제를 해결하니 해결하지 못할 문제가 없습니다. 모든 문제를 하나님의 방법으로 해결하려고 해야 합니다. 하나님의 방법으로 문제를 해결하고, 하나님께서 주시는 것으로 살려고 하면 성령의 인도를 받아야 합니다. 하나님은 "오직 하나님이 성령으로 이것을 우리에게 보이셨으니 성령은 모든 것 곧 하나님의 깊은 것까지도 통달하시느니라(고전 2:10)" 하십니다. 성령의 인도를 받으려면 먼저 성령으로 세례를 받아야 합니다. 예수를 믿은 성도가 성령으로 세례를 받지 않으면 만사형통의 삶을 살아갈 수가 없습니다. 성령으로 세례를 받는 다는 것은 참으로 중요합니다.

성령세례에 대한 여러 견해가 많아서 성도들이 혼동하는 경우가 있습니다. 그러나 하나님은 성령으로 세례를 받으리라(행 1:5). 말씀하십니다. 저는 십 년이 넘도록 성령치유 사역을 했습니다. 성령치유 사역을 하다가 보니 성령의 세례를 받으면 그 때부터 치유가 이루어지기 시작 했습니다. 저는 성령의 세례를 이렇게 표현하기도 합니다. 성령의 세례는 예수를 영접할 때 내주하신 성령께서 순간 폭발하여 전인격을 사로잡는 것이라고 하기도 합니다. 예수를 믿으면 성령이 내주하십니다. 즉시로 죽었던 영은 살아납니다. 그러나 육체는 성령으로 장악당하지 않은 상태입니다. 육체는 구습을 따르는 옛 사람이 그대로 있다는 말입니다. 그러므로 옛 사람에게 역사하던 세상신이 여전히 주인노릇을 하고 있다는 뜻도 됩니다. 하지만 성령으로 세례를 받으면 성령께서 전인격을 사로잡으므로 옛 사람에게 역사하던 세상신이 떠나가기 시작을 하는 것입니다.

그래서 하나님은 성도들이 성령으로 세례를 받아 영적으로 변하기를 소원하십니다. 성령으로 세례를 받아야 전인격이 하나님을 따를 수 있기 때문입니다. 목회자나 성도나 할 것 없이 성령의 불 받기를 사모합니다. 그러나 성령의 세례를 받아야 성령의 불로 세례를 체험할 수가 있습니다. 저의 개인적인 견해로는 성령의 세례가 없이는 성령의 불세례를 받을 수가 없습니다. 성령의 불세례를 받으려면 먼저 성령의 세례를 체험해야 합니다. 성령의 세례를 받으려면 세례를 받을 수 있는 영육의 상태가 되어야 합니다.

성령의 세례를 받으려면 먼저 마음을 열어야 합니다. 성령은 사람의 영 안에서 역사하십니다. 영은 사람의 마음 안에 있습니다. 그래서 마음을 열어야 영 안에 계신 성령이 역사하는 것입니다. 성령이 역사해야 사람이 영적인 상태가 되는 것입니다. 영적인 상태가 되어야 하나님과 교통할 수가 있는 것입니다. 그러므로 우리는 회개의 세례인 물세례로 만족하지 않고 다음은 성령의 세례를 받아야 합니다.

세례요한은 "나는 너희로 회개하게 하기 위하여 물로 세례를 베풀거니와 내 뒤에 오시는 이는 나보다 능력이 많으시니 나는 그의 신을 들기도 감당하지 못하겠노라 그는 성령과 불로 너희에게 세례를 베푸실 것이요"(마 3:11)라고 말씀한대로 물세례를 받기 이전이든지 이후든지 성령의 세례를 반드시 받아야 합니다.

어떤 성도들은 성령의 세례 받으면 물세례를 안 받아도 되느냐 묻는 사람이 있는데 그것은 잘못된 것입니다. 예수님께서도 세례요한에게 직접 물세례를 받았습니다. "이때에 예수께서 갈릴리로부터 요단강에 이르러 요한에게 세례를 받으려 하시니,

요한이 말려 이르되 내가 당신에게서 세례를 받아야 할 터인데 당신이 내게로 오시나이까, 예수께서 대답하여 이르시되 이제 허락하라 우리가 이와 같이 하여 모든 의를 이루는 것이 합당하니라 하시니 이에 요한이 허락하는지라"(마 3:13-15)고 했습니다. 세례를 행하므로 하나님께 의를 이루는 것임으로 성도는 물세례를 받아야 합니다. 그렇지만 물세례로 만족하지 말고 성령의 세례를 사모해야 합니다. 사모해야 성령으로 세례를 체험할 수가 있습니다. 물세례는 예수를 믿고, 구원 받은 사람 즉 중생한 사람의 표로 받는 것이라면 성령의 세례는 구원받은 사람이 하나님의 사역을 위해 권능을 받는 것입니다. 그래서 "성령이 너희에게 임하면 권능을 받고 예루살렘과 유대와 사마리아 땅끝까지 이르러 내 증인이 되리라"(행 1:18)고 말씀하셨습니다.

성령의 세례는 보편적으로 두 가지 견해가 있습니다. 첫째가 성령의 내주하심입니다. 두 번째가 예수를 믿고 특별한 체험을 하는 경우입니다. 제가 성령세례를 받아야 한다고 강조하는 것은 바로 두 번째 사건을 말하는 것입니다.

이는 사도 베드로께서는 예루살렘에 올라갔을 때, 고넬료가 믿게 된 사실을 말씀하면서 "내가 말을 시작할 때에 성령이 저희에게 임하시기를 우리에게 하신 것과 같이 하는지라. 내가 주의 말씀에 요한은 물로 세례를 주었으나 너희는 성령으로 세례를 받으리라 하신 것이 생각났노라"(행 11:15,16)고 하셨습니다. 이것은 자신이나 고넬료에게 있어서 성령의 세례가 최초성을 가지고 있음을 설명한 것이었습니다.

사도 바울께서 "주의 이름을 불러 세례를 받고 너의 죄를 씻으라"(행 22:16)고 하신 말씀과 "주 예수 그리스도의 이름과 우리 하나님의 성령 안에서 씻음과 거룩함과 의롭다 하심을 얻었느니라"(고전 6:11)고 하신 말씀을 비교해 보면, 우리는 성령의 세례에 정결성이 있음을 봅니다. 또 사도 바울께서는 고전 12:13에서 "다 한 성령으로 세례를 받아 한 몸이 되었고, 또 다 한 성령을 마시게 하셨다"고 하심으로서, 성령 세례의 보편성에 대해 말씀했습니다. 우리는 성경에 성령의 세례는 받으라는 명령이 없는 사실과, 한 번 성령의 세례를 받았던 사람이 다시 받았던 예도 없었던 사실을 통해, 성령의 세례가 하나님의 주권성과 단회성을 가지고 있음을 알게 됩니다.

우리는 성령의 세례란, 죄인을 회심시켜 중생케 하시는 성령의 사역을 의미한다고 보아야 합니다. 그래서 성령의 세례를 내가 지금까지 성령사역을 하면서 체험한 바를 요약해서 설명하면 이렇습니다. 물세례는 목사님들이 예수님의 위임을 받아 베풀고 있습니다. 그러나 성령의 세례는 그러한 인간 제도를 통해 주어지는 세례가 아닙니다. 성령의 세례는 영적인 세례입니다.

눈에 보이지 않는 신령한 질서를 따라 주어지는 은총의 세례입니다. 이 성령의 불세례는 인간 집례 자가 베풀 수 없습니다. 오직 하늘에 계신 예수님이 베풀어 주십니다. 살아계신 성령 하나님이 자신을 장악하여 죄악을 씻어내고 새사람으로 거듭나게 합니다. 그렇기 때문에 성령의 세례는 모든 성도에게 베풀어지지 않는 것입니다. 그러나 우리 예수님은 우리 모든 성도들이 이 성령의 세례를 받아 성령이 충만하여 기쁨이 넘치는 승리의 삶을 살길 원하십니다. 성령세례의 의미에 대해서는 교단마다 또 교회마다 또 개인에 따라서 달라지기 때문에 이것이 성령세례입니다 하고 말씀드리기는 조금 어려운 단어입니다. 일반적으로 성령세례는 두 가지 의미로 쓰인다고 봅니다.

첫째가 성령의 내주하심입니다. 우리가 예수님을 믿게 되면 성령께서 우리 안에 들어오셔서 우리와 함께 동행하시게 되는데 이것을 성령의 내주하심이라고 합니다. 또한 이것을 보수적인 목회자들은 성령 세례라고 말하기도 합니다. 바로 우리가 예수님을 믿고 하나님의 자녀가 됨으로 말미암아 성령과 연합되는 것입니다. 성령으로 거듭난다는 뜻이 바로 우리가 예수님을 믿음으로 하나님의 자녀가 되는 사건을 의미하는 것입니다. 이런 경우 성령세례란 우리의 일생에 딱 한번 있는 단회적인 사건이 되는 것입니다.

두 번째가 우리가 예수님을 믿고 나서 특별한 경험을 하는 경우입니다. 성령의 특별한 역사로 말미암아 뼛 속까지 회개하는 경험도 하게 됩니다. 방언을 받게 되는 경우도 있고 성령과 친밀한 교제를 하게 되는 경우도 있습니다. 하늘의 권능을 받는 것입니다. 권능 있는 삶을 살아가는 계기가 됩니다. 이런 경험을 성령세례라고 칭하는 경우도 있습니다. 이런 경우 성령세례란 우리의 일생에 한번 체험할 수 있는 사건이 될 수 있습니다. 성령의 세례를 체험하고 나면 성령에 강하게 사로잡힐 때마다 성령의 역사를 체험하게 된다는 뜻입니다.

바울 사도가 한 번은 에베소 교회를 방문했습니다. 교인들에게 바울이 "너희가 믿을 때에 성령을 받았느냐 가로되 아니라 우리는 성령이 있음도 듣지 못하였노라 그러면 너희가 무슨 세례를 받았느냐 대답하되 요한의 세례로라"(행 19:2-3)고 했습니다. 이때에 "바울이 그들을 안수하매 성령이 그들에게 임하시므로 방언하고 예언도 하니 모두 열 두 사람쯤 되니라"(행 19:6)라고 해서 성령 세례의 필요성을 알게 된 것입니다.

하나님은 성령의 세례를 체험하게 하고 단련하여 하나님의 마음에 합한 자를 하나님의 일에 사용하십니다. 베드로의 경우를 예로 들어봅니다. 고기를 잡는 어부였던 베드로가 예수님의 부르심으로 그물을 버리고 주님을 따랐습니다. 주님을 따라 다니면서 문둥이를 치유하고, 죽은 자를 살리고, 오병 이어의 기적을 일으키고, 귀신을 쫓아내는 이적과 기적을 보면서 3년 동안 주님을 따랐습니다. 베드로가 이렇게 주님의 능력을 인정하고 주님을 따르면서 3년 동안 훈련을 받았지만 믿었던 주님이 십자가에 죽게 되자 세 번씩이나 주님을 모른다고 부인한 겁쟁이입니다. 왜 그렇습니까? 성령으로 세례를 받지 못해서 그런 것 아니겠습니까? 성령의 세례를 체험하지 못하고 인도받지 못하니 아직 육신적인 믿음의 수준을 넘지 못한 증거입니다.

그러던 베드로가 마가의 다락방에서 120 문도와 함께 기도하다가 성령으로 세례를 받고 완전히 사람이 변했습니다. 육신적인 사람이 초자연적인 사람으로 변화되었습니다. 성령이 베드로를 장악한 것입니다. 그러자 성령의 언어를 합니다. 어떻게 변화되었습니까? 초자연적인 성령의 사람이 됩니다. 베드로는 오순절 마가의 다락방에서 완전히 변화되어 성령 충만한 사도로 능력의 삶을 보여 주기 시작하였습니다. 귀신이 떠나가고, 병자가 고쳐지고, 죽은자가 살아났습니다. 베드로가 전하는 말씀에 감동을 받아 하루에 3천명이 예수님을 믿고 구원받는 역사가 나타났던 것입니다.

　놀라운 일이 아닐 수 없습니다. 우리도 성령의 세례를 체험하고 성령의 인도 하에 하나님의 훈련을 순종하므로 받으면 우리에게도 베드로와 같은 역사가 나타날 수 있다고 확신합니다. 영적으로 무지하던 필자도 불같은 성령의 세례를 체험하고 상처가 치유되고 변하여 성품이 유순하게 바뀌고 인내할 줄 아는 사람이 되어가고 있습니다. 기도가 깊어지고 성령의 인도에 순종하며 영안이 열려서 말씀을 볼 때 말씀 속에 있는 영적인 비밀이 보입니다. 말씀 속에서 영적인 원리를 깨달으며 말씀을 적용할 때 하나님의 기적이 일어나는 것을 체험하고 있습니다. 저도 베드로와 같이 기도할 때 병자가 치유되고 귀신이 떠나가고 상한 심령의 사람들을 치유하는 권능 있는 자가 되어가고 있습니다. 당신도 성령의 세례를 받으시기를 바랍니다. 그리고 성령의 불세례도 체험하시기를 바랍니다. 먼저 성령의 세례를 체험하려면 이렇게 하시기를 바랍니다.

　성령으로 세례를 받음은 하나님의 영으로 사로잡히는 것입니다. 성령의 세례는 성도의 마음을 그리스도에 대한 이해와 사랑과 신뢰로 가득 차게 하며, 성령이 삶의 주관자가 되게 하며, 하나님의 자녀로서 하나님의 부름에 적합하도록 능력을 부여합니다. 거듭나는 것과 성령으로 세례 받은 것과는 다른 별개의 사건입니다. "누구든지 그리스도의 영이 없으면 그리스도의 사람이 아니라.(롬 8:9)"

그리스도인은 성령에 의해 태어난 사람으로 성령은 그 사람 안에서 중생의 사역을 이루십니다. 그리스도인이란 그 안에 성령이 내주 하는 사람을 지칭하며 성령세례 받은 자를 의미하는 것은 아닙니다. 거듭남으로 구원을 받게 됩니다. 즉 성령으로 거듭나서 하나님의 자녀가 되는 것입니다. 그러나 사람이 성령에 의해 거듭났지만, 성령으로 세례를 받지 못한 경우도 있습니다. 그러므로 중생과 성령세례는 동의어가 아니라는 뜻입니다.

우리가 성령의 세례를 체험하려면 사모해야 합니다. 하나님은 사모하는 영혼에게 만족함을 주십니다. 성령의 세례도 사모해야 받는 것입니다. 사모하고 뜨겁게 기도하면서 성령의 세례가 올 때까지 구하면서 기다려야 합니다.

성령으로 세례를 받아야 그때부터 성도가 영적으로 변하기 시작 합니다. 왜냐하면 성령의 세례를 받으면 비로소 육이 영의 지배를 받기 시작하기 때문입니다. 육이 영의 지배를 받아야 비로소 영적인 사람으로 변하기 시작하는 것입니다. 성령으로 세례를 받지 않으면 육은 여전히 세상신이 장악하고 있으므로 예수를 삼십 년을 믿어도 여전히 육의 지배를 받는 것입니다. 하나님의 말씀을 들어도 비밀을 깨닫지를 못하는 고로 육의 사람의 특성인 합리를 가지고 받아들이니 기적을 체험하지 못하는 것입니다. 왜냐하면 영의 능력은 약하고 육의 능력은 강하기 때문입니다.

저는 성도라면 모두가 예수를 영접하고 성령으로 세례를 받아야 한다고 강조합니다. 제가 말하는 성령의 세례는 성령의 내주하심이 아니라, 성령이 전인격을 장악하는 성령 폭발을 말하는 것입니다. 내주하신 성령이 폭발하여 성도의 전인격을 장악해야 육이 치유되어 영의 지배를 받는 영의 사람으로 변하는 것입니다. 성령이 전인격을 장악해야 비로소 육체에 역사하던 세상신이 떠나가기 시작하기 때문입니다.

이는 성도에 따라 성령께서 장악하는데 시간이 다르게 걸립니다. 그래서 하나님은 "항상 기뻐하라! 쉬지 말고 기도하라! 범사에 감사하라! 이것이 그리스도 예수 안에서 너희를 향하신 하나님의 뜻이니라"(살전5:16-18). 하시는 것입니다. 전폭적으로 성령의 인도를 받으며 맡기는 성도는 빨리 변화가 되고, 그렇지 못한 성도는 변화되는데 시간이 더 걸릴 것입니다.

성도가 성령으로 빨리 장악이 되면 그 만큼 연단의 기간도 짧아지는 것입니다. 하나님은 성도가 성령으로 전인격이 장악이 되어 하나님이 원하시는 수준이 되어야 성도에게 배당된 하나님의 복을 풀어주시는 것입니다. 그러므로 성도는 부단하게 성령으로 세례를 받고 전인격이 성령의 지배를 받으려고 의지적인 노력을 해야 합니다. 자신의 생각이나 의지를 내려놓고 전폭적으로 성령의 인도하심을 따르면 좀 더 빨리 하나님이 원하시는 영적인 수준에 도달할 수가 있는 것입니다.

성령의 세례는 성도에게 와있는 영육간의 문제를 치유하는데
도 지대한 영향을 미치게 됩니다. 성령으로 세례를 받지 않으면
치유가 되지 않습니다. 육체에 역사하는 세상신의 힘이 강하기
때문에 좀처럼 치유가 되지 않습니다. 그러다가 성령으로 세례
를 받고 뜨겁게 기도하기 시작을 하면 육체가 성령의 지배를 받
게 됨으로 치유가 되기 시작을 하는 것입니다.

그러므로 성도가 당하는 영육의 문제를 치유 받으려면 최우
선으로 체험해야하는 것이 성령의 세례입니다. 성령의 세례가
없이는 아무리 능력이 강한 사역자라도 치유를 할 수가 없습니
다. 치유는 성령께서 하시기 때문입니다.

하나님은 영이십니다. 영육의 문제는 영이신 하나님이 치유
하시는 것입니다. 하나님이 치유하시게 하려면 영적인 상태가
되어야 하는 것입니다. 영적인 상태가 되려니 성령으로 세례를
받고 성령의 깊은 임재에 들어가야 합니다. 그러면 하나님의 치
유의 손길이 역사하기 시작을 합니다.

하나님의 음성을 들으려고 해도 성령으로 세례를 받아야 합
니다. 상처를 치유 받으려고 해도 성령으로 세례를 받아야 합니
다. 귀신을 쫓아내려고 해도 성령으로 세례를 받아야 합니다.
질병을 치유 받으려고 해도 성령으로 세례를 받아야 합니다. 재
정의 문제를 해결하려고 해도 성령으로 세례를 받아야 합니다.
성령의 세례가 없이는 아무것도 이루어지지 않습니다. 그러므
로 성령의 세례는 모든 성도가 꼭 받아야 합니다.

한번 성령으로 세례를 받았다고 다 되는 것이 아닙니다. 지속

적으로 성령 충만해야 합니다. 많은 성도들이 성령으로 세례를 받고, 방언으로 기도하면 항상 성령 충만한 줄로 생각을 합니다. 그러나 잘못된 생각입니다. 항상 성령으로 충만 하려고 의지적인 노력을 해야 합니다. 사람은 육을 가지고 있기 때문입니다.

여기서 우리가 더 알아야 할 것이 있습니다. 첫째, 성령의 세례를 이론으로 알고 스스로 성령으로 세례를 받았다고 자처하는 성도들입니다. 이런 분들이 영육으로 문제가 생겨서 치유를 받으러 옵니다. 와서 본인이 기도를 하고, 안수를 해주어도 성령의 역사가 일어나지 않습니다. 몇 주를 다니면 그때에야 반응이 있기 시작합니다. 왜냐하면 자기만의 자아가 있어서 영적인 말씀이 귀에 들리지 않기 때문입니다.

두 번째는 몇 년 전에 성령을 체험했다고 자랑하는 성도들입니다. 얼마 전에 여 집사가 2년 전에 성령을 체험했다고 하면서 치유와 능력을 받으러 왔습니다. 2일을 기도하고 안수를 하니까, 성령의 역사가 일어나 몸이 뒤틀리고 괴성을 지르는 것입니다. 한참을 안수하니 성령이 장악을 했습니다. 귀신들이 소리를 지르면서 떠나갔습니다. 지금 교회에는 몇 년 전에 성령을 체험했다고 안심하고 지내는 성도들이 있습니다.

이런 분들이 열심히 믿음 생활을 하면서도 여러 가지 문제로 고통을 당합니다. 왜냐하면 자기에게 역사하는 상처와 악한 영의 역사로 일어나는 것입니다. 그러므로 한번 성령을 체험했다고 다 된 것이 아니라, 지속적으로 성령을 체험하며 깊은 영의 기도를 하여 심령을 정화시켜야 합니다. 그래야 깊은 영성이 되어 하나님과 교통하는 기도를 할 수가 있습니다. 한번 성령을 체험했다고 자랑삼아 말하는 분들은 자기 관리에 신경을 써야 할 것입니다. 우리가 육체가 있기 때문에 영성에 꾸준하게 관심을 가져야 합니다. 한번 체험했다고 멈추면 얼마 있지 않아 육으로 돌아갑니다.

성령으로 세례가 임할 때 몸으로 체험하고 눈으로 볼 수 있는 현상은 이렇습니다. ① 호흡이 깊어지거나 빨라지고 손이 찌릿찌릿 하기도 합니다. ② 주체하지 못하게 울음이 터지거나. 웃음이 터지는 경우도 있습니다. ③ 가슴을 찌르고 무엇이 빠져나오는 아픔을 느낄 수 있습니다. ④ 위장이나 아랫배 부근에서 어떤 뭉치 같은 것이 움직일 수도 있습니다. ⑤ 큰소리가 속에서 터져 나오기도 하고 온 몸에 불이 붙은 것 같이 뜨겁습니다. ⑥ 가슴이 답답하고 기침이 나오고 손과 입에서 불이 나오는 체험을 하기도 합니다. ⑦ 기침, 하품, 트림이 나오고. 토하기도 하고 메스꺼움을 느끼기도 합니다. ⑧ 멀미하는 것처럼 속이 울렁거리며 아랫배가 심히 아프기도 합니다. ⑨ 머리가 아프고 어지럽고 몸을 감당하지 못하게 흔들리기도 합니다. ⑩ 때로는 얼굴이나 몸 전체가 뒤틀리다가 풀어져 평안해지기도 합니다. ⑪ 때로는 집에 돌아가서도 심신을 성령의 만지심의 현상이 일어날 수 있습니다. 이것은 일종의 성령의 치유의 현상이니 두려워 말고 계속 다니면서 기도하면 없어집니다. 분명하게 성령으로 세례를 받을 때 몸으로 느끼고 눈으로 볼 수 있는 가시적인 현상이 나타납니다.

10장 성령의 인도를 받아라.

(갈 5:18)"너희가 만일 성령의 인도하시는 바가 되면 율법 아래에 있지 아니하리라"

하나님은 성령으로 인도함을 받으라고 말씀하십니다. 성령께서 인도하시면서 섞인 세상 것을 버리고, 정화하고, 몰아내어 지금 마음천국을 이루고 아브라함의 복을 받아 누리면서 하나님의 나라를 건설하는 군사가 되게 하기 위해서 입니다. 예수를 믿고 성령으로 세례를 받은 성도는 반드시 성령의 인도를 받아야 만사가 형통한 삶을 살아갈 수가 있습니다. 우리가 깨달아야 할 것은 하나님의 성령으로 인도함을 받는 그들이 곧 하나님의 아들이라고 말한 것입니다. 이러므로 하나님의 아들이 된 사람이면 그 누구를 불문하고 성령의 인도를 받을 자격이 있고 권리가 있는 것입니다. 그런데 하나님의 성령의 인도를 어떻게 받을까요? 성령 인도를 받으려면 우리의 모든 지성을 다 버리고, 이성을 다 버리고 성령으로 몽롱하게 되어서 '주여! 인도하여 주시옵소서' 마치 죽은 사람처럼 이렇게 해서 성령의 인도를 받는 것입니까? 대부분의 사람들은 성령의 인도를 받으려면 자기 지성도 버려야 됩니다. 자기 이성도 버려야 됩니다.

그래서 완전히 몽롱한 상태에 들어가야 성령의 인도를 받는 줄 알고 있는데 그러한 상태는 신비주의인 것입니다. 이것은 대단히 위험한 것입니다. 하나님께서 우리를 만드실 때 우리의 지성을 만들어 주셨습니다. 우리에게 지혜를 주시고 이성을 주신 것은 이걸 내버리라고 주신 것이 아닙니다. 우리의 지성과 이성은 사용하라고 주신 것입니다. 즉, 우리의 이성과 감성과 지성이 성령님과 화합하는 것입니다. 이러므로 하나님의 성령께서 우리를 인도하실 때 가장 평범하게 우리 속에 와서 계신 성령님은 성령님의 지성을 우리의 지성에 주셔서 깨달음을 통하여 인도하시는 것입니다. 우리가 성령으로 말미암아 깨달음이 오는 것입니다.

사람들은 저에게 묻습니다. "귀신의 영향을 받는 자를 안수기도할 때 귀신이 보입니까?" 저는 이렇게 대답을 합니다. "귀신이 보이는 것이 아니고 성령께서 감동을 주십니다. 지금 귀신이 떠나려고 한다. 귀신의 힘이 강하니 환자에게 기도하라고 해라. 좀 더기도하여 귀신의 힘을 빠진 다음에 축귀하라." 이렇게 감동으로 혹은 느낌으로 인도하십니다. 병자를 위해서 기도할 때도 성령께서 "이 사람의 옆구리 통증이 나았다. 위의 질병이 치유되었다. 허리 디스크가 치유되었다. 어깨 통증이 치유되었다." 감동을 하십니다. 환상이나 음성으로 들리는 것은 그리 많지 않습니다. 가끔 그럴 때가 있지만은 99.9 퍼센트는 성령님이 깨닫게 해주십니다. 안수기도를 하는데 갑자기 제 지성 속에 여기에 심장에 병이 걸린 사람이 이 시간에 고침 받았다고 저에게 깨달아 지는 것입니다. 성령은 우리의 지성을 무시하지 않습니다. 우리의 지성에 하나님께서 성령의 지성으로 깨닫게 해주셔서 깨달음을 통하여 성령이 인도해 주시는 것입니다.

그렇기 때문에 범사에 성령의 인도를 받으려면 성령님을 인정하고 환영하고 모셔드릴 뿐만 아니라 문제가 생겼을 때 "성령이여 내게 깨달음을 주시옵소서. 이것이냐 저것이냐 깨달음을 주시옵소서. 이 길이 옳으냐 저 길이 옳으냐 깨달음을 주시옵소서. 어느 것이 하나님의 뜻인지 깨달음을 주시옵소서." 깨달음을 바라고 기도할 때 하나님의 성령께서 우리에게 빛을 비추어서 깨닫게 해주십니다. 그 깨달음대로 순종하고 걸어가면 성령의 인도를 받는 것이 되는 것입니다.

이러므로 대소사 성령의 인도를 받는 것이 그렇게 어렵지 않습니다. 저는 지금까지 목회를 해오면서 하나님께서 무슨 꿈이나 환상이나 음성으로 저에게 계시해 주신 것은 지극히 적습니다. 거의 모든 일에 하나님께 엎드려서 성령의 인도를 간절히 바랄 때 성령께서 저의 마음에 깨달음이나, 감동을 주셨습니다. 쉽게 말씀드려서 어떻게 해야 할지를 물어볼 때 성령께서 알려주십니다. 그러므로 무슨 감동도 젖혀버리고 이성도 젖혀버리고, 그렇게 해서 무슨 몽롱한 입신 상태에서 계시를 받는 그런 것은 없습니다.

그런 것은 신비주의지 그것은 성령의 인도라고 볼 수 없는 것입니다. 하나님의 성령은 인격자이기 때문에 우리에게 인격적으로 인도하셔서 우리의 인격을 무시하지 않습니다. 우리가 기도할 때 성령께서 깨달음을 주셔서 이 길이 하나님의 길이라는 것을 알고 걸어가게 만들어 주시는 것입니다. 그러므로 누구든지 하나님의 성령 앞에서 성령의 인도를 받을 수가 있는 것입니다.

그 다음 성령께서는 또한 우리의 감정을 통하여 인도하시는 것입니다. 대소사에 하나님의 성령은 우리의 감정을 무시하지 않습니다. 어떠한 사람들은 "신앙 안에 들어오면 감정을 무시해 버려야 한다" 이렇게 말합니다. 저는 그런 사람들은 체험이 없는 사람이라고 생각합니다. 왜냐하면 감정을 젖혀버린 사람은 사람이 아닙니다. 사람은 모두 다 감정을 가지고 삽니다.

희노애락의 감정이 없는 사람은 목석이지 그게 어디 사람입니까? 우리의 생활에는 끝없는 감정속에서 살아갑니다. 기뻐하고, 성내고, 슬퍼하고, 즐거워하는 이 감정, 희노애락의 감정, 이것을 어떻게 사람과 불리할 수 있는 것입니까? 신앙이라는 것은 찬송을 부르는 것도 감정이요, 감사하는 것도 감정이요, '아멘', '할렐루야'하는 것도 감정이요, 감정을 무시하고 이성만 가지고 신앙을 가질 수는 없는 것입니다.

하나님께서는 성령의 역사로써 우리 감정을 순화시킵니다. 성령은 감정을 가지고 계십니다. 그렇기 때문에 성령이 우리 감정을 통해서 인도하십니다. 성령이 우리의 감정을 성령의 감정과 화합하게 하는 것입니다. 그래서 순종하게 하는 것입니다. 또한 어떠한 일을 위해서 기도할 때 안 될 일은 하나님의 성령께서 우리 마음속에 거센 거부 반응을 일으키는 것입니다. 막 싫어지고 미워지고 불안해지고 그렇게 되는 것입니다. 거부 반응이 일어납니다. 저는 그럴 때가 많습니다.

　어떠한 일을 하려고 할 때 인간적으로 생각할 때 모두 좋다고들 하는데 기도를 하면 마음속에 거부 반응이 일어납니다. '싫다, 이거 하면 안 된다' 마음이 불안해집니다. 그럼에도 불구하고 그런 일에 과거에 제가 인정에 끌려서 손을 대었다가 백전백패를 했습니다. 아주 그냥 큰 실망을 했습니다. 그러므로 하나님의 성령께서 우리 감정에 거부 반응을 일으켜서 불안해지고 싫어지고 미워지고, 크게 싫은 반응이 일어나는 것입니다.

　우리가 기도할 때 그러한 거부 반응이 일어나면 이것은 하면 안 되는 것입니다. 그러나 성령께서 긍정적인 반응을 주실 때는 마음에 소원이 일어납니다. 성경에 빌립보서에도 하나님께서 "자기의 기쁘신 뜻을 위하여 너희로 소원을 두고 행하게 하시나니." 하였습니다. 마음속의 뜨거운 소원이 일어나고, 거기에 보태져서 평안하고, 기쁨이 오고, 확신이 오고, 마음이 끌립니다. 기도할 때마다 그런 일이 일어납니다. 그러면 그 길을 택해야 됩니다.

　그래서 하나님께서는 지성에 깨달음을 주시고 감정에는 거부 반응이나 긍정적인 반응을 통해서 하나님의 뜻을 보여 주십니다. 그 다음에 이제 우리는 결단을 내리게 되는 것입니다. 자아의 의지를 하나님께 굴복시켜 맡기면 주님의 뜻이 임하여서 성령으로 우리의 마음속에 선택의 결정을 내리게 되는 것입니다.

　이것이 다 마음속에 결정되어서 하나님의 뜻을 알고, 우리가 일어나서 눈에는 아무 증거 안보이고 귀에는 아무 소리 안 들리고 손에는 잡히는 것 없어도, 조금도 좌우로 흔들리지 아니하고 앞으로 앞으로 나아갈 수 있는 그러한 힘이 생겨나는 것입니다. 이렇기 때문에 오늘 이 시간에 성령의 인도를 받는다고 해서 기상천외의 무엇을 바라고 어떤 신령한 사람이 되어야만 성령의 인도를 받는다고 생각하지 마십시오.

하나님의 성령은 바람같이 우리 가운데 와서 지금 우리 속에 와 계시는 것입니다. 주님께서 말씀하시기를 "내가 너희를 고아와 같이 버려두지 아니하고 너희에게로 오리라, 내가 아버지께 구하겠으니 그가 또 다른 보혜사를 너희에게 주사 영원토록 너희와 함께 있게 하시리니"라고 말씀하신 것입니다. "성령은 너희 안에 거하실 것이라"고 말씀했으므로 오늘 이 시간에 우리 안에 계십니다. 바람은 보지 못해도 바람을 숨 쉬고 사는 것처럼 성령은 보지 못해도 우리는 성령을 마시고 삽니다.

성령이 우리 속에 계셔서 우리의 지성을 통하여 우리의 감정을 통하여 우리의 의지의 결단을 통하여 가장 평범한 가운데서 가장 조용한 가운데서 우리를 매일 매일 대소사에서 인도하기를 원하시고 계신 것입니다. 그렇기 때문에 우리가 하나님의 아들이면 오늘날 평범한 생활 가운데서 늘 성령의 인도를 기대하며 성령님의 인도를 받고 살아야 합니다. 그렇게 할 때 우리의 생애 속에 하나님의 뜻이 줄기차게 성취될 수 있을 것입니다.

성도들은 반드시 성령의 인도를 받아야 합니다. 하나님의 성령으로 인도함을 받는 그들이 곧 하나님의 아들이라고 말한 것입니다. 이러므로 하나님의 아들이 된 사람이면 그 누구를 불문하고 성령의 인도를 받을 자격이 있고 권리가 있는 것입니다. 성도는 반드시 성령의 인도함을 받아야 합니다.

성령님으로 깨달음을 받은 자를 주님께서 이제는 대외적으로 열매를 맺는 생활로 인도하는 것입니다. 하나님의 성령께서는 이제 변화 받은 사람에게 변화된 삶이 다가오게 하는 것입니다. 우리의 생활 속에 성령은 천국을 가져와서 의와 평강과 희락의 열매를 맺게 합니다. "하나님의 나라는 먹는 것과 마시는 것이 아니요 오직 성령 안에서 의와 평강과 희락"에 있습니다. 죄를 버리고 의롭게 살며, 추를 버리고 거룩하게 살며, 의의 열매가 맺어지게 합니다. 마음속에 평화가 강물처럼 넘치도록 해줍니다.

항상 어떠한 경우에도 성령으로 기뻐함으로 열매를 맺도록 성령께서 이끌어 주십니다. 우리에게 긍정적인 믿음을 주셔서 눈에는 아무 증거 안보이고 귀에는 아무 소리 안 들리고 손에는 잡히는 것 없어도 말씀 위에 서서 '믿습니다.'하며 나가도록 성령께서 우리들에게 힘을 주십니다. 적극적인 소망을 주셔서 내일은 오늘보다, 다음 달은 금번 달보다, 영원한 미래는 영원한 찬란한 소망이 있는 것을 우리가 깨달아서 낙심하지 않고 부정적이 되지 않도록 이끌어 주십니다.

창조적인 사람으로 이끌어 주셔서 내가 사랑하고 싶은 사람만 사랑하는 것이 아니라, 적극적으로 나아가서 미워하는 사람도 버림받는 사람도 사랑하며 나아가서 그리스도를 전하게 성령은 만들어 주시는 것입니다.

그뿐 아니라 성령은 그리스도의 몸된 교회를 세웁니다. 이 교회는 심령(무형)교회와 지상(유형)교회를 모두 말하는 것입니다. 하나님께서는 성령을 보내셔서 교회를 세우게 하신 것입니다. 이러므로 성령은 우리를 통해서 교회를 세우는 것입니다. 하나님께서 가장 관심을 가지는 것이 교회를 세우는 것입니다. "내가 이 반석 위에 내 교회를 세우리니 음부의 권세가 이기지 못하리라"했었습니다. 그렇기 때문에 이 세상 사람들이 온갖 죄를 다 지어도 용서 받지마는 그리스도의 몸 된 교회를 훼파하면 하나님께서 저를 멸하십니다.

성경은 뭐라고 말합니까? "누구든지 하나님의 성전을 더럽히면 하나님이 그 사람을 멸하시리라 하나님의 성전은 거룩하니 너희도 그러하니라."고 말씀하는 것입니다. 오늘날 성전을 더럽히면 하나님이 저를 멸하십니다. 그리스도의 몸 된 교회는 성전인 것입니다. 성전을 더럽히면 하나님이 저를 멸하겠다고 하신 것입니다. 이렇기 때문에 하나님은 집중적으로 성령을 보내서 우리를 통하여 교회를 세웁니다. 하나님이 교회를 얼마나 사랑하시는지 한번 볼까요? 에베소서 5장 29절에 보면 "누구든지 언제든지 제 육체를 미워하지 않고 오직 양육하여 보호하기를 그리스도께서 교회를 보양함과 같이 하나니"사람들은 배고프면 먹이지요, 추우면 옷 입히지요, 병들면 병원에 가서 치료해 주지요, 그리고 피곤하면 자기 몸을 재우지요, 남이 공격하면 막지요, 사람은 결사적으로 자기 몸을 보육합니다. 그런데 이 성경은 말하기를 "누구든지 언제든지 제 육체를 미워하지 않고 양육하며 보호하기를 그리스도께서 교회를 보양함 같이 하나니" 예수 그리스도께서는 우리의 심령 교회와 자기 교회가 복음을 듣고 믿음이 자라고 성령의 능력을 받게 하고 믿음이 성장하게 하고 성령의 열매를 맺게 하는 것입니다.

이렇기 때문에 오늘날 성령은 성도의 심령을 치유하도록 인도하십니다. 기도를 하면 성령께서 감동을 주십니다. "너의 마음에 맺힌 것이 있다. 이것이 너를 망하게 한다." 그렇게 감동하시면 만사를 뒤로하고 마음에 맺힌 것을 성령의 임재가운데 물어보아야 합니다. 알려주는 대로 조치를 해야 합니다. 성령님은 하나님께서 거하시는 마음 안의 성전을 거룩하게 보존하도록 인도하십니다. 성령님께 물어보고 감동하시는 것은 무슨 일이 있더라도 순종해야 합니다. 마음 안의 성전을 성령으로 치유해야 세상을 살아가면서 만사형통을 체험하는 것입니다.

이 마음의 교회는 바로 하나님이 거하실 처소요, 예수님의 몸이요, 우리와 함께 영원히 거할 천국을 건설하는 것입니다. 에베소서 2장 20절로 22절에 보면 "너희는 사도들과 선지자들의 터 위에 세우심을 입은 자라 그리스도 예수께서 친히 모퉁잇돌이 되셨느니라. 그의 안에서 건물마다 서로 연결하여 주 안에서 성전이 되어 가고 너희도 성령 안에서 하나님이 거하실 처소가 되기 위하여 그리스도 예수 안에서 함께 지어져 가느니라."

그러므로 우리는 계속해서 성령과 더 어울려 그리스도의 교회를 지어갑니다. 영적으로 지어가고, 우리 그리스도의 교회를 더 능력으로 키우고, 이런 일에 우리 성령으로 말미암아 우리는 세우는 일에 종사해야 되는 것입니다.

그리고 성령께서는 이제 우리를 세워서 증거의 사명을 하도록 인도해 주시는 것입니다. 주님께서 마지막으로 우리에게 부탁한 말씀이 마가복음 16장 15절에 "또 가라사대 너희는 온 천하에 다니며 만민에게 복음을 전파하라"고 말한 것입니다. 온 천하까지 다니면서라도 만민에게 복음을 증거하라고 했으니 내 형제와 이웃은 말할 필요 없이 증거 해야 될 것입니다.

사도행전 1장 8절에 "오직 성령이 너희에게 임하시면 너희가 권능을 받고 예루살렘과 온 유다와 사마리아와 땅 끝까지 이르러 내 증인이 되리라"고 말한 것입니다. 그러므로 성령은 증인의 영인 것입니다. 성령이 오시면 우리가 입을 열어서 우리 가족, 친지, 형제들에게 증거하지 아니할 수 없습니다. 예수가 그리스도라는 것을 증거하고, 그가 죽었다가 살아서 우리를 구원한 것을 증거하고, 이제 곧 종말이 다가오며 하나님의 새 하늘과 새 세계가 다가온다는 것을 우리는 증거 하도록 성령께서 우리를 통해서 인도하십니다.

만일 예수를 10년이나 20년 동안 믿었는데 아직까지도 입을 열어 증거하지 못한다면 이것은 성령이 그 속에 계시지 않기 때문인 것입니다. 성령이 있는 사람치고 말을 잘하든 못하든 상관할 필요 없이 증거 하지 않는 사람은 없습니다. 증거 해서 상대방이 그것을 받아들이든 안 받아들이든 그것은 우리로서 알 수가 없습니다. 내 증거를 듣고 믿든 안 믿든, 그것은 내 책임이 아닙니다. 그러나 내가 할 일은 적어도 예수가 그리스도요, 구주라는 것을 증거 하는 것은 내가 마땅히 해야 될 일인 것입니다. 하나님의 성령께서 역사하시면 이와 같이 대외적으로 열매를 맺게 합니다. 사랑과 희락과 화평의 열매만 맺는 것이 아니라, 믿음, 소망, 사랑의 열매만 맺는 것이 아니라, 우리 예수 그리스도의 몸 된 교회를 세우는 열매를 맺고 나아가서 사람들에게 전도하고 증거하는 열매를 맺게 되는 것입니다. 초대교회에는 성령이 충만할 때 그들은 목숨을 바쳐서 다 증거 했습니다. 사도들마다 그리스도를 증거 하다가 그들의 목숨을 잃었습니다. 그래도 증거를 그치지 않았습니다.

이것은 성령은 증거의 영이신 것입니다. 그렇기 때문에 오늘 내가 성령으로 충만 한가 안 한가를 알아보려면 간단합니다. 성령이 충만한 사람은 증거 하지 않고는 견디지 못합니다. 아무리 자기가 성령 충만하다고 해서 앉아서 방언을 말하고 온갖 성령의 은사를 가졌다 할지라도 증거 하지 않는다면 그것은 참된 성령의 충만이라고 볼 수 없는 것입니다. 성령 충만의 가장 참된 증거, 성령 충만의 가장 위대한 증거는 증거에 있습니다.

나가서 예수가 그리스도라는 것을 증거할 때 그 사람은 성령이 같이 계신 사람이며, 이것을 잘 할 때 성령이 충만한 사람인 것입니다. 예수를 전도하지 않는 성령은 있을 수가 없습니다. 예수를 전도하지 않는 성령 충만이 무슨 성령 충만인 것입니까? 저도 그렇습니다. 성령이 충만할 때는 전도하고 싶어서 못 견딥니다. 그래서 그냥 만나는 사람마다 예수는 그리스도라고 전도하고 설교하는데, 시험이 들어 가지고서 기도도 안하고 성령의 충만이 싹 가라앉으면 그만 전도하고 싶지 않습니다. 사람을 만나도 입이 딱 달라 붙어가지고 전도하기 싫고 말이죠, 그러고 난 다음 "뭐 나도 시험이 들면 지옥 갈텐데 너는 누구에게 전도한단 말이냐" 이런 생각이 쑥 들어오는 것입니다.

이러므로 우리가 성령이 충만한가 안 한가는 전도에 달렸다는 것을 알아야 됩니다. 그리스도를 믿는 사람들은 모두 다 성령의 사람들입니다. 예수를 믿으시면 '아멘' 하세요. 그러면서 마음으로 이렇게 외치십시오. "나는 성령의 사람입니다" 성경은 말하기를 그리스도의 영이 없는 사람은 그리스도의 사람이 아니라고 했습니다.

우리는 다 그리스도의 영을 가진 성령의 사람들이요, 보통 사람들이 아닙니다. 세상 사람들은 다 정욕의 사람들이지만 우리들은 다 성령의 사람들인 것입니다. 그러므로 우리들은 성령으로 살고 성령으로 행하고 성령의 능력으로 부활하게 됩니다. 이러므로 성령님을 인정하고 환영하고 모시어 드리고 의지하십시오. 하나님은 보좌에 계시고, 그 아들 예수 그리스도는 모든 일을 다 완성하시고 보좌 우편에 계십니다.

성령은 그리스도가 십자가에 못 박혀 이루신 그 공로를 아버지의 뜻을 따라 우리에게 나누어주십니다. 우리를 돌보아주고 회개시키고 성장시키기 위해서 어머니가 갓난 어린애를 품에 안고 무릎에 앉히고 젖을 먹이고 기저귀를 갈아 주듯이 성령은 우리를 돌보고 키우기 위해서 우리와 같이 계시고 우리와 함께 승천하실 제 3위의 하나님이신 것입니다. 이러므로 이 성령 없이는 영원히 살아날 수 없고, 성장할 수도 없고, 자라날 수도 없으며 승리의 신앙생활도 할 수가 없습니다.

왜냐하면 어머니 없이 어린아이가 자랄 수 없는 것처럼, 아무리 놔두어도 키우는 어머니 없이는 살아갈 수가 없는 것처럼, 아무리 예수를 믿어도 성령의 역사 없이 그 사람이 신앙적으로 성장하고 발전하고 자랄 수가 없는 것입니다. 이렇기 때문에 성경에는 예수께서 말하기를 "또 누구든지 말로 인자를 거역하면 사하심을 얻되 누구든지 말로 성령을 거역하면 이 세상과 오는 세상에도 사하심을 얻지 못하리라"고 말한 것입니다.

이러므로 성령께서 교회와 우리 신앙생활에 얼마나 중요한 지위를 가지고 계시다는 것을 알아야 될 것입니다. 이 성령은 어머니같이 다정하게 우리와 영원히 같이 계시면서 오늘 우리에게 말씀으로 증거 해주신 대로 우리를 인도하여 주십니다. 성령의 인도를 받아야 하나님의 자녀이고, 삶에서 만사형통을 체험할 수가 있습니다.

11장 성령으로 깊은 기도를 하라

(엡6:18~20)"모든 기도와 간구를 하되 항상 성령 안에서 기도하고 이를 위하여 깨어 구하기를 항상 힘쓰며 여러 성도를 위하여 구하라. 또 나를 위하여 구할 것은 내게 말씀을 주사 나로 입을 열어 복음의 비밀을 담대히 알리게 하옵소서 할 것이니, 이 일을 위하여 내가 쇠사슬에 매인 사신이 된 것은 나로 이 일에 당연히 할 말을 담대히 하게 하려 하심이라"

하나님은 예수를 믿고 성령으로 거듭난 우리에게 성령 안에서 기도하라고 하십니다. 성령으로 기도해야 성령으로 충만하여 하나님과 교통할 수가 있기 때문입니다. 영이신 하나님과 교통해야 마음천국과 아브라함의 복을 받으면 군사로서 사명을 감당할 수가 있기 때문입니다. 군사로서 사명을 강담하는 힘은 성령으로 충만한 마음에서 나오기 때문입니다. 제가 그동안 성령치유 사역을 하다가 체험한 것은 성도들의 기도가 바르지 못하다는 것입니다. 기도가 바르지 못하니 성령의 인도를 받지 못하여 영적으로 변화되지 못하는 것입니다. 많은 크리스천들이 기도에 관심이 적습니다. 왜냐하면 자기는 기도하면서 살고 있다고 생각하고 있기 때문입니다.

제가 말씀을 드리고 싶은 것은 성령으로 바르게 기도를 해야 한다는 것입니다. 기도는 많이 하는 데 자신이 변화되지 못하고 영육의 문제가 치유되지 못한다는 것입니다. 성도가 예수를 믿고 만사가 형통한 삶을 살아가려면 기도를 바르게 해야 합니다.

기도가 바르지 못하면 믿음 생활의 모든 부분이 잘못되는 것입니다. 우리나라 성도들의 영적인 열심은 알아주지 않습니까? 그런데 변화되지 못하고, 성령으로 충만하지 못하고, 성령의 권능을 받지 못하고, 삶이 바뀌지 않는 것은 기도가 잘못되었기 때문입니다. 기도를 바르게 하면 성령의 인도를 받아 전인격이 변화되기 시작을 합니다. 성도가 하나님의 복을 받는 것은 전인격이 성령의 지배를 받아야 가능한 것입니다. 기도가 바뀌어야 합니다. 무조건 많이 한다고 잘하는 기도가 아닙니다. 성령으로 바르게 해야 합니다.

그래서 성도가 신앙생활 하는 가운데, 가장 어려운 것 한 가지가 바로 기도입니다. 기도하는 습관이 되지 않으면 기도생활을 꾸준히 지속적으로 해 나가는 것이 얼마나 어려운 가를 우리는 경험하며 살아가고 있습니다. 기도는 기본이 있습니다. 기도의 기본을 적용하지 않고 기도함으로 아무리 열심히 그리고 오래 기도를 해도 참 평안을 누리지 못하는 것입니다.

우리는 기도를 바르게 알아야 합니다. 기도는 하나님과 사귀는 것입니다. 하나님과 가까이 하는 것입니다. 하나님과 함께 시간을 보내는 적극적인 행위입니다. 하나님과 사랑을 나누는 시간입니다. 하나님께 사랑을 고백하고 감사하는 시간입니다. 우리의 삶에서 가장 깨어있는 시간, 하나님의 소리를 듣는 시간입니다. 자신을 치료하는 시간입니다. 예수를 믿는 성도가 하는 기도는 세상 사람들이 하는 기도와 다릅니다. 자신이 매일 철야하며 새벽기도를 해도 영육이 변화되지 않고, 환경이 어려운 것은 세상적인 기도를 하기 때문입니다.

우리가 바르게 알아야 할 것은 성령으로 기도하여 마음 안에 계신 성령으로부터 나오는 영의 능력으로 세상을 이기는 것입니다. 세상을 이기는 힘은 자신 안에 영으로 부터 나오는 것입니다. 사람의 힘으로는 세상을 이길 수가 없습니다. 자신의 영안에서 올라오는 성령의 권능으로 세상을 이기는 것입니다. 그러므로 기도를 바르게 하는 것은 참으로 중요합니다. 예수를 믿는 성도가 하는 기도는 다음과 같은 원칙을 가지고 해야 합니다.

첫째, 성령 안에서 기도하라. 바른 기도생활을 위해서'좋은 기도의 습관'이 중요하긴 하지만 그 보다 더 중요한 것이 있습니다. 그것은 바로 기도의 영을 받아 가지고 있는 겁니다. 우리가 새벽기도를 생각해볼 때 우리는 항상 새벽에 그 시간에만 살아가는 것이 아니지 않습니까? 우리가 예배당 안에서만 살고 있지는 않지 않습니까? 우리가 가정에서나 직장에서나 세상에서 살아갈 때 우리 앞에 다양하게 펼쳐지고, 우리에게 다가오는 그런 도전과 문제, 그 어려운 상황 속에서 우리의 기도가 정해진 기도의 제목만으로는 우리 삶을 다 감당하지 못해요. 그래서 좋은 기도의 습관을 갖는 것도 중요하지만, 우리가 기도의 영을 가지고 성령 안에서 기도하는 것 그것은 더욱 중요합니다. 마치 내 영이 기도의 영이신 성령 안에 푹 잠겨 있는 것처럼 내가 하루 24시간 어디에서 무엇을 하고 있든지 하나님과 끊임없는 교통가운데서 내 삶이 진행되는 것, 그것이 바로 기도의 영을 가지는 것인데, 이것이 바로 기도생활의 이상이라고 할 수 있습니다. 그래서 하나님 말씀은 우리에게 '성령 안에서 기도하라' '성령으로 기도하라'라는 말씀을 여러 번 당부하십니다.

그 중 한 곳인 에베소서 6장 18절을 같이 읽겠습니다. "모든 기도와 간구를 하되 항상 성령 안에서 기도하고 이를 위하여, 깨어 구하기를 항상 힘쓰며, 여러 성도를 위하여 구하라" 과거 개역에는 '무시로 성령 안에서 기도하라'고 했는데, '무시로'란 항상 이란 뜻입니다. 영어로 always 또는 all times입니다.

그렇다면 어떻게 기도하는 것이 '성령 안에서 기도'하는 것일까요? '성령 안에서 기도한다'는 의미는, "성령의 영성과, 성령의 지성과, 성령의 감성을 따라서 기도하는 것이다"라고 말할 수 있습니다. 또, 성령의 임재 가운데 기도하는 것입니다. 실제적으로 성경에 보면, 성령께서 우리를 위하여 말할 수 없는 탄식으로, 성령의 생각이 삼위일체 하나님과 합치된 상태에서 우리 안에 와계신 성령께서 우리를 위하여 계속 기도하고 계십니다. "이와 같이 성령도 우리의 연약함을 도우시나니, 우리는 마땅히 기도할 바를 알지 못하나 오직 성령이 말할 수 없는 탄식으로 우리를 위하여 친히 간구하시느니라. 마음을 살피시는 이가 성령의 생각을 아시나니 이는 성령이 하나님의 뜻대로 성도를 위하여 간구하심이니라.(롬8:26~27)"

'성령 안에서 기도하라'는 엡6장 18절의 말씀을 실행 할 수 있는 그 약속이, 이 로마서 말씀에 주어져 있습니다. 로마서 8장 26~27절속에는, 성령의 [영성] [지성] [감성]이 나타나 있어요. 성령의 영성은 무엇과 같은가요? 어머니의 영성과 같지요. 어머니는 자녀들을 한없는 사랑으로 용납해주고 품어줍니다. 그러한 것처럼 성령은 포근한 영성, 온유하신 영성, 인자하신 영성으로서 마치 어머니가 자식을 위해 기도하듯이, 성령께서 우리를 위하여 기도하고 계신다는 거예요. 우리는 무엇을 위하여 기도하는지도 모르고, 우리 앞에 어떤 일이 일어날지도 모릅니다.

그렇기 때문에 성령께서 '우리는 마땅히 무엇을 위해서 기도할지 모르지만, 우리를 위하여 앞서 기도'하고 계신다는 것입니다. 성령의 영성이 그러하단 것입니다. 또 성령의 영성은, 성령은 지성을 가진 인격체이셔서 우리를 위해서 기도 할 바를 명확하게 인지하시고, 그리고 그 생각을 갖고 기도하고 계십니다.

롬8장 27절 말씀에 성령은 지성을 지니신 분이시다. 라는 것을 보여주는 한 표현이 있습니다.'마음을 살피시는 이가 성령의 생각을 아시나니' '성령의 생각'이라고 했습니다. 성령은 생각하신다. 즉, 지성을 지니신 분이십니다. 우리를 향하신 그 성령의 생각이 얼마나 많은지 시편 40편 5절에 이런 말씀이 나옵니다.

"여호와 나의 하나님이여 주의 행하신 기적이 많고 우리를 향하신 주의 생각도 많도소이다" 우리의 부모가 자녀를 위해서 기도하지 않습니까? 자녀에 대한 모든 사정을 헤아리고 살펴서 자녀를 위해서 기도합니다. 부모는 자녀를 위해서 기도하지만, 자녀는 부모를 그렇게 생각하지 않아요. 자기 인생이 바쁘기 때문에 내리 사랑을 해서 부모는 자녀를 위해서 그렇게 안타깝게 간절히 기도하지만, 자녀들은 그 부모에 대한 마음을 헤아리지 못합니다. 저도 자녀를 위해서 기도하면서 '이 아이들이, 부모인 내가 이렇게 하나님 앞에서 간절히 자기들을 위해 기도하는 것을 알고 지내기나 하나?'그런 생각을 할 때가 있습니다.

마찬가지로 우리는 별로 하나님을 생각하지 못하고 살아가지만 성령께서 우리를 위하여, 해변의 모래보다 더 많으신 그 생각, 그 사랑의 생각을 가지고 우리를 위해서 기도하고 계십니다. 또한 성령은 감성을 지닌 분이십니다. 로마서 8장 26절 말씀에 성령의 감성을 보여주는 한 어구 한 표현이 있습니다. "말할 수 없는 탄식으로 우리를 위하여 기도하시는 성령님"이라고 했습니다.

성령은 감성을 가지고 계세요. 우리는 성령을 근심하게 할 수도 있고, 우리는 성령을 기쁘시게도 할 수 있습니다. 성령이 인격적으로 우리를 대해주십니다. 이 말씀이 보여주는 바대로 성령님은 어머니와 같은 그런 넓고도 자애로우신 사랑의 영성을 지니셨고, 또한 성령은 생각을 가지신 지성을 지니신 인격체이시고, 성령은 우리를 위하여 말 할 수 없는 탄식으로 하나님 앞에서 기도하시는 감성을 지니신 분이십니다. 성령께서 우리 안에 오셔서 우리를 위해 그토록 기도하시는 그 성령의 영성과 지성과 감성을 따라 기도하는 것이 성령님 안에서 기도하는 것입니다.

둘째, 성령으로 기도하라. 우리에게 그 기도는 필요하죠. 내 생각대로, 내 욕심대로, 내 마음대로 기도하는 것이 아니라, 내 영이 성령 안에 잠긴 것처럼 성령의 그 영성과 지성과 감성을 따라서 기도하는 것, 그것이 바로 우리가 지향하는 이상적인 기도입니다. 예를 들어서 설명 드립니다. 이미 세월이 지나서 다 잊어버리셨겠지만, 부모님들이 어린 자녀들을 키울 때, 자녀들이 막 글자를 깨우쳐 갈 나이일 때 글씨 쓰는 법을 가르쳐 주지 않습니까? 그때 어떻게 가르쳐 주셨어요? 아이가 글자를 삐뚤삐뚤 쓰니까 엄마나 아빠가 아이를 품안에 안고 아이의 작은 손을 내가 손으로 잡고 연필을 쥔 아이의 손을, 내가 붙잡아서 글자를 써갑니다. 마찬가지로 기도할 줄 모르는 우리들을 성령께서 안으시고 품으시고, 나의 작은 손을 그 권능의 손으로 붙드셔서 내게 기도하는 법을 가르쳐 주신다는 거예요. 부모가 어린자녀든 장성한 자녀든 자녀를 위해서 밤낮 기도하듯이 성령께서 우리에게 오셔서 나는 의식도 하지 못하는데, 나는 느끼지도 못하는 사이에 나를 위하여 말할 수 없는 탄식으로, 그 많으신 성령의 사랑의 생각을 갖고서, 하나님의 뜻에서 합치된 방향으로 나를 위하여 기도하고 계시는데 내가 그것을 깨닫고 성령의 인도를 따라 기도하는 것이 바로 성령 안에서 기도하는 것입니다.

그것이 그토록 중요한 이유는 우리가 성령 안에서 기도하게 되면, 우리가 중언부언 하는 기도는 하지 못하죠. 여전히 우리는 내 짧은 욕심이 들러붙은 그런 마음의 손을 가지고 기도를 하는데, 우리가 점차적으로 성령 안에서 변화를 받게 되면, 우리가 마음속에 품게 되는 소원과 우리가 하나님께 아뢰는 기도의 제목들이 하나님의 뜻에 합치되는 방향으로 내 그 기도가 바뀐다는 것입니다. "이와 같이 성령도 우리의 연약함을 도우시나니 우리는 마땅히 기도할 바를 알지 못하나 오직 성령이 말할 수 없는 탄식으로 우리를 위하여 친히 간구하시느니라." 우리의 기도가 성령 안에서 드려지게 되면 우리가 간구하는 것이 하나님의 뜻에 맞게 되니까 하나님께서 하나님의 뜻을 이루어주시지 않겠습니까?

로마서 8장 28절에 보면 "우리가 알거니와 하나님을 사랑하는자 곧 그 뜻대로 부르심을 입은 자들에게는 모든 것이 합력하여 선을 이루느니라."하셨습니다. 우리의 기도가 성령 안에서 드려지는 기도, 우리의 뜻이 하나님의 뜻에 합치되는 방향으로 변화 받게 되면, 우리가 기도하는 바를 하나님이 응답해 주실 뿐만 아니라, 우리에게 둘러싼 삶의 환경을 하나님께서 절대주권 가운데 품으시고, 붙드시고, 변경하시고, 조정하셔서 모든 것들을 합력하여 선을 이루게 해 주신다는 겁니다.

그러니까 로마서 8장 28절에 '성도의 모든 것을 합력하여 선을 이루신다'는 구절은, 문맥상 26절과 연결해서 해석할 때, 성령 안에서 기도하는 성도에게, 모든 것이 합력해서 선이 이루어진다는 뜻입니다. 즉 28절의 '성도의 모든 것이 합력해서 선을 이루는' 은총은 26절의 성령 안에서 기도하며 살아가는 자에게 주어지는 축복입니다. 시편 37편 4절 말씀에도 '또 여호와를 기뻐하라. 저가 내 마음의 소원을 이루어 주시리로다.'라고 하셨습니다.

우리 기도가 성령 안에서 기도하는 것으로 점차로 바뀌어서 우리가 성령 안에서 하나님을 기뻐하며 살아가게 될 때, 성령님께서 우리 마음속 안에 있는 모든 소원들을 아시고 헤아리시고 살피셔서, 우리로 하여금 하나님께 기도드려서 그 소원들을 다 이루게 해주시기 때문에 성령 안에서 기도하는 것이 그토록 중요합니다. 그런데 혹자는, '성령 안에서 기도 한다.'는 것은 방언기도 하는 것을 뜻한다고 하여 성령 안에서 기도와 방언기도를 동일시합니다. 저는 부분적으로는 맞는다고 생각해요. 그러나 다 맞는 것은 아니고, 부분적으로는 맞습니다. 성령께서 우리에게 방언의 은사를 주시면, 그 사람은 그 방언기도를 하는 가운데 성령 안에서 기도하게 됩니다. 성령의 영성과 지성과 감성에 내가 편입되어서 내가 그 의미를 다 모르고 기도하는 사이에도 내가 성령 안에서 기도하는 것으로, 나의 기도가 바뀔 수가 있어요. 그래서 방언기도는 귀중한 은사입니다.

그런데 '성령 안에서 기도하는 것'을 [방언기도]로 한정해 놓으면, 그런데 진정 하나님 안에 구원받은 하나님 자녀들 가운데서도 아직 방언기도를 하지 않는 사람들도 많습니다. 방언이라는 것은 은사입니다. 은사는 다양하게 모든 사람에게 주어지는 것이지, 한 은사를 모든 그리스도인에게 나누어 주시는 것은 은사가 아니예요. 내가 비록 방언의 은사는 받지 못했지만, 남이 가지고 있지 않은 은사가 나에게 주어집니다. 섬김의 은사, 구제의 은사, 가르침의 은사, 예언의 은사, 병 고침의 은사 등, 방언의 은사 말고도 더 많은 은사들이 있습니다. 그런데 '성령 안에서 기도하는 것'을 방언기도로만 한정해놓으면, 방언기도를 하지 않는 다른 그리스도인은 성령 안에서 기도할 수 없는 것으로 되니까. 그것은 말이 안 되는 것이지요. 그러므로 방언은사를 받지 않은 많은 그리스도인들도, 성령 안에서 기도할 수 있습니다.

셋째, 성령으로 기도하는 방법. 기도에 대하여 바르게 알아야 합니다. 많은 성도들이 문제가 있으면 무조건 기도하면 문제가 풀어지는 줄로 알고 있습니다. 그래서 무조건 기도하라고 합니다. 그렇지 않습니다. 기도는 하나님의 음성을 듣는 것입니다. 문제의 원인에 대하여 하나님께 질문하여 하나님께서 알려 주시는 것을 해결하면서 기도해야 합니다. 예를 든다면 회개하라든가, 용서하라든가, 하나님께서 알려주시는 레마를 받아 순종하며 기도해야 문제가 풀어지는 것입니다. 막연하게 문제를 해결하여 주시옵소서. 하며 기도하면 문제가 해결되지 않습니다. 반드시 하나님께서 알려주시는 해결 방법을 적용하여 해결하면서 기도해야 문제가 풀어지는 것입니다. 성도들이 바르게 알아야 할 것은 자신이 당하는 문제는 하나님의 문제라는 것을 믿어야 합니다. 그래서 자신에게 일어나는 문제는 하나님이 해결해야 합니다. 왜냐하면 자신은 예수를 믿을 때 죽었습니다. 다시 예수로 태어났습니다. 지금 예수 인생을 사는 것입니다. 그렇기 때문에 성령으로 기도하여 영의 상태가 되면 하나님께 해결 방법을 질문하여 응답받은 대로 조치를 해야 문제가 해결되는 것입니다. 그렇기 때문에 문제를 해결하려면 기도하지 않으면 안 되는 것입니다. 성령으로 기도하여 영의 상태가 되어야 내적인 상처도 치유되고, 귀신도 떠나가고, 병도 고쳐지고, 문제도 해결되고, 하나님의 음성도 들을 수가 있는 것입니다.

성령으로 기도하는 것은 성령의 임재가운데 성령 안에서 기도하는 것을 말합니다. 마음으로 기도하여 마음의 문이 열려야 영으로 기도하게 되는 것입니다. 영으로 기도하는 것이 성령으로 기도하는 것입니다. 그렇기 때문에 먼저 마음의 기도로 마음의 문을 열어야 영으로 기도할 수가 있는 것입니다. 성령으로 기도하는 비결은 이렇습니다. 숨을 들이 쉬고 내 쉬면서 주여! 숨을 들이 쉬고 내 쉬면서 주여! 숨을 들이 쉬고 내 쉬면서 주여! 자연스럽게 주여! 주여! 를 하면 되는 것입니다. 방언으로 기도할 줄 아는 분들은 호흡을 들이쉬고 내쉬면서 방언기도하고, 호흡을 들이쉬고 내쉬면서 방언기도를 합니다. 즉 내면의 활동이 강화되어 자신의 마음속 영 안에 계신 성령이 밖으로 나오시게 해야 합니다. 코로는 바람을 들이쉬고 배꼽 아랫배로 호흡을 하는 것입니다. 호흡을 들이쉬고 내쉬면서 주여! 주여! 주여! 하다가 성령께서 감동을 주시는 것이 있습니다.

예를 든다면 "자녀를 위하여 기도하라!"하실 수도 있습니다. 그러면 자녀를 위하여 기도하는 것입니다. 자녀에게 문제가 있는 것도 기도 할 수가 있습니다. 자녀에게 바라는 것이 있으면 그것을 기도해도 좋습니다. 기도를 마치고 다시 주여! 주여! 주여! 하면서 기도를 합니다. 다시 성령께서 너의 물질문제를 기도하라고 하실 수도 있습니다. 물질문제를 기도합니다. 물질문제가 어떻게 해서 생겼는지 하나님에게 질문하며 기도합니다. 죄악으로 인한 것이라면 회개를 합니다. 회개하고 죄악을 타고 들어온 귀신을 축귀합니다. "예수 이름으로 명하노니 선조들의 죄를 따라 들어와 물질 고통을 주는 귀신아 물러가라" 소리는 크지 않아도 됩니다. 성령이 충만한 상태이므로 귀신들이 잘 떠나갑니다. 다시 다른 기도를 위하여 주여! 주여! 주여! 하면서 기도를 합니다.

그러면 성령께서 다시 감동을 합니다. 너의 건강을 위하여 기도하라! 그러면 자신의 건강을 위하여 기도합니다. 기도하면서 하나님에게 질문을 합니다. 하나님! 저의 어느 부분이 문제가 있습니까? 하면서 기도하여 조치를 취하면 됩니다. 무엇을 결정해야 할 경우는 어느 정도 기도하여 성령으로 충만한 상태가 되면 지속적으로 문의 하는 것입니다. 이것을 어떻게 해야 합니까? 이

것을 어떻게 해야 합니까? 이것을 어떻게 해야 합니까? 지속적으로 질문을 하면 문득 떠오르는 생각이 있습니다. 이것이 하나님의 방법입니다. 이것을 해결하면 치유가 되는 것입니다. 이것이 성령으로 기도하는 것입니다. 어려울 것이 없습니다.

자신의 생각이나 욕심을 내려놓고 순수하게 성령을 따라 기도하는 것입니다. 보통 성도님들이 하시는 말씀대로 기도의 분량이 채워지니까 성령께서 알려주신 것입니다. 기도의 분량이 채워졌다는 것은 성령님이 역사하실 수 있는 영적인 상태가 되었다는 것입니다. 절대로 성령은 육의 상태에서는 응답을 주시지 못합니다. 반드시 성령으로 충만한 영의 상태가 되어야 레마를 들려주십니다. 그러므로 영의 상태가 되도록 성령으로 깊은 영의기도를 해야 합니다. 영의 상태에서 하나하나 감동이나 음성으로 알려주시는 것입니다. 기도의 성공요소는 영의 상태에 들어가는 것입니다. 영의상태에서 성령님과 교통할 수가 있기 때문입니다. 성령님과 교통하는 기도가 되어야 하나님의 복을 받아 누릴 수가 있습니다.

충만한 교회에서는 매주 목요일 밤 19:30- 성령 ,은사, 내적치유집회를 정기적으로 진행하고 있습니다. 성령체험을 원하시는 많은 분들이 찾아오셔서 성령세례를 받고, 성령의 은사를 받으며, 질병과 마음의 상처를 치유 받고, 귀신들을 떠나보내고 있습니다. 성령으로 기도하며 성령의 강력한 역사가 일어나서 오시는 분들이 많은 은혜를 받고 있습니다.

12장 전인격이 성령의 지배를 받아라.

(갈 5:22-26)"오직 성령의 열매는 사랑과 희락과 화평과 오래 참음과 자비와 양선과 충성과 온유와 절제니 이같은 것을 금지할 법이 없느니라. 그리스도 예수의 사람들은 육체와 함께 그 정욕과 탐심을 십자가에 못 박았느니라. 만일 우리가 성령으로 살면 또한 성령으로 행할지니, 헛된 영광을 구하여 서로 노엽게 하거나 서로 투기하지 말지니라"

하나님은 전인격이 성령의 지배를 받는 성도를 만사형통하게 하십니다. 하나님은 모든 성도들이 성령의 지배를 받기를 소원하십니다. 왜 예수를 믿으면서 여전하게 불통의 세월을 사는가? 자신의 전인격이 성령의 지배를 받지 못하기 때문입니다. 한마디로 세상 것이 섞여있기 때문입니다. 세상 것이 섞여서 방해함으로 만사형통의 복을 누리지 못하는 것입니다. 이것은 아주 심각하게 받아드려야 합니다. 그래야 성령의 역사에 관심을 가져서 성령의 지배를 받는 성도가 될 수 있기 때문입니다. 전인격이 성령의 지배를 받지 않고는 만사형통의 삶을 살수가 없기 때문입니다. 우리 예수 믿는 사람들의, 삶의 특징이 있다면, 그것이 무엇이라고 생각하십니까? 입으로만 예수를 믿는다고 시인하는 그런 보통의 신앙의 삶이 아니라, 예수를 믿고 난 다음에 변화된 삶을 살아가는 성도들의 특징을 말하는 것입니다. 이러한 성도들의 삶의 특징이 무엇이겠습니까? 그것은, "영-혼-육 전인격이 성령의 지배를 받는 삶"이라, 그렇게 말 할 수 있을 줄로 압니다.

그러면, 성령의 지배를 받는 삶이란, 또 무엇을 말하는 것입니까? 전인격이 성령께 사로잡혀 사는 삶을 말하는 것인 줄 믿습니다. 성령을 주인으로 모시고 세상을 살아가는 것인 줄 믿습니다. 매사를 성령님과 의논하고 성령의 뜻을 따라 사는 것을 성령의 지배를 받는 삶이라고 말할 수 있습니다. 성령의 인도함을 받아, 성령의 능력에 의해서 살아가는 삶을 말하는 것인 줄로 믿습니다. 성령님이 나를 지배하고 다스리는 삶, 이전에 우리의 삶이, 육체의 본능이 지배하는 삶이었고, 죄가 지배하는 삶이었다면, 이제 예수를 믿고, 변화를 받고 난 다음에 나타나는 삶은, 성령에 의해서 지배를 받는 삶이되어야 합니다.

에베소서 5장 14절 말씀을 보게 되면, "그러므로 이르시기를, 잠자는 자여 깨어서 죽은 자들 가운데서 일어나라. 그리스도께서 네게 비춰시리라 하셨느니라."말씀하고 있습니다. 지금 우리의 신분은 어떤 신분입니까? 이제 예수 안에서, 새로운 생명을 소유하고 태어난, 하나님의 자녀들인 줄로 믿습니다. 그러므로 이제는, 과거의 세상 적이고, 육신적인 삶의 방식은 벗어버리고, 하나님의 백성으로서 살아가야 하는 삶의 방식을 따라야 한다는 것입니다. 그 하나님의 방식을 따르는 삶, 이것이 바로 성령의 지배를 받는 삶이라는 것입니다.

그러나 오늘 우리 성도들의 삶은 어떻습니까? 아직도 우리는 많은 부분이 주님의 방식을 따르지를 못하고 있습니다. 아직도 내 자아가, 내 속에 살아 쉼 쉬고 있고, 아직도 내 뜻이 내 인생의 대부분을 결정하고 있습니다. 어둠의 권세에 속해 있는 죽음의 자리에서 이제는 벗어나, 나의 삶을 주장하시고, 온전히 이끌어 주시기를 원하시는, 빛 되신 예수 그리스도를 향해, 걸어가야 하는데도 불구하고, 우리는 여전히 그 빛을 외면하고, 고개를 어둠의 세상을 향해, 돌리고 있다는 것입니다.

우리의 삶에 빛이 크게 비취면, 어두움은 작아지게 되고, 결국에는 그 어둠이 흔적 없이 물러가게 됩니다. 그러나 반대로, 우리의 삶에 어두움이 크면 어떻습니까? 빛이 작게 느껴지게 됩니다. 그리고 이 상태로 계속 있게 되면, 나중에는 그 어두움이, 빛을 완전히 삼켜 버리게 된다는 것입니다.

그래서 예수를 믿어도, 예전과 비교해 별로 변화된 것이 없는 여전히 세상 흑암 속에서 헤매며, 오히려 더 무능력한 가운데, 오히려 더 고통스런 가운데, 삶을 살아가게 된다는 것입니다. 왜냐하면 성령의 역사가 일어나지 않으니 마귀와 귀신들이 자꾸 장악하기 때문입니다. 그래서 오만가지 문제가 발생하는 것입니다. 빨리 알아차리고 성령의 지배를 받아야 합니다.

가슴에 손을 얹고 생각해 보세요. 주님이 우리에게 요구하시는 삶의 모습이, 과연 이러한 것이겠습니까? 주님이 우리에게 요구하시는 삶은, 결코 이러한 모습의 삶은 아닌 줄로 믿습니다. 주님은 우리에게, 변화된 삶을 요구하십니다. 그것도 어정 쩡한 변화가 아니라, 확실히 변화된 삶을 요구하십니다. "아니 저 사람 예수 믿고 나더니, 완전히 달라졌네!" 이런 평가와 칭찬 을 듣는 그러한 삶을 원하신다는 것입니다. 그런데 이렇게 변화 되기 위해서는 반드시 성령의 역사가 있어야 가능한 것입니다. 예수를 믿으면서도 변화되지 않는 것은 성령의 역사 없이 이론 으로 지식으로 전통으로 믿음 생활을 하기 때문입니다.

그래서 이런 찬송이 있지요? "내 죄 사함 받고서 예수를 안 뒤, 나의 모든 것 다 변했네. 지금 나의 가는 길 천국 길이요, 주 의 피로 내 죄 씻었네." 할렐루야! 예수를 믿고 나서, 자신의 모 든 것이 변화되어 지는 것, 바로 이러한 놀라운 삶의 변화의 역 사를, 하나님은 우리 모두에게 기대하고 계신다는 것입니다.

우리의 신앙의 출발은, 하나님의 권능을 믿는 믿음에서 출발 하는 것입니다. "하나님은 나의 모든 것을 아시는 가운데, 나의 모든 것을 주의 권능으로 채워주시며, 온전케 하시는 하나님이 시다." 이것은 모두 성령으로 되는 것입니다. 우리가 이것을 믿 어야, 하나님을 평생에 주인으로 모시며 따를 수 있는 것 아니 겠습니까? "내가 사망의 음침한 골짜기로 다닐지라도 해를 두 려워하지 않을 것은, 주께서 나와 함께 하심이라." 다윗은 담대 하게 신앙의 고백을 했습니다. 그리고는 선언하지요. "나의 평 생에 선하심과 인자하심이 정녕 나를 따르리니 내가 여호와의 집에 영원히 거하리로다." 할렐루야!

세상 사람들이 우리를 향해, 너는 못한다고 말할지라도, 우리 예수 믿는 성도들은 예수 안에서 할 수 있다고, 얼마든지 가능하다고 말하며, 믿음으로 밀고 나가 행해야 기적을 체험하는 것입니다. 삶에 자신감과 담대함이 있어야 한다는 것입니다. 왜입니까? 하나님의 권능이 오늘도 나와 함께 하시기 때문에…. 성령의 역사가 오늘도 나의 삶에 나타나기 때문에…. "너 가는 길을 누가 비웃거든, 확실한 증거를 보여 주어라. 성령이 친히 감화하여 주사, 저들도 참 길을 얻으리" 지금 우리 모두가, 성령의 다스림 속에서, 성령의 인도함 속에서, 이런 확실히 변화된 인생을 살아갈 수 있기를, 주님의 이름으로 축원 드립니다.

그러면, 오늘 우리가 어떻게 하면 이런 성령의 지배함을 받는 능력 있는 삶을 살아갈 수 있겠는가? 여기에 대한 고민이 있어야 진정한 성도인줄 믿습니다. 그래야 바른 길을 찾아서 성령의 인도를 받으며 성령의 지배를 받는 성도가 될 수 있기 때문입니다. 그런데 이에 대한 해답이, 바로 에베소서 5장 18절에 나타나 있다는 것이지요. "술 취하지 말라. 이는 방탕한 것이니, 오직 성령의 충만을 받으라."했습니다. 우리가 성령의 지배를 받는 삶을 살아가는 방법, 뭐 다른 게 있겠습니까? 내 속에 성령의 크기를, 내 자아보다 더 크게 만들면 되는 것입니다. 성령이 자신을 지배하게 하면 됩니다. 성령님을 주인으로 모시고 살면 되는 것입니다. 성령이 내 속에 끊임없이 임하게 만들어서, 그 성령이 나의 삶을 온전히 주장할 수 있도록, 자신의 신앙을 가꾸어 나가면 되는 것입니다. 그렇잖아요? 그 외에 무슨 방법이 있겠습니까? 성령의 지배를 받으며 살아가는 것 알고 보면 너무나 쉽습니다. 습관이 되지 않기 때문에 어려운 것입니다.

그러면, 우리가 생각해 볼 것은 무엇입니까? 이 성령이 언제 어느 때에, 우리에게 임하게 되는가? 하는 것입니다. 직장에서 일할 때 성령이 임합니까? 가정에서 설거지 하고, 청소할 때 성령이 임합니까? 학교에서 공부할 때 성령이 임합니까? 언제 우리에게 성령이 임하게 되어 집니까? 성전에서, 성령이 역사하는 교회에서 우리가 말씀 듣고, 기도하고, 찬송할 때, 성령이 임하게 되는 줄 믿습니다. 그래서 성도들에게 유형교회는 아주 중요합니다. 성령은 반드시 성령의 역사가 일어나는 장소에서 체험할 수가 있기 때문입니다.

성경을 보세요. 초대 교회의 성도들이 언제 성령을 체험하고 받았습니까? 각 가정마다 모여 예배하고 말씀 들을 때, 또 마가의 다락방 같은 곳에 모여, 그들이 기도하고, 찬송할 때, 하늘로부터 급하고 강한 바람 같은 성령이, 홀연히 그들 가운데 임하게 되어졌다는 것입니다. 그렇다고 가정에서만 성경보고, 기도하라는 얘기는 아닙니다. 그때는 그 가정이 곧 교회였습니다. 초대 교회는 곧 가정 교회였습니다. 하나님은 언제나 교회 가운데, 좌정하여 계시는 줄 믿습니다. 교회는 유형교회와 무형교회를 모두 망라하는 것입니다.

그래서 지금도, 언제나 교회에 모여 성경보고, 말씀 듣고, 기도하고, 찬양할 때, 성령이 임하게 된다는 것입니다. 그런데 홀연히 라는 말이 무슨 말입니까? 갑자기라는 말이지요. 오로지 하나님만을 생각하며 몰입 집중하여 기도할 때 홀연히 성령이 장악하시는 것입니다.

성령이 임하시는 것은 전적으로 성령님의 뜻이지만 분명한 것은 적당히 말씀보고, 적당히 기도하고, 적당히 찬송할 때 임하는 것이 아니라, 마음 중심으로 예배하고, 말씀을 깊이 묵상하고, 전심으로 기도하고, 뜨겁게 찬송할 때, 성령은 우리 가운데 분명 임하게 된다는 사실입니다. 그러므로 내 삶 속에 말씀보는 시간을 늘리고, 기도하는 시간을 늘리고, 찬송하는 시간을 늘리면, 그 때에 우리도 성령이 충만하게 될 가능성이 더 많아진다는 것입니다.

에베소서 5장 15절-16절 말씀에, "그런즉 너희가 어떻게 행할 것을 자세히 주의하여 지혜 없는 자같이 말고, 오직 지혜 있는 자같이 하여 세월을 아끼라. 때가 악하니라."했습니다. 무슨 뜻입니까? 세상에 취하여, 하나님의 주신 시간들을 자기 임의로 사용하여, 허송세월을 보내지 말고, 우리의 시간들을 영적인 부분들에 할애해서, 말씀과 기도와 찬양의 시간들을 통하여, 하나님의 뜻을 온전히 분변한 가운데, 그 뜻대로 살아가는 신앙의 모습이, 필요하다는 것입니다. 항상 하나님을 생각하는 자세가 중요합니다. 그래서 결과적으로 우리의 삶이, 성령이 원하시는 대로, 성령이 이끄시는 대로, 성령의 지배함을 받아, 살아가게 된다는 것입니다.

우리가 이렇게 성령의 지배를 받게 되면, 우리의 삶에 어떤 역사가 나타나겠습니까? 먼저 우리는 하늘의 신령한 지혜와 능력을 소유하게 됩니다. 그리고 세상에 능력을 행하게 되지요. 그래서 세상을 살아가도 힘 있게, 당당하게 살아가게 된다는 것입니다. 사단의 권세가 지배하는 이 세상에서, 사단의 올무에 걸려 허우적거리는 인생을 살아가는 것이 아니라, 하나님의 자녀답게 하나님의 권능을 힘입어, 사단의 권세를 깨뜨리며, 주의 이름으로 날마다 승리하며 살아가는 삶, 이런 역사들이 우리의 삶에 나타나게 된다는 것입니다.

더 나아가 마음에 천국을 이루어 항상 하나님과 교통하면서 살아갈 수가 있는 것입니다. 성도는 무엇보다도 하나님과 관계를 열어 친밀하게 지내야 합니다. 하나님과 친밀하게 지내려고 성령의 지배를 받는 것입니다. 성령의 지배를 받게 되니 마귀와 귀신이 감히 넘보지 못하는 성도가 되는 것입니다. 그래서 무시로 하나님을 찾는 것입니다. 항상 성령으로 충만하여 성령의 지배를 받는 삶을 살기위해서 하나님을 찾는 것입니다. 많은 성도들이 성령이 충만 하면은 교회에 나가서 기도할 때 손을 흔들고 벌벌 떨면서 기도하면 성령으로 충만한 줄로 착각합니다.

그러나 성령으로 충만하다는 것은 항상 하나님을 생각하면서 하나님을 찾는 상태가 성령으로 충만한 상태인 것입니다. 이렇게 될 때 전인격이 성령의 지배를 받게 되는 것입니다.

성도들은 성령의 권능으로 살아가야 합니다. 성도들에게서 성령의 능력이 빠진 인간의 힘이나, 경험으로는 하나님을 기쁘시게 하지 못합니다. 성령의 도우심이 빠진 인간의 재주나 재능으로 세상을 이길 수가 없습니다. 성령의 지배를 받지 않는 성도는 잎만 무성한 무화과나무로 자라게 만들 뿐이라는 겁니다. 열매가 없이 잎만 무성한 무화과나무, 그 나무는 인간의 눈으로 볼 때는 멋있게 자란 나무이고, 가지도 무성하고, 잎도 너무나도 푸른 나무이지만, 결국 어떻게 되었습니까? 주님의 저주로 인해 말라 죽고 말았다는 것입니다. 이러한 사실을 우리는 유념해야 할 줄로 압니다. 전인격이 성령의 지배를 받아야 합니다. 그러면, 성령의 지배를 받는 사람들에게 나타나는 삶의 변화는 무엇일까요?

첫째, 생산적인 인생을 살아가게 된다는 것입니다. 하나님을 떠나 세상에 속한 인생은 어떤 인생입니까? 낭비하는 인생입니다. 돌아온 탕자가 아버지를 떠나 살 때에 보았던, 그 허랑 방탕한 인생의 모습으로 살아갑니다. 허비하고 낭비하여, 모든 것들을 다 날려버리는, 그런 인생을 살아가게 된다는 것입니다.

그러나 하나님께 속해 있으면서, 성령의 인도하심을 따라 사는 사람들의 삶은 어떻습니까? 있는 것을 허랑방탕하게 다 없이 만드는 인생이 아니라, 없는 것도 있게 만드는, 그야말로 무에서 유를 창조하는, 생산적인 인생을 살아가게 된다는 것입니다. 하나님은 창조의 하나님이시기 때문입니다. 성령의 지배를 받으니 하나님께서 창조하도록 지혜를 주시기 때문입니다. 믿지 않는 자가 볼 때에 이해가 되지 않는 것입니다. 왜요, 하는 것마다 형통하게 되기 때문입니다.

그래서 성령 충만한 사람들을 세상 사람들이 볼 때에 이해가 되질 않습니다. 어떻게 저런 인생을 살아갈 수 있을까? 상식이 통하지 않습니다. 통계가 통하지 않습니다. 저렇게 살다간 실패하는데, 걱정합니다. 그런데 오히려 더 성공합니다. 저렇게 하다간 망하는데, 오히려 더 흥합니다. 성도들을 향해 우습게 여기며 접근했는데, 나중에는 오히려 큰 코를 다칩니다. 어떻게 저렇게 될 수 있을까? 세상 사람들은 도무지 이해를 하지, 못한다는 것입니다.

그러나 우리는 어떻습니까? 안다는 것이지요. 무엇을 압니까? 그 능력이, 성령으로 말미암은 것인 줄 안다는 것입니다. 생각해 보세요. 성령이 나를 주장하고 다스리시는데, 그 인생이 어찌 실패함이 있을 수 있겠습니까? 그 인생에 어찌 망함이 있을 수 있겠습니까? 성경이 진짜 살아계신 하나님의 말씀이고, 하나님이 진짜 살아계셔서 우리 가운데 함께 계신 임마누엘의 하나님이시라면, 결코 인생에 실패함이나, 망함이 나타날 수가 없는 것입니다.

성령의 인도하심을 받아 살아가는 그 인생에 어찌 약함이 있을 수 있겠습니까? 하나님의 능력으로 강하게 되고, 하나님의 도우심으로 범사가 형통케 되어지는, 그런 귀한 역사들이, 실제적으로 우리 삶에 나타나게 된다는 것입니다. 그런데 우리의 문제는 무엇입니까? 이런 강함을 소유하기 위해, 성령의 충만을 받기 위해 노력하는 것이 아니라, 자꾸만 엉뚱한 것에 관심을 가지며, 세월을 낭비하고 있다는 겁니다. 우리를 향하신 하나님의 뜻이 무엇인지를 제대로 분별하지를 못한 채, 계속해서 세상적으로 나아가 낭비하는, 그런 어리석은 인생을 살아가고 있다는 것입니다.

오늘 인생을 성공적으로 살고 싶습니까? 그러면 성령의 지배를 받기 위하여 성령으로 기도하시길 바랍니다. 사업이 잘 되기를 소원하십니까? 그렇다면, 성령의 지배를 받기 위하여 성령으로 기도하시길 바랍니다. 영육이 건강하기를 소원하십니까? 그렇다면 성령의 지배를 받기 위하여 성령으로 기도하시길 바랍니다. 자녀들이 공부를 잘 하시기를 소원하십니까? 그렇다면, 그들이 성령의 지배를 받기 위하여 성령으로 기도하시길 바랍니다. 그러면 공부를 잘하게 될 것입니다. 성령께서 지혜를 주시고 집중하게 하시니 공부를 잘하게 되는 것입니다.

성령의 지배를 받으면 인생에 실패함이 없이, 계획한 모든 것을 이루며, 또한 얻으며 살아가게 된다는 것입니다. 지극히 생산적인 인생을 살아가게 된다는 것입니다. "너희는 먼저 그의 나라와 그의 의를 구하라. 그리하면 이 모든 것을 너희에게 더

하시리라." 오늘 우리는 이 약속의 말씀을 믿으면서, 성령의 충만을 받아, 성령의 지배를 받는 삶을 살아갈 수 있기를, 주님의 이름으로 축원 드립니다.

두 번째, 집중력 있는 인생을 살아가게 된다는 것입니다. 무슨 일을 해도 포기하지를 않습니다. 쉽게 절망하지 않습니다. 끝까지 될 때까지 밀어붙이는 끈기 있고, 집중력이 있는 인생을 살아가게 된다는 것입니다. 그래서 기도를 해도, 남들과 다릅니다. 언제까지 기도합니까? 응답될 때까지 기도 한다는 것입니다. 하나님은 신실하신 하나님이시다. 신실이 뭡니까? 믿을 신자, 열매 실자가 아닙니까? 말 그대로 우리가 믿는 대로 열매를 맺게 해 주시는 하나님이시라는 겁니다. 그것을 의심 없이 믿는다는 것이지요. 그래서 시간이 문제지, 응답은 반드시 된다는 믿음을 가지고 기도하게 된다는 것입니다.

하나님이 귀찮아서라도 응답해 주실 줄 믿습니다. 불의한 재판관의 마음을 움직여, 자신의 억울한 사정을 풀게 한 것은 한 여인의 끈질긴 기도 때문이었습니다. 집중력 있는 기도 때문이었다는 겁니다.

오늘 우리 충만한 교회의 특징이, 무엇이어야 하겠습니까? 이런 집중력이, 특징이 되어야 할 줄로 믿습니다. 수백명, 수천명 모이는 큰 교회만 하나님의 일을 합니까? 아닙니다. 그와는 비교가 안 되게 작은 교회라 할지라도, 우리 교회와 같이 이백

명도 안 되는 중소교회라 할지라도, 이런 집중력만 있다면, 얼마든지 큰 교회 못지않은, 아니 그 보다 더 큰 하나님의 일들을 감당해 나갈 수 있는 줄로 믿습니다.

비단 하나님의 일만 그렇겠습니까? 성도들이 하는 모든 일에도 그럴 줄 압니다. 성령이 충만하여, 성령에 지배함을 받는 삶을 살아가면, 이런 집중력을 발휘해 삶 가운데서도, 어떤 시련이나, 어떤 어려운 환경도, 능히 극복하며 성공할 수 있게 되는 줄 믿습니다.

그래서 성령 충만한 분들의 얼굴을 보면, 늘 웃음이 가득합니다. 활기가 있습니다. 오늘 죽도록 일했는데, 내일이면 금방 회복됩니다. 하나님으로부터 공급받는 힘으로 일을 하기 때문에, 성령 충만한 사람들은 일하고도 지지치 않습니다. 이것이 성령의 지배함을 받는 사람들의 특징이라는 것입니다.

오늘 인생을 살아감에 있어, 직장 생활을 함에 있어, 또는 교회에서 맡은 사역을 감당함에 있어, 자꾸만 힘이 들고, 자꾸만 내가 피곤하게 느껴지는 때가 있습니까? 인생에, 사역에 나타나는 열매는 없고, 자신의 힘만 고갈되는 그런 경험을 하신 적이 있습니까? 그래서 모든 것 그냥 포기하고 싶은 그런 생각이 드십니까? 혹 이런 가운데 지내는 분들은 없으십니까? 곰곰이 생각 해 보시기 바랍니다. 일이 많아 힘든 것이 아닙니다. 환경이 어려워 힘든 것이 아닙니다. 무엇 때문입니까? 내가 성령에 충만하지 못하기 때문에 힘이 든 것입니다. 내가 성령의 지배를 받지 않고, 내 힘과 내 뜻으로 살아가려고, 그 일을 감당하려고 했기 때문에 힘이 든 것입니다. 자신의 힘으로 하나님의 일을 하려고 하기 때문에 힘이 드는 것입니다. 우리가 바르게 알아야 할 것은 성도가 하는 모든 일은 하나님의 일입니다. 그렇기 때문에 성도는 성령이 지배하여 성령의 힘으로 인생을 살아가고, 직장 생활을 해야 됩니다. 사람의 힘으로 하나님의 일을 하려니 얼마나 힘이 들겠습니까? 상상에 맡깁니다.

19세기의 사역자, D.L 무디가 이런 말을 했습니다. "사역자들을 망가뜨리는 것은 과도한 사역이 아니라 성령 없이 일하는 것이다" 참 멋진 얘기 아닙니까? 우리가 과도한 사역을 해서 무너지는 게 아니라는 겁니다. 성령 없이 일하기 때문에 무너지는 것입니다. 기계가 망가지는 게 기계를 많이 돌려서 망가지는 것입니까? 아닙니다. 윤활유 없이 돌리기 때문에 망가지는 것입니다. 오늘 우리가 하나님 앞에 성령의 충만을 위해 기도해야 하는 이유가 여기 있는 것입니다.

하나님 앞에서 기도하는 가운데 성령의 은혜를 받고, 성령의 능력으로 사명을 감당하는 하나님의 거룩한 자녀들이 다 되시기를 바랍니다. 우리는 사명을 꼭 교회에서 사역하는 것으로 한정하면 안 됩니다. 성도들이 하는 모든 일은 하나님께서 주신 사명입니다. 직장 생활도 사명입니다. 사업을 하는 것도 사명입니다. 예수를 믿고 성령으로 거듭난 성도가 하는 모든 일은 사명입니다. 사명을 거창하게 생각하지 마시기를 바랍니다. 다

같이 한 번 따라합시다. "주여! 성령 없이는, 아무 일도 하지 않게 하옵소서." "주여! 성령에 사로잡힌 인생이 되게 하옵소서." 성령의 지배함을 받아, 남은 평생의 시간도, 이런 생산적인 인생, 집중력 있는 인생으로, 지치지 않는 인생을 살아가시는 성도님들 다 되시기를 주님의 이름으로 간절히 축원 드립니다.

충만한 교회는 매주 다른 과목을 가지고 매주 화-수-목(11:00-16:30)집회를 인도합니다. 무료집회입니다. 단 교재를 구입해야 입장이 가능합니다. 매주 다른 과목으로 집회를 합니다. 그래서 많은 분들이 교수 과목에 대하여 질문을 많이 합니다. 즉, 성령의 불세례 받는 집회는 언제 합니까? 내적치유는 언제 합니까? 신유집회는 언제 합니까? 귀신축사는 언제 합니까? 기도 훈련은 언제 합니까? 성령은사 집회는 언제 합니까? 재정 축복집회는 언제 합니까? 등등 질문을 하십니다. 충만한 교회 집회는 어느 집회에 오시더라도 기본적인 영성치유인 "성령의 불세례, 내적치유, 귀신축사, 신유, 성령의 은사 전이, 깊은 영의기도"를 체험하고 치유 받을 수 있습니다.

매주 같은 과목으로 집회를 하면 영성을 깊게 개발할 수가 없습니다. 매주 다른 여러 가지 과목을 학습하면서 과목마다 다르게 역사하는 성령으로 상처와 질병과 귀신들이 떠나갑니다. 과목마다 성령께서 역사하는 방향이 다르기 때문입니다. 병원이나 세상 방법으로 해결하지 못하는 무슨 문제든지 해결 받겠다는 믿음을 가지고 오시면 15가지 질병과 문제도 모두 치유 받습니다.

13장 영의 새로운 것으로 살아라.

(롬 7:5-6)"우리가 육신에 있을 때에는 율법으로 말미암는 죄의 정욕이 우리 지체 중에 역사하여 우리로 사망을 위하여 열매를 맺게 하였더니, 이제는 우리가 얽매였던 것에 대하여 죽었으므로 율법에서 벗어났으니 이러므로 우리가 영의 새로운 것으로 섬길 것이요, 율법 조문의 묵은 것으로 아니할지니라"

하나님은 영이십니다. 예수를 믿고 만사가 형통한 삶을 살아가려면 영의 새로운 것으로 살아야 합니다. 세상 것이 섞여서는 영이신 하나님고 온전한 교통을 할 수가 없습니다. 당연하게 불통의 삶을 살게 되는 것입니다. 크리스천이 지금 마음천국을 이루고 아브라함의 복을 받아 누리며 하나님의 나라 건설의 군사로서 사명을 감당하면서 살아가려면 말씀과 성령으로 온전해져야 합니다. 섞인 것이 없어야 합니다. 하나님은 영이십니다. 영이신 하나님과 교통하며 살아야 만사가 형통한 것입니다. 영이신 하나님과 교통하며 대화하며 하나님께서 주시는 것으로 살려하니 성령으로 거듭난 영으로 살아야 합니다. 예수를 믿은 성도에게 필수적인 것이 성령으로 거듭난 영으로 사는 것입니다. 인간은 영이 혼 즉 마음으로 더불어 육체 속에 살도록 하나님께서 지었습니다. 인간의 영은 하나님과 함께 거하며 하나님과 동행하고 하나님의 모든 계시를 받습니다. 인간은 그 영을 통하여 혼을 지배하고, 그 혼을 통해서 지성과 감정과 뜻을 펴며, 인격적인 활동을 하고, 또 육체의 감각을 통하여 물질적인 세계와 접촉하고 삽니다. 우리 자체는 영입니다. 하나님은 영이시라고 말했습니다. 우리는 하나님의 형상과 모양대로 지음 받았기 때문에 우리는 영입니다. 영이 마음 즉 혼을 통해서 인격적인 활동을 하고 육체를 통해서 세계와 사물과 접촉하며 또 세계와 사물을 다스리면서 살아가는 것입니다.

그러나 인간이 하나님을 반역한 이후로 그 영이 하나님께로부터 단절되고 하나님의 계시를 받지 못하게 되자, 인간은 앞날을 알 수 없고 갈팡질팡하게 되고 이제 하나님의 도움을 받지 못함으로 인간은 오직 혼과 육체를 의지하고 살게 되었습니다. 그러므로 자연적으로 인간은 하나님을 잃어버리고 인간 중심이 되는 인본주의자가 되고 오직 혼과 육으로만 살게 되었고 타락하게 되었습니다. 타락한 인간은 오직 혼으로 살고 육체의 노예가 되어 죄의 종으로 살아왔습니다.

그런데 이제 예수께서 오셔서 십자가에 못박혀 몸찢고 피를 흘려 죽으심으로 우리 죄를 사하고 하나님과 우리 사이를 화목케 함으로 우리 영이 살아났습니다. 하나님과 함께 교제하게 되고 하나님과 함께 거하게 되고 하나님의 성령이 우리 영속에 들어와 하나님의 계시를 받고 은혜 속에 살게 된 것입니다. 그러므로 주를 믿는 사람은 이제 반드시 성령으로 거듭난 영으로 살아야 됩니다. 마음과 육체를 영의 지배하에 두어야만 하는 것입니다. 그러면 이와 같이 우리가 영적인 사람이 되었은즉, 이제 혼으로 살지 아니하고 육체로 살지 아니하고 영의 새로운 것으로 우리는 살아야 되는 것입니다.

첫째, 영의 새로운 것으로 살기 위해서는 영의 새로운 의식을 가져야 하는 것입니다. 우리가 혼으로 살 때 육체를 통해서 살 때의 생각을 벗어나서 이제 영의 새로운 생각을 갖고 살아야 되는 것입니다. 영의 새로운 의식이란 뭐냐? 예수 그리스도의 십자가의 희생으로, 우리 마음속에 하늘나라가 임하여 계셔서 하늘나라의 법칙으로 우리는 살아간다는 것을 깨달아 알아야 되는 것입니다. 우리가 예수 그리스도를 믿어서 천국이 우리 마음속에 들어오면 우리는 영의 새로운 의식을 가져야 되는데 그 영의 새로운 의식이란 바로 예수 그리스도의 십자가 보혈을 통해서 하나님이 이루게 해주신 하늘나라 의식인 것입니다. 예수님은 십자가를 통하여 우리의 일생의 죄악을 청산하시고 믿음으로 말미암아 용서받은 의인들이 되게 만들어 주신 것입니다. 그러므로 우리는 항상 죄책에 살아서는 안 됩니다.

우리는 죄를 회개하고 용서받는 의인이 되어…. 나는 하나님 앞에 부끄러움 없이 설 수 있는 자가 되었다. 하나님의 사랑 받는 자가 되었다는 것을 알고 용서받는 의인이라는 영적인 새로운 의식을 가져야 되는 것입니다. 그리고 또한 예수 그리스도의 십자가 보혈을 통하여 하나님과 화해했음으로 하나님께서 성령으로 임하셔서 나와 같이 거하시고, 나는 24시간 성령님과 함께 산다는 의식을 가져야 되는 것입니다. 고아와 같이 버림받지 아니하고 인간의 수단과 방법으로 사는 것이 아니라, 나와 같이 계신 성령께서 나를 돕는 자가 되어서 항상 나를 붙들어 주시고 이끌어 주심으로 성령이 함께 계신 것을 늘 의식하고 성령님을 인정하고 환영하고 모셔 들이고 의지하는 그러한 성령 충만 의식을 가지고 우리는 살아야만 하는 것입니다.

또한 우리들은 치료와 건강의식을 가지고 살아야 됩니다. 옛날에는 늘 병들고 고통당하고 그것에 대한 두려움으로 살았는데 우리는 예수 그리스도의 십자가 보혈을 통하여 치료받고 건강을 얻었다는 영적 의식을 가져야 되는 것입니다. 저가 우리 연약한 것을 친히 담당하시고 병을 짊어지고 가셨다고 말씀했으며, 저가 채찍에 맞음으로 너희가 나음을 입었다고 말했습니다. 이러므로 영의 새로운 의식은 십자가를 통하여 우리들은 질병과 고통에서 벗어나고 우리는 모든 고통에서 해방을 얻었다. 그리스도가 나의 치료가 되었다는 영의 새로운 의식 속에 살아야 되는 것입니다.

또한 우리는 저주에서 해방과 아브라함의 축복의식을 가지고 늘 살아야 됩니다. 우리의 저주는 예수님이 십자가에 걸머지고 청산했음으로 우리의 삶의 저주와 가시와 엉겅퀴는 다 청산되어 버리고 예수로 말미암아 아브라함의 복을 받고 사는 사람이 되었습니다. 나는 그러므로 복 받은 사람이라는 영의 새로운 의식을 가지고 살아야 됩니다. 언제나 좌절하고 부정적이고 낭패와 실망의식으로 꽉 들어차며, 무능력의식으로 들어차고 나는 못한다, 안 된다, 할 수 없다는 이와 같은 부정적인 의식에서 해방되어야 되는 것입니다. 주안에서 축복 받는 의식으로 사는 것이 영의 새로운 의식인 것입니다. 그리고 우리 마음속에 영생과 천국의식을 가져야 되는 것입니다. 이 땅에 사는 것은 행인과 나그네의 삶이요, 잠시 잠깐 후면 우리는 육신의 삶은 벗어 버리고 영원한 천국에 가서 주와 함께 산다는 그러한 희망에 꽉 들어찬 의식으로 마음속이 충만하게 되어야 하는 것입니다.

그것 뿐 아니라, 우리의 삶은 하나님을 절대주권자로 모시고 우리는 하나님을 믿고 순종하며 하나님을 섬기기 위해서 사는 사람입니다. 우리는 하나님 없이 사는 무신론자나, 그렇지 않으면 우상과 사신을 섬기는 사람들이 아닌 것입니다. 언제나 나의 생애는 하나님이 주권을 가지고 다스리시며 나는 하나님을 믿고 순종하며 섬기는 것이 나의 삶의 의미와 가치와 목적이라는 것을 늘 의식하고 살아야 되는 것입니다. 이러므로 영의 새로운 것으로 살기 위해서는 이러한 영적인 의식혁명이 생겨나야 되는 것입니다.

성경은 말씀하기를 "누구든지 그리스도 안에 있으면 새로운 피조물이라 이전 것은 지나갔으니 보라 새 것이 되었다"고 말씀한 것입니다. 지나간 옛날 의식에 잡히면 안 되는 것입니다. 예수 그리스도 안에서 새로워진 영적인 새로운 의식을 가지고 우리 생활을 매일 같이 점검하면서 이것을 확인하고 살아가는 우리들이 되어야만 되는 것입니다.

둘째, 이제 영의 새로운 생활방식을 가지고 살아야 하는 것입니다. 영의 새로운 생활방식이란 우리는 이제 믿음으로 말미암아 인생을 살아갑니다. 우리는 보는 것으로 살지 아니하고 듣는 것으로 살지 아니하고 감각하는 것으로 살지 않고 우리는 믿음으로 말미암아 사는 것입니다.

우리는 예수 그리스도의 십자가 대속의 복음을 마음속으로 깊이 믿습니다. 영의 새로운 생활방식이란 하나님이 우리에게 주신 은혜를 우리가 믿음으로 받아들이고 믿음으로 삽니다. 그리고 하나님의 약속인 말씀을 깊이 믿습니다. 베드로후서 1장 4절에 "이로써 그 보배롭고 지극히 큰 약속을 우리에게 주사 이 약속으로 말미암아 너희로 정욕을 인하여 세상에서 썩어질 것을 피하여 신의 성품에 참예하는 자가 되게 하려 하셨으니"라고 말씀한 것입니다. 이러므로 하나님의 약속의 말씀을 우리는 절대로 믿습니다. 우리의 감각에 위배될지라도 우리의 생각에 위배된다고 생각할지라도 하나님의 말씀은 살았고 운동력이 있어 좌우에 날선 어떤 검보다 예리하여 혼과, 영과 및 관절과 골수를 쪼갭니다. 하나님의 말씀은 저 하늘이 무너지고 이 땅이 꺼져도 일점일획도 변치 않는다고 말씀하셨습니다. 하나님은 말씀으로 천지를 지으시고 천지를 붙잡고 운영하고 계십니다. 이러므로 영의 새로운 생활방식이란 우리가 창세기부터 계시록까지 말씀을 읽고 묵상하고 그 말씀을 마음속에 깊이 믿고 말씀에서서 우리는 살아나가는 것입니다.

그리고 우리가 믿음으로 산다는 것은 하나님은 죽은 자를 살리시며 없는 것을 있는 것같이 부르시는 하나님이기 때문에 기적을 믿습니다. 죽은 자를 살리는 것은 기적인 것입니다. 우리의 삶 속에 하나님이 함께 계셔서 기적을 베풀어주실 것을 우리는 믿습니다. 그리고 없는 것을 있는 것 같이 부르신 하나님이기 때문에 우리의 현재 환경에 좌우되지 않습니다. 눈에는 아무 증거 안보이고 귀에는 아무 소리 안 들리고 손에는 잡히는 것 없어도 하나님의 말씀과 하나님의 언약이 우리 마음속에 주어지면 우리는 그 약속을 굳세게 믿고 조금도 흔들리지 않고 나가는 삶을 사는 것입니다.

그뿐 아니라 우리는 죽음 저 건너편에 하늘나라가 있는 것을 당연히 믿습니다. 그렇기 때문에 육신이 죽는 것을 두려워하지 않습니다. 때가 이르러 우리가 육신의 장막 집을 벗어버리면 손으로 짓지 아니한 영원한 집이 우리에게 있는 줄 확실히 믿습니다. 그러므로 우리의 모든 생활방식은 믿음으로 시작해서 믿음으로 끝냅니다. 우리는 믿음으로 살고 우리의 눈으로 보는 것으로 살지 않습니다. 이것이 영의 새로운 생활방식인 것입니다.

또 영의 새로운 생활 방식은 소망의 생활방식인 것입니다. 우리는 절대로 소망을 져버리면 안 됩니다. 예수를 믿는 사람이 절망해서 좌절하거나, 그렇지 않으면 자살하거나 하는 것은 중대한 범죄입니다. 왜냐하면 우리는 궁극적인 소망을 가지고 있습니다. 이것은 죽더라도 우리는 천국이 기다리고 있는 것입니다. 이 땅에 사는 것보다 훨씬 더 좋은 천국이 우리에게 약속되어 있기 때문에 우리는 끝없는 소망을 마음속에 가지고 있습니다. 베드로전서 1장 3절로 4절에 "찬송하리로다. 우리 주 예수 그리스도의 아버지 하나님이 그 많으신 긍휼대로 예수 그리스도의 죽은 자 가운데서 부활하심으로 말미암아 우리를 거듭나게 하사 산 소망이 있게 하시며 썩지 않고 더럽지 않고 쇠하지 아니하는 기업을 잇게 하시나니 곧 너희를 위하여 하늘에 간직하신 것이라"말한 것입니다.

이러므로 우리는 소망의 사람들이기 때문에 언제나 소망의 생활방식을 가져야 되는 것입니다. 우리의 현실적인 생활에도 하나님께서 우리의 현실의 삶을 다스린다는 것을 우리가 마음속에 깊이 알아야 되는 것입니다. 시편 145편 13절에 보면 "주의 나라는 영원한 나라이니 주의 통치는 대대에 이르리이다." 주께서 우리를 통치하시며 하나님이 우리를 다스려 주시기 때문에 우리는 영원한 소망을 가집니다. 현재는 어떠한 어려움이 다가와도 결국 하늘에 계신 하나님이 모든 것을 다스리고 계신다는 것을 알고 희망을 져 버리지 말아야만 되는 것입니다. 로마서 8장 28절에 "우리가 알거니와 하나님을 사랑하는 자 곧 그 뜻대로 부르심을 입은 자들에게는 모든 것이 합력하여 선을 이루느니라."고 말한 것입니다. 좋은 일과 나쁜 일, 슬픈 일과 기쁜 일, 잘 되는 일과 잘 안 되는 일, 이런 것이 다 합쳐져 종국에는 하나님께서 선하게 만든다고 말씀하셨음으로 우리는 그렇기 때문에 종국적인 소망을 져버려서는 안 되는 것입니다.

성경에는 하나님은 좋으신 하나님이라고 말씀했습니다. 도적이 오는 것은 도적질하고 죽이고 멸망시키는 것뿐이요, 인자가 온 것은 양으로 생명을 얻되 더 풍성히 얻게 하러 왔다고 예수님이 말씀했습니다. 다윗은 여호와는 나의 목자시니 내게 부족함이 없다고 말한 것입니다. "사랑하는 자여 네 영혼이 잘됨같이 네가 범사에 잘되며 강건하기를 간구한다"고 하나님은 말씀하고 있는 것입니다. "너희 자녀가 떡을 달라면 돌을 주며 생선을 달라면 뱀을 줄자가 있겠는가 너희가 악할지라도 자기 자식에게 좋은 것을 줄줄 알거든 하물며 천부께서 구하는 자에게 좋은 것으로 주지 않겠느냐" 하나님은 좋은 하나님인 것입니다. 좋은 하나님을 모시고 있음으로 우리의 마음속에 좋은 소망이 넘쳐나지 아니할 수가 없습니다.

우리가 예수 그리스도 안에서 새로운 것으로 살기 위해서는 영의 새로운 것의 최첨단인 사랑의 방식을 가지고 살아야 되는 것입니다. 사랑은 내가 십자가를 짊어지는 사랑인 것입니다. 가정에서도 내가 그리스도의 사랑의 방식으로 사는 것은 남편이 먼저 가족의 모든 십자가를 앞서 걸머집니다. 아내가 십자가를 걸머집니다. 자녀가 십자가를 걸머집니다. 어려움을 내가 먼저 담당하고 다른 사람에게 도움을 베푸는 이것이 바로 사랑인 것입니다. 우리가 사랑의 생활을 한다는 것은 내가 다른 사람에게 무슨 도움을 받을까를 기대하는 것이 아니라 내가 다른 사람에게 무슨 도움을 베풀 수 있을까? 수고하고 무거운 짐을 내가 걸머지고 다른 사람에게 쉼을 주고 자유를 주고 기쁨을 줄 수 있을까? 이것을 생각하는 것이 바로 사랑의 생활양식인 것입니다.

사랑이라는 것은 베푸는 것이지 사랑은 언제나 내게 주시옵소서. 내게 주시옵소서. 하는 이기주의적인 탕자적인 요구가 아닌 것입니다. 오늘날, 우리 기독교 신앙생활 가운데 가장 결핍한 것이 이 사랑의 생활방식을 가지고 살지 않습니다. 우리들이 예수를 믿으면서도 인본주의적인 이기주의자가 되어서 무엇이든지 내가 받기를 원하고 내가 섬김을 받기를 원합니다. 쉽게 말하자면 마귀의 근성을 가지고 산다는 것입니다. 내가 주기를 원하고 섬기기를 원하며 내 자신을 희생해서 십자가를 걸머지고 다른 사람에게 자유와 해방과 기쁨을 주려고 하는 이와 같은 생활방식이 바로 영의 새로운 생활방식인 것입니다.

셋째, 우리는 영의 새로운 정서를 가지고 살아야 하는 것입니다. 영의 새로운 정서란 성령으로 지배당한 새로운 감정의 생활인 것입니다. 성경에는 항상 기뻐하라 쉬지 말고 기도하라 범사에 감사하라고 말했습니다. 예수를 믿고 거듭난 사람은 영의 새로운 것으로 섬기기 위해서는 항상 기뻐하면서 살아야 하는 것입니다. 항상 기뻐해야 안정된 심령으로 성령의 음성을 들을 수가 있습니다. 오늘날 이 의학계에서는 이제 사람의 생각은 곧 물질로 하여 몸에 나타난다고 말한 것입니다. 사람들은 생각하기를 아! 우리의 생각은 추상적인 것인데 그저 생각했을 뿐이지 뭐! 무슨 관계가 있느냐? 그렇게 말합니다. 그러나 그렇지가 않습니다. 우리의 생각은 곧장 우리의 육체에 관련해서 물질적으로 나타나게 되는 것입니다.

그러므로 우리의 마음속에 긍정적인 생각, 기쁨의 생각은 우리의 뇌 속에 엔돌핀이라는 호르몬을 생산해 냅니다. 이 엔돌핀은 저항력을 가지고 몸의 병을 저항해서 건강을 가져오고 면역성을 강하게 해서 병이 들지 않게 합니다. 젊음을 새롭게 하고 마음의 기쁨과 의욕을 일으키는 그런 호르몬인 것입니다. 이러므로 나는 단지 생각했을 뿐인데…. 아니요! 생각이 우리의 뇌에 끼치는 영향력이 막대합니다. 그 생각에 따라서 뇌에서 발생하는 호르몬이 달라지는 것입니다. 그렇기 때문에 우리가 긍정적인 생각을 하고 기쁜 생각을 하고 진취적인 생각을 하면 우리의 뇌 속에 엔돌핀이 끊임없이 생산됩니다. 이 엔돌핀이 생산되기 때문에 언제나 기분이 좋습니다. 몸이 튼튼합니다. 병에 들지 않습니다. 젊음이 유지됩니다. 마음에 의욕이 충천하고 넘쳐나는 것입니다.

성경에는 주에 앞에는 기쁨이 충만하고 그 우편에는 즐거움이 넘친다고 말한 것입니다. 우리 예수 믿는 사람은 항상 주님을 의지해서 기뻐하고 감사하면서 살아야 하는 것입니다. 사람이 부정적인 생각을 하면 아드레날린이 뇌 안에 많이 생산되어서 자기를 파괴하는 것입니다. 이 아드레날린이 강한 독성을 가졌다고 말합니다. 의학 잡지에 보니까 뱀의 독 다음에 가장 무서운 독이 우리 사람의 마음에 분노하고 염려하고 근심하고 흥분할 때 나오는 아드레날린은 독이라는 것입니다. 뱀 다음으로 무서운 독이라는 것입니다. 그러므로 아드레날린이 계속 생산되면 혈관이 수축되고 그래서 혈액이 잘 순환되지 않음으로 고혈압이 되고, 심장병 혹은 뇌졸 증이 일어나고, 세포가 노화되고, 또 활성산소를 많이 발생해서 면역력을 없애고 늙어져버리고 아주 패배하게 만드는 것입니다.

아드레날린은 일시적으로 흥분해서 힘을 얻게 하는 것은 있지만, 그것이 장기적으로 계속하면 우리의 몸에 면역력과 저항력을 파괴합니다. 고혈압, 심장병, 혈액순환계통의 병을 일으킵니다. 이렇기 때문에 우리가 항상 기뻐하고 사는 것이 제일 좋은 약입니다. 하나님께서 주신 약 중에 제일 좋은 약이 성령으로 충만하여 항상 기뻐하고 사는 약입니다. 그러므로 예수 그리스도의 십자가는 더하기 아닙니까? 십자가를 바라보고 언제나 모든 것이 합력하여 선을 일으킬 것을 알고 기뻐하는 우리가 되시기를 주의 이름으로 축원합니다.

그리고 또 쉬지 말고 기도하라고 했는데 왜 우리의 영의 새로운 정서는 늘 기도하며 살아야 하나 하면 오늘날 세상에 사는 사람들은 굉장한 스트레스 속에 살고 있습니다. 사람이 질병의 70%나 80%가 스트레스에서 일어난다고 합니다. 사람이 세상을 살아가려면 스트레스를 이기는 능력이 있어야 합니다. 스트레스를 이기려면 마음으로 기도하여 성령으로 충만해야 가능합니다. 성령으로 충만하려면 항상 마음으로 하나님을 찾아야 합니다.

　이 스트레스를 몰아내려면 성령으로 기도하는 길밖에 없는 것입니다. 왜냐하면 성령의 역사가 세상에서 주는 스트레스보다 강하므로 기도하면 성령이 충만하여 스트레스를 몰아내기 때문입니다.

　그리고 범사에 감사하는 정서를 가지고 살아야 되는 것은 불평은 어두움을 가져오고 감사는 밝음을 가져오기 때문인 것입니다. 불평과 원망은 마음이 캄캄해지고 절망적이 되는 것입니다. 마귀가 역사하는 심령이 됩니다. 그러나 우리가 자꾸 범사에 감사하면 기뻐지는 것입니다. 조그마한 일로써 감사하면 큰 일을 가지고 감사할 수 있게 되는 것입니다. 등불을 보고 감사하면 촛불을 주고, 촛불 보고 감사하면 전등을 주시고, 전등을 보고 감사하면 달빛을 주시고, 달빛을 보고 감사하면 태양 빛 주시고, 태양을 보고 감사하면 천국을 주신다고, 말한 말이 있습니다.

성경에는 있는 자에게는 더 주고 없는 자에게는 있는 것조차 빼앗는다고 말했습니다. 있는 것을 가지고 감사하면 하나님이 더욱 주실 것이요, 있는 것을 가지고 불평하면 하나님께서 더욱 빼앗을 것입니다. 우리의 마음을 언제나 긍정적으로 가져야 됩니다. 사람이 무엇으로 심던지, 그대로 거두리라. 우리의 생각이 씨앗이 되어서 우리의 개인적인 심신의 건강 뿐 아니라, 우리 삶에 선악 간에 열매를 맺게 된다는 것을 잊지 말기를 바랍니다.

넷째, 영의 새로운 것으로 섬긴다는 것은 영의 새로운 도덕을 가지고 살아야 되는 것입니다. 성경은 에베소서 4장 24절에 "하나님을 따라 의와 진리의 거룩함으로 지으심을 받은 새사람을 입으라" 우리가 예수를 믿었으면 영의 새로운 도덕을 가지고 살아야 되는 것입니다. 즉 영의 새로운 도덕이란 의를 가지고 살아야 합니다. 의란 것은 어린양의 밑에 내 아(我)자를 적은 것으로 '양을 내가 머리에 이고 산다.' 즉, 다시 말하면 '언제나 예수님을 모시고 산다.' 어떠한 일이 있어도 '예수님이 이 자리에 계시면 어떻게 했을까?' '예수님이 나와 함께 하시면 어떻게 판단했을까?' '예수님은 이 일을 했으면 어떻게 했을까?'언제나 예수님을 생각 위에 이고 사는 삶이 바로 의의 삶인 것입니다.

오늘날, 우리가 개인적인 사업을 하든지 공무원으로 일하든지 또 공공사업에 책임을 지고 있든지 나 혼자 산다고 생각하지 말고, 영의 새로운 도덕을 가진 사람은 예수님을 언제나 머리 위에 이고 살아야 되는 것입니다. 그래서'예수님이면 어떻게 하겠는가?'를 생각하고 예수님의 생각을 따라, 성령의 인도로 살면 그 사람은 자동적으로 의롭게 살게 되는 것입니다. 의를 져버리면 개인도 망하고 사회도 국가도 망합니다. 정의가 없어지면 모든 것이 파괴되어 버리고 마는 것입니다.

그 다음 영의 새로운 도덕은 진리를 따라 사는 것입니다. 거짓을 버리고 참을 나타내야 됩니다. 골로새서 3장 9~10절에 "너희가 서로 거짓말을 말라 옛사람과 그 행위를 벗어버리고 새 사람을 입었으니 이는 자기를 창조하신 자의 형상을 좇아 지식에까지 새롭게 하심을 받는 자"라고 말한 것입니다. 마귀는 거짓의 아비라고 말했습니다. 우리가 거짓말을 말할 때 마다 마귀를 초청합니다. 마귀의 영이 그 사람을 점령합니다. 성령은 진리의 영입니다. 우리가 진리를 말할 때마다 하나님의 성령을 인정하는 것이고, 거짓을 말할 때마다 마귀를 인정하게 되는 것입니다. 그 결과가 어떻게 되겠습니까?

마귀가 들어오면 종국적으로 도적질하고 죽이고 멸망시키는 일이 생길 것이요, 성령이 들어오면 생명을 얻되 넘치게 얻는 역사를 베풀게 될 것입니다. 말이 씨가 된다는 것을 잊지 말아야 됩니다. 거짓말은 파괴의 씨앗이 되고 참말은 건설적인 성공의 씨앗이 되는 것입니다. 이렇기 때문에 진리를 따라 우리는 살아야 됩니다.

4부 24시간 동행하시는 예수님

14장 동행하며 인생을 살아주시는 예수님

(갈2:20)"내가 그리스도와 함께 십자가에 못 박혔나니 그
런즉 이제는 내가 사는 것이 아니요, 오직 내 안에 그리스도께
서 사신 것이라 이제 내가 육체 가운데 사는 것은 나를 사랑하
사 나를 위하여 자기 몸을 버리신 하나님의 아들을 믿는 믿음
안에서 사는 것이라"

하나님께서 우리의 인생을 살아주십니다. 우리의 옛 사람은
예수를 믿는 순간 죽었고 이제 예수로 살고 예수님의 인생을 사
는 것입니다. 이제 예수님을 주인으로 모시고 살아야 합니다.
예수님이 우리의 인생을 살아주시는 것입니다. 이런 믿음을 가
지고 성령의 지배를 받으며 살아야 만사가 형통한 삶을 살수가
있는 것입니다.

첫째, 내 인생 내가 산다는 주장은 어디에서 나온 것입니까?
마귀가 아담을 꾈 때에도 똑같은 말을 사용했습니다. "너는 하
나님의 종으로 하나님을 섬기고 살 필요가 없다. 네 인생 네가
살아라!" 이게 마귀가 아담을 향해서 한 말인 것입니다. 창세기

2장 16절로 17절에 보면 "여호와 하나님이 그 사람에게 명하여 가라사대 동산 각종 나무의 실과는 네가 임의로 먹되 선악을 알게 하는 나무의 실과는 먹지 말라 네가 먹는 날에는 정녕 죽으리라 하시니라" 그런데 마귀는 와서 "왜 네가 하나님 앞에서 이래라 저래라 명령을 듣느냐? 너도 하나님처럼 독립해서 살아라! 네가 하나님이 되어라. 네 인생 네가 살지 왜 남에게 속박을 받고 사느냐?" 그렇게 말한 것입니다.

창세기 3장 4절로 5절에 "뱀이 여자에게 이르되 너희가 결코 죽지 아니하리라 너희가 그것을 먹는 날에는 너희 눈이 밝아져 하나님과 같이 되어 선악을 알줄을 하나님이 아심이니라" "하나님처럼 되어서 좋다 나쁘다를 마음대로 결정하는 주인이 되지 왜 종으로 사느냐? 네 인생 네가 살아라!" 아담은 이 유혹에 넘어갔습니다. 그래서 자기 인생 자기가 살겠다고 하나님을 배반하고 나오자 에덴에서 추방되고 그 이후에 환경과 저주, 수고와 죽음이 뒤따르게 된 것입니다.

마귀가 예수님을 시험할 때도 똑같은 말로 시험했습니다. "네가 하나님의 아들이니 하나님과 동등하지 않느냐? 네 마음대로 네 인생 네 뜻대로 살아라! 하나님께서 이래라 저래라 하지 못하게 하라!" 예수님이 40주 40야를 금식하고 주리실 때 마귀가 와서 "돌을 떡으로 만들어 먹으라! 네 인생 네가 살아라! 하나님께 먹고 사는 것조차 물어볼 필요가 있느냐? 네 인생 네가 살아라!" 그때 예수께서 마태복음 4장 4절에 "예수께서 대답하여 가라사대 기록되었으되 사람이 떡으로만 살 것이 아니요 하나님의 입으로 나오는 모든 말씀으로 살 것이라 하였느니라" 하시니 단호하게 거부했습니다.

"먹고 입고 마시고 사는 것도 내 인생 내 마음대로 나는 살지 않겠다. 하나님의 말씀을 따라 살겠다." 그러자 마귀가 예수님을 성전 꼭대기에 데리고 가서 "뛰어 내려라! 네 인생 네가 살아라! 저 밑에 있는 수많은 사람들이 네가 뛰어 내릴 때 발이 돌에 부딪히지 않고 사뿐이 내려오면 박수를 치고 너에게 명예와 존귀와 영광을 돌릴 것 아닌가! 네 인생 네가 살아라!" 그럴 때 예수님은 마태복음 4장 7절에 "예수께서 이르시되 또 기록되었으되 주 너의 하나님을 시험치 말라 하였느니라 하신대" 단호하게 내 인생 내가 살지 않겠다는 것입니다.

그러자 마귀는 예수님을 높은 산에 데리고 가서 천하만국의 영광을 보이고 가로되 "네가 내게 절하면 이 천하만국의 영광을 네게 주겠다. 네 인생 네가 살아라! 천하만국의 부귀, 영화, 공명을 다 취해서 당당하게 살지 뭘 하나님에게 엎드려 굴복해서 종같이 사느냐?" 그때 마태복음 4장 10절에 "이에 예수께서 말씀하시되 사단아 물러가라 기록되었으되 주 너의 하나님께 경배하고 다만 그를 섬기라 하였느니라" "나는 내 인생 내가 사는 것이 아니라 하나님을 경배하고 하나님을 섬기기 위해서 산다." 예수님은 끝까지 내 인생은 하나님의 것이라고 고백했습니다. 요한복음 8장 29절에 "나를 보내신 이가 나와 함께 하시도다 내가 항상 그의 기뻐하시는 일을 행하므로 나를 혼자 두지 아니하셨느니라"고 그는 고백했습니다.

마귀가 시키는 대로 내 인생 내가 살면 내가 모든 삶의 책임을 짊어져야 됩니다. 내가 인생의 주인이니 무엇을 먹을까? 무엇을 입을까? 무엇을 마실까를 내가 책임져야 되고 내 인생의 일과 내 인생의 짐을 내가 짊어져야 됩니다. 내가 주인이니까 내 인생 내가 사니까. 내가 책임져야합니다. 그런데 내 인생 내가 살면 내가 마귀를 이길 수 있느냐? 마귀를 이길 수 없습니다. 하나님을 떠나서 내 인생 내가 살겠다고 나오자마자 마귀의 종이 되어 버리고 마는 것입니다. 그리고 이 세상의 좌절과 절망 가운데 살게 되는 것입니다. 육체의 욕망과 탐심과 세속의 종이 되고 이를 벗어나지 못합니다. 내 인생 내가 살겠다고 하면 목에 마귀가 무거운 멍에를 걸어서 끌고 다닙니다. 그것은 죄와 세속과 탐욕과 고통인 것입니다.

내 인생 내가 사니까 마귀에게 잡혀서 죄의 멍에를 짊어지고 육신의 정욕, 안목의 정욕, 이 세상의 자랑을 따라 노예 생활을 하며 살아온 것입니다. 내 인생 내가 살면 무거운 짐을 내가 짊어지고 책임져야 되기 때문에 마음이 좌절하고 낙심하고 절망합니다. 지혜가 있고 총명이 있고 능력이 많다고 하더라도 인생을 살아가는 데 자기 힘에 넘치는 수고와 고통이 늘 따라오는 것입니다. 그렇기 때문에 인생에 슬픔과 고통이 끊일 날이 없는 것은 자기 힘으로 짊어질 수 없는 짐과 일들이 생겨나기 때문인 것입니다.

우리가 우리의 인생을 우리의 힘으로 살고 우리가 주인이 되어 살면 악한 꾀, 죄, 교만의 노예, 무거운 짐, 허무와 낭패를 모두다 감당을 할 수가 없습니다. 이사야 64장 6절에 "대저 우리는 다 부정한 자 같아서 우리의 의는 다 더러운 옷 같으며 우리는 다 쇠패함이 잎사귀 같으므로 우리의 죄악이 바람 같이 우리를 몰아가나이다" 가을에 바람이 불면 낙엽이 떨어져서 밀려가듯이 이사야는 말하기를 우리는 다 쇠패한 나뭇잎사귀 같이 죄의 바람이 불면 한사람도 남김없이 다 밀려간다고 말한 것입니다. 우리 힘으로는 죄를 감당할 수 없고 교만과 세상의 무거운 짐과 낭패와 실망을 감당할 수 없기 때문입니다. 그렇기 때문에 로마서 7장 24절에 바울은 말하기를 "오호라 나는 곤고한 사람이로다 이 사망의 몸에서 누가 나를 건져 내랴" 자기가 인생의 주인이 되면 다가오는 허무와 절망을 극복할 수가 없습니다.

하나님이 주인이 안 되고 자기가 주인이 되니 인생의 의미를 자기가 만들 수 없습니다. 어디서 와서 왜 살며 어디로 가는지를 스스로가 만들 수가 없습니다. 길을 잃어버린 사람, 버림받은 사람, 공허한 사람이 되고 마는 것입니다. 그뿐 아니라 하나님을 떠나서 자기가 주인 노릇을 하면 결국에는 자기가 삶의 모든 결과의 책임을 져야 됩니다. 하나님의 진노의 표적이 되고 현재와 미래에 심판을 받게 되는 것입니다. 영원한 지옥의 심판을 받습니다. 자기가 주인이니 자기가 자기를 책임져야 되지 않습니까?

요한복음 8장 24절에 "이러므로 내가 너희에게 말하기를 너희가 너희 죄 가운데서 죽으리라 하였노라 너희가 만일 내가 그인 줄 믿지 아니하면 너희 죄 가운데서 죽으리라"고 말했습니다. 요한계시록 21장 8절에 "그러나 두려워하는 자들과 믿지 아니하는 자들과 흉악한 자들과 살인자들과 행음자들과 술객들과 우상 숭배자들과 모든 거짓말 하는 자들은 불과 유황으로 타는 못에 참예하리니 이것이 둘째 사망이라"

자기의 인생 자기가 책임진 사람은 이 책임을 지고 하나님 앞에 마지막 심판을 받아야 됩니다. 마지막 지옥의 심판뿐 아닙니다. 이 땅에 사는 동안에도 벌써 자기 인생 자기가 책임진 사람은 그만한 대가를 지불해야 됩니다. 오늘날 내 인생 내가 산다는 것은 마귀의 논리입니다. 마귀는 겉은 번지르르 하지만 속은 도적질하고 죽이고 멸망시키는 것뿐입니다. 우리 인생은 내 인생 내가 살도록 되어 있지 않습니다. 아담은 속았지만 예수님은 속지 않았습니다.

둘째, 우리는 내 인생 하나님과 더불어 산다고 하는 사람 많습니다. 예수 믿는 사람 중에 아직 성장하지 못한 사람은 "하나님과 더불어 산다."고 하면서 하나님 앞에서 자기의 주체를 양보하지 않습니다. 정말 하나님과 더불어 살 수 있습니까? 하나님과 나와 동등한 위치에서 더불어 산다면 모든 것을 하나님이 우리하고 의논해야 되시고 하나님이 원하더라도 우리가 원치 않으면 "안해요. 못해요." 우리가 원치 않으면 "안 따라가요. 순종할 수 없어요." 하므로 끝없는 하나님과의 경쟁 상태에 놓이게 되고 긴장관계에 놓이게 되는 것입니다. 하나님과 우리가 함께 더불어 삽니까? 더불어 살지 못합니다. 부부는 더불어 삽니다. 남편과 아내는 서로 더불어 살면서 남편과 아내가 이해하고 동정하고 사랑하고 인내하고 대화하고 타협하면서 더불어 삽니다.

그런데 그 더불어 사는 것이 안 되기 때문에 근 50%의 결혼한 가정이 깨어지지 않습니까? 의견이 맞지 않기 때문에 서로서로 보조를 못 맞춥니다. 하나님과 더불어 산다면 하나님이 우리에게 보조를 맞추어야 되는데 하늘과 땅과 세계와 그 가운데 모든 것을 지으신 하나님이 인생들에게 보조를 맞추어서 살라고 하면 하나님이 그렇게 하실 수 있겠습니까? 사울 왕이 전형적인 인물입니다. 사울왕은 하나님의 택하심을 받아 이스라엘 백성가운데 초대 왕으로써 기름부음을 받았습니다. 사울왕은 하나님을 믿고 하나님을 사랑한다고 한 사람입니다. 하나님도 사울을 이스라엘 백성가운데 초대 왕으로 선택해서 기름을 부었습니다.

그러나 사울왕은 언제나 하나님과 더불어 살지 하나님께 복종해서 사는 사람이 아니었습니다. "나는 하나님과 더불어 산다." 그래서 하나님과 항상 보조를 맞추는데 하나님보고 자기에게 보조를 맞추라는 것입니다. 사울은 하나님을 안 믿는 사람이 아니었습니다. 믿는 사람이었습니다. 성령의 기름부음도 받은 사람입니다. 그러나 하나님을 보고 자기 삶에 언제나 보조를 맞추라고 요구하는 사람입니다. 그는 왕이 된지 2년에 하나님의 뜻도 묻지 않고 군사 3천을 모아 블레셋을 치려고 전쟁에 나갔습니다.

그런데 블레셋 사람들은 격하여 병거 3만과 마병 6천과 수많은 군사들을 동원하여 진을 치고 오니 혼비백산 했습니다. 군사 수만 명과 병거 3만과 마병 6천명을 3천명 군사로써 어떻게 대결합니까? 그래서 하나님의 도움이 필요합니다. 그는 사무엘에게 부탁했습니다. 사무엘은 하나님의 제사장으로써 하나님께 태워 드리는 제사를 드릴 수 있습니다. 하나님께 제사를 드리고 하나님의 도움을 구하려고 했습니다. 사무엘을 기다립니다. 왜냐하면 제사는 꼭 제사장이 드려야 되기 때문입니다. 왕은 제사를 드릴 수 없습니다. 그런데 사무엘을 기다리기가 피곤하니까 "에라~ 까짓것 사무엘을 기다릴 필요가 없다. 하나님이 제사장만이 제사를 드리라고 했지만 그것은 하나님의 생각이고 내 생각대로 내가 하자!" 그래서 그는 사무엘이 오지도 않았는데 양을 잡아서 태워 드리는 제사를 드렸습니다. 그래서 "하나님이여 제가 태워드리는 제사를 드렸으니 우리 군대를 도와주옵소서." 제사는 사무엘이 드려야 하는데 사울이 자기의 본분을 뛰어 넘어 하나님께 번제를 드린 것은 편의주의적인 신앙입니다. 내게 필요할 때마다 하나님을 이용하겠다는 것입니다. 그때 늦게 사무엘이 와보니 벌써 제사가 끝났습니다. 태워 드리는 제사를 왕이 직접 드렸습니다. 그때 사무엘이 진노했습니다.

사무엘상 13장 13절로 14절에 "사무엘이 사울에게 이르되 왕이 망령되이 행하였도다. 왕은 왕의 하나님 여호와께서 왕에게 명하신 명령을 지키지 아니하였도다. 그리하였더면 여호와께서 이스라엘 위에 왕의 나라를 영영히 세우셨을 것이어늘 지금은 왕의 나라가 길지 못할 것이라. 여호와께서 왕에게 명하신 바를 왕이 지키지 아니하였으므로 여호와께서 그 마음에 맞는 사람을 구하여 그 백성의 지도자를 삼으셨느니라 하고"사무엘이 굉장히 화를 냈습니다.

여기에서 사울이 한 것은 인본주의적인 신앙입니다. "내가 편한 대로 하나님을 믿지 하나님 명령에 순종해서 믿을 것이 뭐냐. 하나님과 더불어 살기 때문에 하나님이 내게 보조를 맞춰야지." 그 다음 또 다시 나타난 인본주의적 신앙을 보십시오. 하나님이 사무엘을 통해서 사울에게 이렇게 말했습니다. 사무엘상 15장 2절로 3절에 "만군의 여호와께서 이같이 말씀하시기를 아말렉이 이스라엘에게 행한 일 곧 애굽에서 나올 때에 길에서 대적한 일을 내가 기억하노니 지금 가서 아말렉을 쳐서 그들의 모든 소유를 남기지 말고 진멸하되 남녀와 소아와 젖 먹는 아이와 우양과 약대와 나귀를 죽이라 하셨나이다"

아말렉을 전멸하고 씨를 말리라고 했습니다. 그런데 사울이 또 편의주의로 했습니다. 그가 나가서 하나님의 도움으로 아말

렉을 쳤는데 "내가 공로를 세우기 위해서 다 죽일 순 없지? 아
각 왕을 잡아서 당당하게 포로를 행렬로 끌고서 가면 내가 영
광을 받을 것 아니냐. 그리고 왜 다 진멸할 것이냐 이 소와 살
찐 양들이 얼마나 많은고. 이것을 왜 죽여 버리겠느냐. 이것들
을 우리 전리품으로 가져가서 군사들도 나누어 주고 그렇게 하
는 것이 좋겠다." 하나님 생각이 아니고 자기 생각대로 "하나님
이 내게 보조를 맞추세요." 그래서 그는 아말렉을 치되 아각왕
을 살려 놓고 그의 모든 소와 말과 양과 염소를 좋은 것은 다 전
리품으로 잡았습니다.

사무엘상 15장 19절에 사무엘이 사울을 찾아가서 말했습니
다. "어찌하여 왕이 여호와의 목소리를 청종치 아니하고 탈취하
기에만 급하여 여호와의 악하게 여기시는 것을 행하였나이까"
"사무엘이 가로되 여호와께서 번제와 다른 제사를 그 목소리에
순종하는 것을 좋아하심 같이 좋아하시겠나이까 순종이 제사보
다 낫고 듣는 것이 수양의 기름보다 나으니 이를 거역하는 것은
사술의 죄와 같고 완고한 것은 사신 우상에게 절하는 죄와 같음
이라 왕이 여호와의 말씀을 버렸으므로 여호와께서도 왕을 버
려 왕이 되지 못하게 하셨나이다" 그가 하는 말이 "아니오. 이
양이나 소를 가지고 가는 것은 우리만 취하려고 하는 것이 아니
라 하나님께 제사 드리려고 그럽니다."

그러니까 하나님의 종 사무엘이 진노했습니다. "왕이여 하나
님이 번제와 다른 제사와 그 목소리 순종하는 것 중에서 무엇

을 좋아하겠나이까? 순종하는 것이 제사보다 낫고 듣는 것이 수양의 기름보다 낫다. 하나님의 말씀을 버리면 제사고 뭐고 아무 소용이 없다." 하나님과 더불어 나는 산다. 하나님이 내게 보조를 맞춰야 된다. 이것이 보통 사람들이 믿는 신앙입니다. 예수 믿고 난 다음 자기 중심에 서서 내게 좋으면 믿고 안 좋으면 안 믿는다. 내가 편하면 주일날 교회가고 편하지 않는 날은 안 간다. 내가 필요하면 십일조를 안 드려도 되고 필요할 때만 드린다. 내가 주님께 예배드리는 것을 자기가 드리고 싶으면 드리고, 드리고 싶지 않으면 안한다. 편의주의, 인본주의. 그래서 하나님을 믿고 하나님과 더불어 살지만 내가 주체를 가지고 하나님은 내게 보조를 맞춰야 된다. 그러한 신앙은 결국 사울이 파산한 것처럼 파산하고 맙니다.

이런 신앙은 결코 하나님께서 함께 하시지 않습니다. 야곱이 그런 신앙을 가졌다가 얍복 나루터에서 하나님하고 씨름하지 않았습니까? 밤새도록 하나님은 얍복강을 건너가라는데 야곱은 건너가지 않겠다고 해서 하나님이 허벅지 관절을 치니 절름발이가 되어서 도망을 칠 수 없어서 절망의 벽에 처했을 때 그는 깨어지고 순종했습니다. 오늘날 많은 시험과 환난과 고통이 다가오는 것은 편의주의, 인본주의로 하나님을 이용하려고 하기 때문에 하나님께서 시험과 환난을 통해서 깨뜨리는 것입니다. 얻어맞아서 허벅지 관절이 어그러지고 항복하게 만들어 주는 것입니다. 항복해야 되는 것입니다. 그러므로 오늘날 하나님과 더불어 사는 신앙은 올바른 신앙이 아닙니다.

셋째, 가장 좋은 신앙은 내 인생 하나님이 살아 주신다. 따라 말씀해 보십시오. 내 인생 내가 사는 것이 아니요, 내 인생 하나님과 더불어 사는 것이 아니요, 내 인생 하나님이 살아 주신다. 하나님 앞에서 자기를 완전히 비워 버리고 하나님을 전적으로 주인으로 모시고 순종하고 믿고 의지하며 섬길 때 하나님이 우리 인생을 살아 주시는 것입니다.

갈라디아서 2장 20절은 바로 바울선생의 그와 같은 고백입니다. "내가 그리스도와 함께 십자가에 못 박혔나니 그런즉 이제는 내가 사는 것이 아니요 오직 내 안에 그리스도께서 사신 것이라 이제 내가 육체 가운데 사는 것은 나를 사랑하사 나를 위하여 자기 몸을 버리신 하나님의 아들을 믿는 믿음 안에서 사는 것이라" 이제 완전히 주님이 우리의 주인이 되고 우리는 주님께 복종하고 믿고 의지하고 섬기기 위해서 살게 되니까 이제 우리의 주인이 우리의 인생을 살아 주는 것입니다.

다윗을 보십시오. 다윗은 소년시절 10살에서 17살 사이가 바로 소년이라고 하는데 소년 시절에 그는 놀라운 일을 했습니다. 아버지의 양을 치다가 곰이 와서 양의 새끼를 잡아가면 뛰어가서 곰과 싸워서 빼앗고 곰이 달려들면 쳐서 죽였습니다. 심지어는 사자가 와서 양의 새끼를 물고 가면 도전해 가서 양의 새끼를 빼앗고 사자와 싸워 죽였습니다. 10살에서 17살 사이에 어린아이가 어떻게 그런 일을 할 수 있습니까?

　사무엘상 16장 13절에 보면 "사무엘이 기름 뿔을 취하여 그 형제 중에서 그에게 부었더니 이 날 이후로 다윗이 여호와의 신에게 크게 감동되니라. 사무엘이 떠나서 라마로 가니라" 성령으로 충만한 다윗은 온전히 자기 인생을 하나님이 살았습니다. 하나님이 주인이 되시기 때문에 하나님이 그와 그를 통해서 곰을 죽이고 사자를 죽인 것입니다. 10대 소년이 대 장군 골리앗을 이길 수가 없습니다. 이스라엘 백성이 골리앗의 도전을 받고 혼비백산하여 나라가 위태할 때에 바로 이 소년 다윗이 사울 왕 앞에 나타났습니다. 그리고 "내가 가서 싸우겠다"하니까 사울이 말하기를 "흥~ 너는 17살 먹은 소년이고 저 장군은 대 장군인데 아예 단칼에 너의 목이 날라 간다. 안 된다" 그때 다윗이 이렇게 말했습니다. "다윗이 사울에게 고하되 주의 종이 아비의 양을 지킬 때에 사자나 곰이 와서 양떼에서 새끼를 움키면 내가 따라가서 그것을 치고 그 입에서 새끼를 건져내었고 그것이 일어나 나를 해하고자 하면 내가 그 수염을 잡고 그것을 쳐 죽였었나이다. 주의 종이 사자와 곰도 쳤은즉 사시는 하나님의 군대를 모욕한 이 할례 없는 블레셋 사람이리이까, 그가 그 짐승의 하나와 같이 되리이다. 또 가로되 여호와께서 나를 사자의 발톱과 곰의 발톱에서 건져내셨은즉, 나를 이 블레셋 사람의 손에서도 건져 내시리이다. 사울이 다윗에게 이르되 가라 여호와께서 너와 함께 계시기를 원하노라"

장군들도 무서워 벌벌 떠는데 다윗이 어떻게 감히 나가겠다고 했습니까? 다윗은 자기는 자기가 아니라 하나님이 자기 인생을 살아준다는 것을 알았습니다. 그러므로 그 싸움이 자기의 싸움이 아니라, 하나님의 싸움이라고 알았습니다. 만군의 여호와께서 자기 인생을 살아 주시고 자기를 통해서 싸워 주시니까 골리앗이 아무리 대장군이라도 하나님과 싸워서 이길 수가 있겠습니까? 골리앗은 키가 2미터 80센티. 제가 1미터 70센티니까 저보다 1미터나 더 큽니다. 갑옷 무게가 57킬로그램에 창날 무게가 7킬로그램입니다. 거인이었어요. 그런데 다윗이 이 골리앗을 대항해서 나가면서 그가 한말을 들어 보십시오. 아주 가슴이 찌릿한 말을 했습니다.

"다윗이 블레셋 사람에게 이르되 너는 칼과 창과 단창으로 내게 오거니와 나는 만군의 여호와의 이름 곧 네가 모욕하는 이스라엘 군대의 하나님의 이름으로 네게 가노라 오늘 여호와께서 너를 내 손에 붙이시리니 내가 너를 쳐서 네 머리를 베고 블레셋 군대의 시체로 오늘날 공중의 새와 땅의 들짐승에게 주어 온 땅으로 이스라엘에 하나님이 계신 줄 알게 하겠고 또 여호와의 구원하심이 칼과 창에 있지 아니함을 이 무리로 알게 하리라 전쟁은 여호와께 속한 것인즉 그가 너희를 우리 손에 붙이시리라"

다윗이 이렇게 큰 말을 할 수 있는 것은 자기 인생 자기가 살지 않고 자기가 하나님과 더불어 사는 것도 아니고, 완전히 하나님을 하나님으로 왕으로 주인으로 목자로 받아 들여서 자기 인생을 하나님이 살도록 했기 때문에 담대하게 하나님을 의지해서 이 말을 할 수 있었던 것입니다. 눈에는 아무 증거 안보이고 귀에는 아무 소리 안 들리고 손에는 잡히는 것 없고 앞길이 칠흑같이 어두워도 내 인생은 하나님이 살아주신다. 동남풍아 불어라. 서북풍아 불어라. 바람아 불어라. 눈보라야 처라. 험산준령아 막혀라. 내 인생 내가 살지 않고 하나님과 더불어 살지 않고 내 인생 하나님이 살아 주시니 하나님께서 넉넉히 이기신다고 말할 수가 있는 것입니다.

충만한 교회는 말씀과 성령으로 성도들을 치유하여 성령의 인도를 받는 영적인 성도가 되도록 하는 목회를 합니다. 충만한 교회 목회 방향은 성도들을 목회자 그늘에서 믿음 생활을 하는 나약한 성도가 되지 않도록 하는 것입니다. 영적인 자립을 하는 것을 목표로 훈련합니다. 하나님께서 부여하신 권능을 사용하여 세상을 장악하게 합니다. 그래서 주일날도 강한 성령의 역사가 일어나는 예배를 드립니다. 예배 시간은 1부 11:00-/ 2부 13:30-입니다. 영적인 눈이 열리고 사고가 영적으로 변하는 말씀을 준비하여 교재로 제공하고 설교를 합니다. 기도를 40분 이상 하면서 담임 목사가 일일이 안수하여 성령으로 충만 받도록 합니다. 필요한 성도는 토요일 날 개별집중치유를 하여 문제를 치유하고 영성을 깊게 합니다. 자신의 영을 자신이 지킬 수 있는 강한 성도가 되게 훈련하고 있습니다.

15장 하늘의 권세로 동행하시는 예수님

(마 8:5-10)"예수께서 가버나움에 들어가시니 한 백부장이 나아와 간구하여 이르되 주여 내 하인이 중풍병으로 집에 누워 몹시 괴로워하나이다. 이르시되 내가 가서 고쳐 주리라. 백부장이 대답하여 이르되 주여 내 집에 들어오심을 나는 감당하지 못하겠사오니 다만 말씀으로만 하옵소서 그러면 내 하인이 낫겠사옵나이다. 나도 남의 수하에 있는 사람이요, 내 아래에도 군사가 있으니 이더러 가라 하면 가고, 저더러 오라 하면 오고, 내 종더러 이것을 하라 하면 하나이다. 예수께서 들으시고 놀랍게 여겨 따르는 자들에게 이르시되 내가 진실로 너희에게 이르노니 이스라엘 중 아무에게서도 이만한 믿음을 보지 못하였노라"

하나님은 예수를 믿고 성령으로 거듭난 성도가 권세를 알고 사용하기를 소원하십니다. 하나님의 자녀는 하나님의 권세가 있습니다. 자신이 가진 권세를 사용해야 만사가 형통한 삶을 살 수가 있습니다. 하나님은 하나님의 음성을 듣고 주어진 권능을 사용하여 싸울 수 있는 성도가 필요하기 때문입니다. 권세 있는 사람과 힘이 센 사람은 다릅니다. 권세는 지위에 따라 오는 것이고, 힘은 체력을 통해 오는 것입니다. 간단한 예를 들어본다면 교통순경은 육체적으로는 연약해서 힘이 없지만 정부가 주는 교통순경이 갖는 권세가 있습니다. 그러나 큰 덤프트럭은 힘은 굉장히 세지만 아주 체력이 약한 교통순경이 호루라기를 불어 손가락으로 가리키면 정지해야 합니다. 이는 힘은 권세에 복종해야 한다는 것을 잘 보여주는 예입니다.

권세와 힘은 똑같은 능력이지만 권세는 힘을 다스리는 것입니다. 오늘 읽은 성경 말씀에서 이에 대한 놀라운 이야기가 있습니다. 예수님께서 한 동네에 계신데 이탈리아의 백부장, 요즘으로 말하면 대위정도 되는 사람이 주님께 나와 무릎을 꿇고 엎드려 구했습니다. '내 종이 중풍으로 심히 앓고 고생하오니 와서 도와주소서' 예수님께서 "내가 가서 도와주리라" 그러자 백부장은 '아닙니다. 주께서 우리 지붕 밑에 오시는 것도 우리는 감당할 수 없습니다. 주님께서 말씀 한 마디만 하옵소서. 그러면 내 하인이 낫겠나이다. 나도 로마 시저 황제의 권세 아래 있는 사람이요, 그 권세에 의지하여 나도 권세가 있으므로 제 밑의 병졸에게 이리로 가라하면 가고 오라 하면 오며 이것을 하라하면 하나이다.'

이 말을 듣고 예수님께서 감탄하셨습니다. "이 어찌된 일인가 이 이방인처럼 권세에 대한 이해를 갖고 믿음을 가진 자가 있겠는가" 그리고 그 자리에서 그 하인을 고쳐주셨습니다. 예수님은 여기에서 인간의 믿음이란 것은 그 배후에 권세가 있어야 활용될 수 있다는 것을 보여주셨습니다. 권세에 대해 잘 이해하지 못하면 믿음의 역사는 일어날 수 없습니다. 이 백부장은 예수님이 바로 하나님이시오, 하나님의 아들이시므로 우주를 다스리고 변화시키시는 절대 권세가 있으므로 그 권세자의 말 한마디면 모든 것이 다 이루어진다는 것을 알고 있었습니다. 그러므로 우리 성도들이 권세를 잘 이해하면 위대한 신앙생활의 길을 걸어갈 수 있습니다.

첫째, 권세란 무엇인가를 알아야 합니다. 권세의 근원은 우주의 절대 주권자이신 하나님께로부터 출발하는 것입니다. 하나님께서는 말씀 한마디로 천지와 만물을 지으셨고 지금도 그 하나님의 손위에 온 세계와 만유가 존재하는 것입니다. 과거, 현재, 미래도 하나님의 권세 밖에서는 움직여 질 수 없습니다. 그러므로 절대적으로 모든 권세는 하나님께로부터 출발하는 것입니다. 물론 하나님의 권세에 도전한 원수 마귀가 있습니다. 마귀는 하나님과 동등 되려고 하다가 쫓겨나 루시퍼를 따르는 사자들과 함께 마귀와 귀신들이 되었습니다.

하나님의 형상과 모양대로 지음 받은 아담과 하와도 하나님과 동등 되고자 하는 마귀의 꾀임을 받아 하나님을 반역했다가 하나님께로부터 쫓겨나서 타락한 그 후손이 오늘날도 하나님의 권세를 인정하지 않고 하나님의 권세에서 벗어나 인본주의, 인간중심으로 살려고 하는 것입니다.

그들은 마귀도 사람도 하나님의 권세에서 벗어났다고 생각하지만 실상은 그렇지 않습니다. 하나님은 일정기간동안 그들 마음대로 자행자지 하도록 허락해 놓으셨을 뿐입니다. 그러나 그 기한이 차면 하나님께서 일어나셔서 그 권세로 처참하게 심판하실 것입니다. 마귀와 그 사자는 영원히 불과 유황으로 타는 못에 던져질 것이요, 그를 따르는 사람들도 모두 버림받아 불과 유황으로 타는 못에 심판을 받아 영원히 버림받게 될 것입니다. 우리가 보는 이 세상의 권세라는 것은 하나님께 출처가 있는 것입니다.

로마서 13장 1절로 2절에 "각 사람은 위에 있는 권세들에게 굴복하라 권세는 하나님께로서 나지 아니함이 없나니 이 모든 권세는 하나님의 정하신 바라 그러므로 권세를 거스리는 자는 하나님의 명을 거스림이니 거스리는 자들은 심판을 자처하리라"고 하셨습니다.

하나님께서는 이 세상의 권세는 올바르든 그르든 간에 하나님의 허락 없이는 존재할 수 없다는 사실을 보여주고 있습니다. 그러므로 하나님을 우리 예수님을 믿는 사람들이 의지할 때 마음의 평안을 얻을 수 있는 것은 우리를 위하는 권세뿐 아니라 우리를 도적질하고 죽이고 멸망시키려는 악한 권세라도 하나님의 허락 없이는 조금도 움직일 수 없다는 것을 알기 때문이고 우리가 하나님을 의지하면 악의 권세가 우리를 멸할 수 없다는 것을 잘 알기 때문입니다.

다니엘서 4장 17절에 "이는 순찰자들의 명령 대로요 거룩한 자들의 말 대로니 곧 인생으로 지극히 높으신 자가 인간 나라를 다스리시며 자기의 뜻대로 그것을 누구에게 던져주시며 또 지극히 천한 자로 그 위에 세우시는 줄을 알게 하려하심이라 하셨느니라"고 하셨습니다.

하나님께서는 인간 나라는 궁극적으로 하나님께서 다스리신다는 것을 보여주셨습니다. 역사의 알파요 오메가요 처음과 나중이요, 시작과 끝이신 하나님의 손에 있는 것이요, 이 세상의 모든 권세와 권세의 보좌는 하나님께서 주장하셔서 하나님께서 한 사람을 권세의 자리에 앉게도 하시고 폐하시기도 하시며, 지극히 천한 자를 일으켜 권세 있는 자리에 앉게도 하시는 것은 하나님께서 친히 역사 하시는 일이라는 것을 성경은 분명히 보여주고 있습니다. 그렇기 때문에 우리가 권세라고 말하는 것의 모든 근원은 하나님인 것입니다. 선한 권세도 악한 권세도 하나님께로부터 말미암는 것입니다.

둘째, 우리 크리스천의 권세는 무엇일까요? 예수를 믿는 사람들은 어떤 권세를 가지고 있을까요? 요한복음 1장 12절에 보면 "영접하는 자 곧 그 이름을 믿는 자들에게는 하나님의 자녀가 되는 권세를 주었노니"라고 기록되어 있습니다. 그러므로 우리는 예수님을 믿자마자 권세 있는 자들인 것입니다. 강요셉의 집안에 태어난 사람은 강요셉의 집안에 있는 모든 것을 누릴 수 있는 권한이 있습니다. 제 자녀들이 우리 집에서 제가 다스리는 모든 것을 누릴 수 있는 권세를 가지고 있습니다. 우리가 예수를 구주로 믿고 하나님의 자녀로 태어나면 하나님께서 주신 그 은총의 세계 속에서 하나님께서 예비하신 모든 축복을 누릴 수 있는 권세를 갖게 되는 것입니다. 우리는 하나님의 품안에서 태어났고 하나님께서 예비하신 것을 누릴 수 있는 권세와 특권을 가지고 태어났다는 것을 알아야 합니다. 그리고 우리는 권세 있는 위치를 가지고 태어났습니다. 요한복음 1장 12-13절에 "영접하는 자 곧 그 이름을 믿는 자들에게는 하나님의 자녀가 되는 권세를 주셨으니, 이는 혈통으로나 육정으로나 사람의 뜻으로 나지 아니하고 오직 하나님께로부터 난 자들이니라"말씀하고 있습니다.

에베소서 2장 4절로 6절에 "긍휼에 풍성하신 하나님이 우리를 사랑하신 그 큰사랑으로 인하여 허물로 죽은 우리들을 그리스도와 함께 살리셨고 너희는 은혜로 구원을 얻은 것이라 또 함께 일으키사 그리스도안에서 함께 하늘에 앉히시니라"고 하셨습니다. 그러므로 우리는 예수 그리스도 안에서 볼 때, 우리는 이미 하늘로 승천해서 하나님의 보좌 우편에 앉아있는 것입니다. 하나님의 그 보좌 우편에 예수님과 함께 앉아있는 자리에 있으니 우리의 지위가 얼마나 높은지를 알아야 합니다. 우리의 지위는 마귀의 그것 보다 높으며 모든 천군과 천사보다 높습니다. 우리는 하나님의 친자녀로서 하나님의 생명이요, 성품이신 영생을 우리 속에 모시고 있고, 하나님의 영이신 성령을 우리

속에 모시고 있어서 하나님을 향해 아바 아버지라고 부를 수 있다는 사실을 알아야 합니다.

우리 크리스천들은 권세 있는 하나님의 자녀로 태어났고 권세 있는 자리에 앉아있지만, 그러나 이 권세는 하나님께서 우리에게 관리하는 차원에서 주신 것입니다. 이 권세는 우리 속에서 자생적으로 나온 권세가 아니라, 관리자의 신분인 우리에게 하나님께서 맡기신 권세인 것입니다. 그래서 우리는 백부장의 고백을 귀 기울여 잘 들어봐야 합니다. 그는 '저는 권세가 있습니다. 그러나 내가 남의 수하에 있어서 로마 시저황제의 권세에 복종하고 있기 때문에 나도 그 권세를 이어받아 그 권세를 활용할 수 있어서 내 밑에 있는 병졸보고 가라하면 가고 오라 하면 옵니다.'하고 말했습니다.

우리의 권세라는 것은 예수를 믿고 하나님 안에 있을 때 사용이 가능한 권세입니다. 성령의 임재 가운데 사용할 수 있는 권세로서 하나님 안에 있는 권세입니다. 우리의 권세는 자생적으로 생겨서 우리 맘대로 쓸 수 있는 권세가 아닙니다. 내가 절대 주권자이신 우리 하나님께 마음을 다하고 뜻을 다하고 정성과 목숨을 다하여 절대 순종하고 의지하고 믿고 나갈 때 하나님께서 우리에게 맡기신 권세를 사용할 수 있는 것입니다.

그러므로 하나님의 뜻을 반역하고 자행자지 하면서 하나님께서 주신 권세를 사용하려고 해봤자 이 사람은 권세를 사용할 수 없습니다. 성경 사도행전에서 볼 수 있듯이 스케바의 대제사장의 아들들이 귀신을 쫓아낸다고 사도 바울이 증거 하는 대로 '나사렛 예수의 이름으로 명하노니 귀신아 나가라'하고 외치니 그 사람 속에 있던 귀신이 외쳐 말하기를 '예수도 내가 알고 바울도 내가 알지만 도대체 너는 누구냐'하고는 덤벼들어서 그들의 옷을 찢고 할켜 상처를 입히니 그들이 혼비백산하여 벌거벗고 도망쳤습니다.

예수님께서는 절대주권자의 권세를 가지고 계시며 바울은 예수 그리스도의 권세에 순복하고 있기 때문에 예수님의 대행자, 관리자로서 권세를 가지고 있었고 마귀도 그것을 인정했습니다. 그러나 하나님도, 예수도 구주로 믿지 않은 스케바의 대제사장의 아들들은 권세 있는 체 행동했지만 마귀에게 인정받지 못했습니다. 그러므로 우리가 하나님께 받은 그 권세를 능력 있게 사용하기 위해서는 우리의 죄를 고백하고 우리의 불순종을 모두 자백한 후 영과 마음과 몸을 다해 주님 발 앞에 엎드려 주님 중심으로 살고 순종하며 살아야 합니다.

그리고 나서는 우리는 성령의 인도 하에 하나님의 뜻을 집행하는 권세를 사용할 수 있습니다. 이 성경 창세기부터 요한계시록까지 하나님께서 우리에게 알려주신 그 뜻을 집행하게 될 때 우리는 하나님께서 주신 권세를 당당히 사용할 수 있는 것입니다. 그러면 권세를 어떻게 사용할까요? 권세는 위엄 있게 명하고 실천하는 것입니다. 예수님께서 권세를 사용하신 모습을 보십시오. 갈릴리 바다에 파도가 일어서 배가 물속으로 완전히 침

몰될 위기에 있었을 때 제자들이 깨우니 예수님께서 일어나셨습니다. 예수님께서는 그 바람과 파도를 보고 권세 있게 말씀하셨습니다. "바람아 잠잠하라, 파도야 잠잠하라" 그 권세 있는 말에 바람과 파도가 잠잠해졌습니다.

그 명령을 보십시오. 얼마나 위대합니까? 나사로가 죽은 지 나흘이 되어 썩은 냄새가 났습니다. 마리아와 마르다가 무덤의 문을 옮겨놓자 예수님은 그 썩은 냄새가 나는 무덤 앞에서 권세 있는 명령을 하셨습니다. "나사로야 나오라" 그러자 죽은 지 나흘이 지난 나사로가 온 몸에 수의를 감은 채 걸어 나왔습니다. 권세와 능력을 가지고 신앙생활을 한다는 것은 우리가 어떤 사건에 처했을 때 예수님의 이름으로 권세 있게 명령을 한다는 것입니다.

우리는 오랫동안 권세에 대한 것을 이해하지 못하고 있었기 때문에 항상 간구하고 빌고 우는 신앙밖에는 발전시키지 못했습니다. 어떠한 일에도 늘 울고 빌었습니다. 권세 있는 사람은 그렇게 빌고 울지 않습니다. 권세 있는 사람은 자신의 위치와 권세를 안후에는 가슴을 펴고 당당하게 권세 있는 명령을 하는 것입니다. 그러므로 우리가 예수님 안에서 권세 있는 신앙생활을 하려고 할 때는 원수 마귀를 향해서도 당당히 '나사렛 예수 그리스도의 이름으로 명하노니 이 사람에게서 나가라'고 명할 수 있어야 할 것입니다. 우리가 우리의 병을 향해서도 '내가 네게 명하노니 예수이름으로 이 몸에서 떠나가라'

고 권세 있게 명령할 수 있어야 합니다. 하나님께서 우리에게 주신 이 권세를 우리는 사용해야 합니다. 이 권세를 사용하는 사람은 자기 생활 가운데 영혼이 잘 됨같이 범사에 잘되며 강건하고 생명을 얻되 넘치게 얻는 승리와 풍요와 부요의 삶을 가져올 수 있는 것입니다.

오늘날 너무 많은 신자들이 권세를 상실하고 자신이 권세를 가지고 있는 것조차 알지 못하여 하나님께서 자신에게 주신 것조차 찾아 누리지 못하는 비극적인 상황 속에 살고 있습니다. 저는 오늘 이 책을 읽는 분께 말합니다. 담대하게 말합니다. 당신에게 위대한 권세가 주어져 있다는 사실을 알고 사용할 수 있게 되시기를 주님의 이름으로 축원 드립니다.

셋째, 크리스천이 행사할 수 있는 권세의 한계를 우리는 알아야겠습니다. 우리는 하나님과 같은 절대 주권을 행사할 수는 없습니다. 하나님의 권세 앞에 순복해서 하나님께서 우리에게 제한해 주신 그 범위 안에서 우리의 권세를 사용 할 수 있는 것입니다. 그러면 하나님께서는 우리에게 어떤 권세를 사용할 수 있게 해주셨을까요? 하나님은 예수 그리스도를 보내주셔서 우리를 대신하여 십자가에서 몸 찢고 피 흘려 죽으심으로 값을 주고 우리를 모든 절망에서 구출해주셨습니다. 그래서 예수 그리스도의 피 값을 주고 우리를 사주신 그 안에서 우리는 권세를 활용할 수 있습니다. 우리가 백화점에 가서 물건을 골랐을 때 부모님이 그 물건 값을 지불해 주시면 우리는 권세 있고 당당하게 그 물건을 가지고 갑니다. 이와 같이 하나님께서 예수 그리스도를 통해 대속해 주신 그 한도 내에서 우리는 대단한 권세를 사용할 줄 알아야 합니다. 그러면 어떤 것을 주님께서는 주셨을까요?

먼저 주님은 죄를 다스리는 권세를 우리에게 주셨습니다. 성경 창세기 4장 7절에, "네가 선을 행하면 어찌 낯을 들지 못하겠느냐 선을 행치 아니하면 죄가 문에 엎드리느니라 죄의 소원은 네게 있으나 너는 죄를 다스릴지니라"고 기록되어 있습니다. 오늘날 사람들은 죄가 너무 강해서 저는 도저히 어찌할 수가 없다고 말합니다. 그러나 하나님께서는 가인에게 말씀하시기를 "죄가 네 문 앞에 엎드리고 죄가 너를 사로잡으려고 간절히 소원할 것이나 너는 죄를 다스릴지니라"고 하셨습니다. 우리에게는 원래부터 죄를 다스리고 살 수 있는 권세가 주어졌습니다. 여기에 플러스하여 예수님은 십자가에서 우리의 과거, 현재, 미래의 죄과를 다 도말 하셨을 뿐 아니라 죄의 권세를 당신의 몸으로 격파하셨습니다. 그러므로 우리는 예수님을 믿는 자녀들로서 죄를 다스릴 권세를 가지고 있음을 알아야 합니다. 다스리는 자가 다스림을 받는 사람 앞에서 '제발 명령 좀 들어줘요, 빕니다'라고 한다면 그는 권세자가 아니라 약한자입니다. 우리가 권세자이면 강하고 담대하게 죄가 우리를 유혹할 때 "나사렛 예수의 이름으로 명하노니 이 탐욕의 죄야 물러가라, 음란의 죄야 내게서 떠나가라, 방종의 죄야 내게서 물러가라" 하고 우리가 다스려야 합니다. 오늘날 신자들이 죄를 다스리지 못하고 죄 앞에서 벌벌 떨고만 있어서는 결코 안 될 것입니다.

그리고 우리는 귀신을 쫓아 낼 수 있는 권세를 가지고 있습니다. 누가복음 10장 17절로 19절에 보면 "칠십 인이 기뻐하며 돌아와 이르되 주여 주의 이름이면 귀신들도 우리에게 항복하더이다. 예수께서 이르시되 사탄이 하늘로부터 번개 같이 떨어지는 것을 내가 보았노라. 내가 너희에게 뱀과 전갈을 밟으며 원수의 모든 능력을 제어할 권능을 주었으니 너희를 해칠 자가 결코 없으리라"고 하셨습니다. 여기에서 원수 마귀는 능력과 힘을 가지고 있습니다.

그러나 우리는 권세를 가지고 있습니다. 마귀는 막강한 천사의 힘을 가지고 있기 때문에 힘으론 대적하여 이길 수 없습니다. 그러나 우리는 권세를 가지고 있기 때문에 마귀에게 '나가 주세요'하고 사정하지 말고 "나사렛 예수의 이름으로 명하노니 너희 원수 귀신아 묶음을 받아라, 떠나가라"하고 단호히 권세 있게 명령하기를 주님의 이름으로 축원 드립니다.

우리는 또 병을 고치는 권세를 가지고 있습니다. 예수님께서 우리의 병을 다 청산해 버리셨기 때문입니다. 저가 우리 연약한 것을 친히 담당하시고 병을 짊어지고 가셨기 때문에 우리는 이제 병을 보고 무릎을 꿇어 쩔쩔 맬 필요가 없습니다. 권세와 위엄을 가지고 "예수께서 채찍에 맞으심으로 이미 나음을 입었다,

이미 십자가에서 해결되어 버렸다. 나사렛 예수의 이름으로 명하노니 너희 병은 내 몸에서 묶음을 풀어라. 사람의 몸에서 떠나가라"하고 권세 있게 명령할 수 있는 것입니다. 우리가 하나님의 권세 하에서 순종하며 살고 있는 이상 권세 있게 병을 물리칠 수 있습니다.

또 나아가서 우리는 저주를 물리치는 권세가 있습니다. 예수님께서 가시관을 쓰셔서 아담과 하와가 초래한 가시와 엉겅퀴를 피를 흘려 청산하시고 예수님께서 십자가를 짊어지심으로 말미암아 율법의 모든 저주로부터 우리를 대가를 지불하고 속량해 버렸습니다. 그렇기 때문에 우리는 이제 값으로 산 바 되었으며, 저주의 세계에서 살 것이 아니라. 주님께서 예비하신 젖과 꿀이 흐르는 가나안에서 살 수 있게 된 것입니다. 이것을 안 이상 저주가 우리에게 폭풍우처럼 밀려올 때 숙명적으로 그것을 받아들여 그것에 복종하여 벌벌 떨지 말고 저주를 향해 정면으로 나가서 "나사렛 예수이름으로 명하노니 너희 저주는 묶음을 받으라. 우리 가족, 사업체에서 묶음을 받으라. 너희 모든 저주는 이 시간에 모두 물러가고 떠나갈지어다" 하고 단호히 저주를 물리치는 권세를 활용할 줄 알아야 할 것입니다.

우리는 또 천국에 들어갈 수 있는 권세가 있습니다. 예수께서 십자가에서 우리의 영혼을 속량해 버리셨기 때문에 우리는 이제 사망이 와도 겁나지 않습니다. 바울 선생은 "사망아 너의 속이는 것이 어디 있느냐 사망아 너를 이기는 것이 어디 있느냐

올 테면 와 보라"라고 말했습니다. 바울 선생은 권세 있게 사망에 대처했습니다. 우리는 이제 죽음이 겁나지 않습니다. 죽음이 다가와 우리의 육신의 장막 집을 헐어버린다고 할지라도 우리는 권세 있게 죽음을 향하여 "내가 나간다. 길을 비켜라. 하나님의 아들이 나간다. 사망아, 음부야, 무덤아 길을 비켜라"하며 큰소리치며 눈을 감고 천국으로 갈 수 있는 것입니다.

이러므로 죽음이 다가올 때 죽음 앞에서 벌벌 기고 두려워하지 말고 한 번씩은 죽음을 맞이할 터인즉 가슴을 펴고 죽음을 향해 "올 테면 와 보라 길을 비켜라 나는 천국으로 간다"고 외치는 권세 있는 우리들이 되어야겠습니다.

또 나아가서 성경에 있는 그 많은 하나님의 약속의 말씀들은 우리를 위해서 주님께서 주신 것입니다. 그러므로 하나님의 말씀을 자세히 살펴보고 말씀을 듣고 연구하고 공부해서 나를 위해서 어떤 말씀이 기록되어 있는지를 알아야 합니다. 성경은 약 7천여 가지의 하나님의 약속의 말씀을 주고 있는데 이는 다 하나님께서 그리스도 예수로 말미암아 피 흘려 값 주고 사신 약속이기 때문에 우리가 권세를 활용할 수 있는 범위를 보여주는 것입니다. 약속의 말씀을 내가 확실히 알았으면 말씀에 서서 우리는 권세 있게 믿어야 합니다.

우리가 어떠한 사람이며 우리의 위치가 어떠한 가는 당당한 권세를 알지 못하면 우리의 믿음도 역사하지 않습니다. 백부장이 예수 그리스도의 권세를 인정하고 믿었기 때문에 주님은 감탄하셨습니다. 믿음은 권세를 통해 역사 하는 것입니다. 그러면 우리는 어떠한 태도를 가지고 이 세상을 살까요? 그리스도 안의 권세는 하나님의 권세에 순종하는 삶을 살 때 하나님께서 한정지어주신 범위에서 그 권세를 사용할 수 있습니다.

우리가 하나님께 불순종하고 반역하고 하나님을 떠나면 우리는 권세를 사용할 수 없습니다. 또 진실로 순종하고 믿는 삶을 살지 아니하고 차지도 덥지도 아니하다면 우리는 우리의 권세를 충분히 활용할 수 없는 것입니다. 그러나 우리가 마음을 다하고 뜻을 다하고 정성과 목숨을 다하여 주님을 전적으로 믿고, 그 중심으로 살고, 주님과 함께 서면 그러면 예수께서 피 값을 주고 사신 것과 성경에 있는 모든 것을 우리는 강하고 담대하게 사용할 수 있는 권세를 누릴 수 있는 것입니다.

우리가 우리의 권세를 알고 활용하게 될 때 이로써 영혼이 잘되게 됩니다. 만사가 형통하게 됩니다. 저주를 제해 버리고 범사가 잘되게 됩니다. 마귀의 권세, 질병을 묶어 쫓아버리고 강건함을 얻을 수 있습니다. 우리의 일어서고 앉는 곳마다 생명을 얻되 넘치게 얻을 수 있고 우리가 가는 곳마다 권세를 사용하여 온 세상이 하나님의 빛과 영광과 생명으로 충만하게 되도록 할 수 있는 것입니다. 저는 이 책을 읽는 분에게 담대하게 말합니다. 오늘 이 시간부터 예수 안에서 우리는 권세가 있는 자들이니 권세 있는 신앙생활, 권세 있는 기도, 권세 있는 말을 선포하여 삶에서 만사형통의 복을 받으시기를 바랍니다.

16장 동행하며 풍성하게 하시는 예수님

(시 23:1-3)"여호와는 나의 목자시니 내게 부족함이 없으리로다. 그가 나를 푸른 풀밭에 누이시며 쉴 만한 물 가로 인도하시는 도다. 내 영혼을 소생시키시고 자기 이름을 위하여 의의 길로 인도하시는 도다"

예수님은 성령으로 동행하시면서 삶을 풍성하게 하십니다. 그러므로 삶을 풍성하게 살아가려면 예수님이 동행하는 삶을 살아야 합니다. 사람도 동행하려면 서로 신뢰할 수가 있어야 합니다. 예수님과 동행하려면 그분이 신뢰할 수 있는 삶을 살아야 합니다. 즉, 예수님을 주인으로 인정해야 한다는 거입니다.

예수를 믿고 성령으로 거듭나면 하나님께서 공급하시는 것을 받아서 사용해야 합니다. 하나님께서 공급하시는 것으로 살아가게 됨으로 부족함이 없습니다. 부족함이 없다는 것은 풍성한 자원이 있다는 것을 말하는 것입니다. 상류국가들은 기름의 부족함이 없습니다. 왜냐하면 기름이 풍성하게 그들의 땅 밑에 매장돼 있기 때문인 것입니다. 무엇이든지 부족함이 있을 때 고민하고 고통을 당하고 괴로워하게 되는 것입니다. 부족함이 없을 때는 마음속에 없음으로 말미암아 다가오는 그 고통과 괴로움은 사라지게 되는 것입니다.

다윗은 여호와 하나님께서 자기의 목자가 되시므로 자기에게는 부족함이 없다고 담대하게 신앙고백을 했었습니다. 다윗의 하나님, 오늘 우리의 하나님이신 것입니다. 그렇다면 다윗의 신앙고백이 바로 우리의 신앙고백이 되어야 될 것인 것입니다. 여호와는 나의 목자 시니 내게 부족함이 없다는 이와 같은 담대한 신앙고백을 우리는 과연 할 수 있을까요? 다윗은 어떻게 하여 부족함이 없는 신앙을 얻게 되었을까요? 여기에 대해서 우리는 그 비결을 알아보아야 될 것인 것입니다.

첫째, 그가 나를 푸른 초장에 누이신다는 신념을 가지고 있었습니다. 목자가 양을 거느려서 푸른 초장에 가서 실컷 풀을 뜯어먹게 해서 살찌게 하는 것은 목자가 하는 사명이요, 일인 것입니다. 다윗은 하나님께서 자기 목자가 되시므로 자기를 항상 어떠한 여건에서도 푸른 초장에 누이셔서 그가 조금도 부족함이 없이 먹고 마시고 살 수 있게 만들어 준다고 신앙을 고백했는데 우리의 목자는 누구십니까? 바로 우리의 목자는 바로 다윗의 목자요, 우리 주 예수그리스도인 것입니다. 예수님께서 말씀하기를 삯꾼이 오는 것은 자기 목자도 아니고 또 자기 양도 아니므로 이리가 오면 달아난다고 말씀하셨습니다.

그러나 나는 참 목자라 나의 양을 위해서 나의 목숨을 버린다고 했었습니다. 예수님께서는 우리를 사랑하셔서 목숨을 버리기까지 하신 목자인 것입니다. 그는 죽었다가 사흘만에 부활하셔서 오늘 성령으로 말미암아 우리의 목자로서 우리 가운데 와 계신 것입니다. 예수님께서 그러므로 필연적으로 우리를 푸른 초장으로 이끌어 주시는 것입니다. 우리의 푸른 초장은 어디에 있을까요? 다윗은 푸른 초장에 자기를 누인다고 했는데 우리를 누일 초장은 어디일까요? 이것은 갈보리 산 십자가 밑이 바로 예수께서 만드신 푸른 초장인 것입니다. 예수님께서는 죄짓고 불의하며 추악하고 저주와 절망과 지옥의 세력으로 죽어 가는 우리들을 위해서 십자가에 올라가셔서 그 몸이 찢기고 피를 흘리심으로 말미암아 우리를 위해서 갈보리산 위 십자가 밑에 우리가 드러 누울 수 있는 푸른 초장을 만들어 놓으신 것입니다.

이러므로 우리가 다 죄를 짓고 불의하고 추악함에도 불구하고 남녀 노유, 빈부귀천, 동서를 막론하고 오늘 이 시간에 십자가 밑에 나가면 우리가 거할 수 있는 푸른 초장이 있습니다. 우리가 먹을 수 있는 푸른 풀이 그곳에 나와 있는 것입니다. 그러면 갈보리산 십자가 밑에 예수님께서는 어떤 풀밭을 만들어 놓았을까요? 예수님은 그곳에 용서의 풀밭을 만들어놓은 것입니다. 십자가 밑에 나가면 우리의 죄를 용서하는 그리스도의 은혜의 풀밭이 있습니다. 우리가 마음속에 죄를 가지고 있는 이상 죄책감을 가지고 있는 이상 결코 우리 영혼 속에 휴식이 있을 수가 없습니다.

죄에 쫓기고 있는 사람 치고 그 마음속에 평안이 있을 수가 없는 것입니다. 성경은 말씀하기를 "대개 악인에게는 그 마음에 평강이 없다"고 말한 것입니다. 그런데 우리가 갈보리 십자가 밑에 나오면 거기에 푸른 풀밭이 있습니다. 용서의 풀밭이 있습니다. 예수께서 우리의 과거의 죄, 현재의 죄, 미래의 죄를 한 몸에 걸머지시고 그 몸이 찢기고 피를 쏟음으로 말미암아 우리의 죄를 다 청산하여 주셨기 때문에 갈보리 십자가 밑에 있는 은혜의 풀밭에서 우리는 예수그리스도의 용서를 먹을 수가 있는 것입니다. 그리고 그리스도의 의로움을 심을 수가 있는 것입니다. 이러므로 오늘날 어떠한 죄인이라도 그 죄 때문에 버림을 당하거나 지옥을 가는 것이 아니라 갈보리 십자가 밑에 예수께서 만드신 은혜의 풀밭에 가서 용서를 받아먹지 않기 때문에 그렇게 되는 것입니다. 이러므로 남녀 노유, 빈부귀천, 할 것 없이 오늘 있는 그대로 못난 그대로 빈손 든 그대로라도 십자가 밑에 나아가서 용서의 풀밭에 가서 용서의 은혜를 받아먹게 되시기를 주의 이름으로 축원합니다.

또 다시 갈보리 십자가 밑에 있는 화해의 풀밭입니다. 하나님과 우리 사이가 원수가 되었습니다. 아담과 하와가 하나님을 반역한 이후로 그들은 에덴동산에서 쫓겨나 하나님이 예비한 세계에서 쫓겨났습니다. 땅은 저주를 받아 가시와 엉겅퀴를 내고 그들은 수많은 고통과 괴로움 가운데서 죽어야만 했습니다. 우리는 아담과 하와의 자녀들인 것입니다. 우리는 모두 하나님과 원수 된 상태에 있고, 하나님은 끊임없이 인간의 불의에 대해서 무서운 진노를 가지고서 바라보고 있는 것입니다. 누가 하나님과 우리 사이를 화해시킬 수가 있는 것입니까? 누가 우리를 이끌어서 하나님 앞에 나가서 하나님을 우리 아버지로 만들어 줄 수가 있습니까? 예수께서 하늘과 땅 사이에 높이 달려서 인간의 모든 반역의 죄를 하나님 앞에서 다 받아 그가 청산함으로 예수 그리스도 안에서 이제 인간의 반역의 죄는 다 사라지고, 하나님의 진노도 사라지고, 하나님과 원수가 된 담은 허물어지고 예수 안에서 하나님과 사람 사이에 화목이 있게 되는 것입니다.

이러므로 갈보리 십자가 밑에 가면 하늘 문이 열려 있는 것입니다. 다른 데는 하늘 문이 열려 있지 않습니다. 그러나 갈보리 십자가 밑에 가면 하늘 문이 열려 있고 우리가 예수 이름으로 아버지께 기도하면 아버지께서는 갈보리 십자가 밑에서 예수그리스도의 이름으로 우리의 기도를 들어주시는 것입니다. 그리고 우리의 문제를 해결해 주시며, 우리의 짐을 짊어져 주시는 것입니다. 하나님과 화목 된 장소가 바로 갈보리 십자가 밑에 푸른 초장에 있는 것입니다.

이러므로 어떠한 종교를 따라가도 소용이 없습니다. 의식을 따라가도 소용이 없습니다. 인간의 철학을 따라가도 소용이 없습니다. 우리를 위해서 하나님과 나의 사이에서 원수된 것을 허물어 주신 예수 그리스도 안에서 만이 하나님의 웃는 얼굴이 보입니다. 하나님의 자비의 손길이 나타납니다. 하나님과 사람 사이에 화목이 이루어진 것입니다. 그러므로 예수님을 의지해서 십자가 밑에서 아버지께 나가면 하나님이 말합니다. "잘 왔다. 나의 사랑하는 아들, 딸들아 이제 나의 예비한 동산으로 들어오라"고 말씀하시는 것입니다. 이러므로 화해의 풀밭에 우리는 드러 누울 수 있습니다. 우리가 갈보리 십자가 밑에 드러 누울 때 치료의 풀밭에 드러 누울 수가 있습니다. 우리는 모두가 병든 인간들인 것입니다. 영이 병들고 마음이 병들고 육체가 병들고 생활이 병들었었습니다. 병든 인간이 만드는 가정은 병든 가정이요, 병든 사회요, 병든 국가요, 병든 세계인 것입니다.

우리가 예수 앞에 나오면 주님께서 우리의 질병을 다 걸머지고 갔기 때문에 우리는 예수 앞에서 치료함을 받을 수가 있는 것입니다. 예수님께서 우리 연약한 것을 친히 담당하시고 병을 짊어지고 갔다고 성경은 말하고 있는 것입니다. 이러므로 우리가 마음의 병, 육신의 병, 생활의 병을 가지고 갈보리 십자가 밑에 나와서 그리스도 앞에서 기도할 때 하나님께서는 그리스도를 통해서 우리의 병을 고쳐주시고 우리에게 영, 육간에 건강을 주시는 치료의 풀밭에 눕혀 주시는 것입니다. 갈보리 십자가 밑에 참으로 개인, 가정, 생활 뿐 아니라 육체의 치료가 그곳에 있는 것입니다.

어떠한 질병이 있더라도 갈보리 십자가 밑에 드러 누우면 그곳에는 축복의 풀밭이 있습니다. 주님께서 우리를 위해서 모든 죄를 다 짊어 지셨습니다. 아담 이후로 가시와 엉겅퀴 속에서 우리는 찔리고 피투성이가 되어서 살아왔고 아무리 애를 쓰고 힘을 써도 이마에 땀을 흘리며 고통 가운데 살아왔어도 예수님께서 갈보리 십자가에서 모든 저주를 다 제해 버리시고 이제는 축복의 은혜의 풀밭을 만들어 놓은 것입니다.

성경은 말씀하기를 "그리스도께서 우리를 위하여 저주를 받은바 되사 율법의 저주에서 우리를 속량하였으니 이는 기록된 바 나무에 달린 자마다 저주아래 있는 자라 하였음이라 이는 그리스도 예수 안에서 아브라함의 복이 이방인에게 미치게 하고 믿음으로 말미암아 성령을 선물로 받게 할 함이라"고 말씀하고 있는 것입니다. 이러므로 예수 그리스도 안에서 갈보리 십자가 밑에 은혜의 풀밭이 생겨 있습니다. 이것은 축복의 은혜의 풀밭인 것입니다. 우리가 십자가 밑에 나와서 하나님 앞에서 우리의 생각을 바꾸고 예수이름으로 말미암아 이제는 긍정적인 자세를 취할 때 주께서 우리에게 축복을 해 주게 되어 있는 것입니다.

우리는 아브라함의 축복을 받은 자손들이요 갈보리 십자가 밑에서 예수로 말미암아 저주가 다 옮겨지고 가시밭이 다 옮겨지고 하나님의 축복의 동산이 되게 되는 것입니다. 우리가 갈보리십자가 밑에서 누우면 또다시 놀라운 목장이 돼 있습니다. 그것은 그리스도의 재림과 영생 천국의 풀밭인 것입니다. 우리는 갈보리 십자가 밑에 나갈 때 예수께서 재림하는 것을 알고 있습니다. 갈보리 십자가 밑에 나가서 우리가 볼 때 이곳은 영생의 풀밭이요, 천국의 풀밭입니다. 예수로 말미암아 하나님께서 새 하늘과 새 땅과 새 예루살렘을 예비해 놓은 축복의 약속이 그곳에 있는 것입니다.

우리의 육신의 장막집이 무너져도 손으로 짓지 아니한 영원한 집이 우리에게 있는 약속을 얻은 장소가 바로 갈보리 십자가 밑에 은혜의 풀밭인 것입니다. 이러므로 예수님은 우리의 목자로서 우리를 푸른 초장에 누이기 위해서 십자가에 올라가신 것입니다. 그가 십자가에 올라가서 몸이 찢기고 피를 쏟으심으로 말미암아 갈보리 십자가 밑에서 우리가 영혼이 잘 됨같이 범사에 잘 되며 강건하게 될 목장을 만들어 놓으신 것입니다.

오늘 그러므로 남녀 노유, 빈부귀천 할 것 없이 누구나 예수그리스도 앞에 나와서 십자가 밑에 서면 주님께서 우리를 이 푸른 초장에 누여 주시는 것입니다. 그러므로 이 푸른 초장에서 그리스도의 은혜를 믿음으로 받아먹고 은혜의 풀을 뜯어먹고 우리의 생각이 바뀌어 지게 되시기를 주의 이름으로 축원합니다.

우리의 마음이 바꾸어지지 아니하면 하나님께서 축복할 수 없습니다. 성경은 말씀하시기를 "하나님께서는 우리의 온갖 구하는 것이나 생각하는 것에 넘치도록 능히 하겠다"고 말한 것입니다. "지킬만한 것보다 네 마음을 지켜라 생명의 근원이 이에서 난다"고 했는데 마음의 생각이 부정적이 되고 파괴적이 되고 절망적이 되고 나는 못한다. 나는 안 된다. 나는 할 수 없다. 나는 가난하다. 이와 같이 돼 있으면 이러한 생각을 통해서 하나님께서 아무런 축복의 역사도 이룰 수 없는 것입니다.

마음의 생각이 달라지고, 꿈이 달라지고, 믿음이 달라지고, 말이 달라지는데, 우리 마음의 생각을 달리 할 무슨 조건이 있어야 될 것 아니겠습니까? 조건 없이 우리 마음의 생각을 바꿀 수가 있나요? 갈보리 십자가 밑에 예수께서 이루어 놓으신 보혈의 공로로 말미암아 세워놓은 그 은혜의 풀밭에 드러 누울 때 예수그리스도의 십자가의 보배로운 피로 말미암아 용서의 은혜를 받고 화해의 은혜를 받으며, 치료의 은혜를 받고 축복의 은혜를 받으며, 재림, 영생, 천국의 은혜를 받아서 우리 마음의 생각이 달라질 수가 있는 것입니다.

예수님을 믿지 않는 사람, 십자가 밑에 들어오지 않는 사람은 절대로 그들의 생각이 달라질 수가 없습니다. 그러나 예수님의 십자가 밑에 오면 예수님의 보혈을 통하여 우리가 우리의 생각과 꿈과 믿음과 말이 충분히 달라질 수 있는 이유가 있게 되는 것입니다. 왜냐하면 십자가를 통하여 예수께서 우리를 건져내어 주셨기 때문인 것입니다.

둘째, 쉴만한 물가로 주님이 인도한다고 말한 것입니다. 요한복음 7장 37절에 "명절 끝날 곧 큰 날에 예수께서 서서 외쳐 가라사대 누구든지 목마르거든 내게로 와서 마셔라 그리면 그의 뱃속에서 생수의 강이 넘쳐나리라"고 말한 것입니다. 오늘날 우리들은 이 세상에서 마음에 갈급함을 가지고서 방향을 잃고 허덕입니다. 이 세상의 부귀, 영화, 공명이 아무리 많다고 할지라도 사람의 마음속에 믿음, 소망, 사랑, 거룩함, 평강과 희락 같은 것이 없으면 그들의 삶은 허무한 것입니다.

사람은 이 세상에 눈에 보이는 보화만 보화 인줄 알고 있는 것입니다만 눈에 보이지 않는 가장 위대한 보화는 바로 하나님의 성령으로 말미암아 우리의 마음속에 거룩함이 있고 믿음이 있고 평강이 있고 희락이 있고 소망이 있고 사랑이 있을 때 이것은 눈에 보이는 보화보다 더 아름답고 귀한 보화인 것입니다.

　어디에 가서 오늘날 사람들이 믿음을 얻을 수 있나요? 소망을 얻고 사랑을 얻을 수 있겠습니까? 거룩과 평강과 희락을 어디에서 얻을 수 있겠습니까? 예수 앞에 나와서 우리가 기도할 때 주님께서 우리에게 성령의 생수를 부어 주심으로 말미암아 성령으로 속사람이 새로와지게 되는 것입니다. 이렇기 때문에 오늘날 예수님을 믿는다고 하면서도 성령을 인정도 아니 하고 환영도 아니 하고 모셔 들이지도 아니하며, 성령 충만하지 않은 사람은 밥을 먹되 물이 없이 먹는 사람과 같습니다.

　물을 마시지 않고 밥만 먹으면 체해 버리고 마는 것입니다. 이와 같이 우리가 아무리 하나님 말씀을 받아먹었다 할지라도 성령의 충만함을 받지 아니하면 생수가 마음속에 넘쳐 나지 아니하면 건강한 신앙생활을 할 수가 없는 것입니다. 이렇기 때문에 오늘 이 시간에 우리 예수 믿는 사람들은 성령의 충만함을 받고 성령으로 충만하게 채워서 성령의 생수로 말미암아 이 목마름을 없애 주시옵소서. 기도하게 되시기를 주의 이름으로 축원합니다.

　오늘날도 주님께서는 우리에게 성령을 주심으로 말미암아

이 목마름에서 우리를 건져내어서 우리의 속에 믿음, 소망, 사랑, 의와 희락과 평강이 강물처럼 넘치게 만들어 주시는 것입니다. 이렇기 때문에 다윗처럼 나는 부족함이 없다고 외칠 수가 있는 것입니다.

셋째, 주님께서는 내 영혼을 소생시켜 주신다고 말한 것입니다. 세상의 극심한 생존경쟁 속에서 심신이 지칠 때가 얼마나 많은지 모릅니다. 염려와 근심이 먼지와 티끌처럼 내게 쌓여올 때가 있습니다. 불안, 초조, 절망이 나를 짓밟고 있을 때가 있는 것입니다. 그래서 하루를 살아가는 동안에 그만 마음이 지쳐 버리고, 피곤해져 버리고, 살고 싶은 생각이 사라질 때가 있는 것입니다.

엘리야도 그런 체험이 있었습니다. 로뎀나무 밑에 가서 "주여 이제 넉넉하오니 내 영혼을 거두어 주시옵소서." 기도한 적도 있는 것입니다. 사람이 세상을 살면서 지치고 피곤하지 않는다는 것은 거짓말인 것입니다. 언제나 지치고 피곤함이 옵니다. 그러나 우리가 그 때 주님께 나가서 수고하고 무거운 짐을 다 주께 내려놓고 염려와 근심을 주께 다 내려놓으면 신기하게도 소생시키는 하나님의 권능을 우리에게 퍼부어 주기 시작하는 것입니다.

저는 이 소생케 하는 하나님의 능력을 주지 아니하면 절대로 목회를 할 수가 없습니다. 왜냐하면 인간의 힘으로는 완전히 영적으로 정신적으로 육체적으로 막다른 골목에 처할 정도로 지칠 때가 있는 것입니다. 그럴 때 우리의 영혼이 소생되지 아니하면 그 자리에서 깨어지고 마는 것입니다. 그러나 주님께 나와서 엎드려서 기도하고 모든 짐을 다 아뢰고 하나님께 간구하고 기다릴 때 주의 말씀의 위로를 통하여 성령을 통하여 마음이 새로와집니다. 지친 마음이 다시 건강하게 되고, 기쁨이 없는 곳에 기쁨이 들어오고, 소망이 채워지고, 믿음이 들어와서 자신이 생기고, 생기가 다시 복구되고, 그리고 기도하고 난 다음 털털 털고 나올 때는 정말 새로와져서 믿음, 소망, 사랑으로 넘쳐나고, 용기가 백배되어서 또 다시 마귀의 진을 향하여 도전하면서 나갈 수가 있게 되는 것입니다.

이렇기 때문에 우리는 기도해야 되는 것입니다. 성령으로 기도할 때에 진실로 영이 소생되어서 날로, 날로 새로운 하나님의 능력과 영광을 가지고 살려면 하루에 적어도 한 시간 이상은 기도해야 되는 것입니다. 한 시간 이상 기도하지 아니하면 영혼이 소생될 수가 없습니다. 영이 감해질 수 없습니다. 두말 할 필요없이 주의 종은 몇 시간이고 기도해야 될 것입니다. 저는 항상 하나님을 찾으면서 살아가고 있습니다.

이래서 우리의 심신이 소생이 되면 매일, 매일같이 새로운 삶을 살아 갈 수 있는 것입니다. 옛날에 나 한번 은혜 받았다. 옛날에 성령 충만 받았다. 옛날에 기쁨을 얻었다. 그런 것 가지고 살 수 없는 것입니다. 이스라엘백성이 매일 같이 일어나서 만나를 거둔 것처럼, 매일, 매일같이 동행하시는 하나님을 향하여 기도함으로 말미암아 매일같이 마음이 소생되어서 영혼이 잘됨 같이 범사에 잘되며 강건하고 독수리가 날개 치며 하늘로 올라감 같을 것이요, 걸어가도 피곤치 않고 달음박질해도 곤비치 않는 성도가 되시기를 주의 이름으로 축원합니다. 내 영혼을 소생시켜 주는 하나님이 계시기 때문에 우리는 결코 낙심하고 절망하여 쓰러지지 아니할 것입니다.

넷째, 성경은 말씀하기를 "자기 이름을 위하여 의의 길로 인도하여 주신다"고 말한 것입니다. 어떠한 사람들이 기독교를 비난해서 말하기를 "기독교는 부도덕을 조장하는 종교다. 왜냐하면 죄를 짓고 불의하고 추악한 사람들이 올 때마다 자꾸 용서해주기 때문에 이것은 죄 지으라는 것밖에 더 있느냐? 죄 지은 것마다 벌을 주거나 그를 처벌하지 아니하고 용서해줌으로 말미암아 부도덕을 조장하는 것이 아니겠는가? 자꾸 죄지으라고 조장하는 것이 아니겠는가?" 그런 말을 하는 사람들이 있습니다.

죄를 사람의 힘으로 이길 수 있나요? 바울 같이 위대한 사람도 말하기를 "오호라 나는 곤고한 사람이로다 이 사망의 몸에서 누가 나를 건져내랴"고 탄식한 것입니다. 사람은 그 마음속에 있는 타락한 심정으로 말미암아 육신의 정욕, 안목의 정욕, 이생의 자랑에 잡혀서 이것을 벗어나지 못합니다. 그러므로 보는 것이 죄요, 듣는 것이 죄요, 말하는 것이 죄요, 생활이 죄악

가운데 끌려가고 있는 것입니다. 누가 이 죄악의 세력에서 건질 수 있습니까? 우리는 용서만 받는 것이 아니라 예수를 믿고 나면은 하나님께서 이 죄를 이길 수 있는 성령을 우리에게 부어 주시는 것입니다.

바울은 말하기를 "그리스도 예수 안에 있는 생명의 성령의 법이 죄와 사망의 법에서 너를 해방하였느니라"고 말씀하신 것입니다. 죄와 사망보다 더 강한 힘이 우리의 속에 들어와서 우리를 죄와 사망의 법에서 건져 주어야 되는 것입니다. 아무리 바깥 것의 유혹이 들어오고 내 육신의 죄악을 행할 정욕이 고함치더라도 이 속에서 하나님의 성령의 생명의역사가 일어나서 죄와 사망의 세력을 격파해버리고 우리를 의와 거룩함으로 이끌어 주는 이 같은 역사가 일어나지 않고는 거룩하게 살수가 없습니다.

이러므로 우리 예수 믿는 사람들은 주께서 자기 이름을 위하여 의의 길로 인도하기 위해서 그리스도의 이름을 불러 그리스도의 이름을 가지고 있는 백성들에게 성령을 보내주심으로 말미암아 의와 거룩함으로 지음을 받은 새 사람을 입도록 도와주시는 것입니다. 예수 믿는 사람들이 한번에 예수 믿었다고 해서 당장 천사가 되고 날개가 돋는 것은 아닙니다. 그러나 예수를 믿음으로 말미암아 성령의 역사로써 내일은 오늘보다, 다음 달은 금번 달보다 명년은 금년보다 우리는 의와 거룩함으로 변화돼 가고 있는 것입니다.

사람이 태어나서 성년이 되는데 20년이 걸리는 것처럼, 농사를 지어도 일 년이 걸려야 수확을 거두어드리는 것처럼, 어떻게 우리가 예수 믿었다고 해서 당장 그 자리에서 의와 거룩함의 사람이 되겠습니까? 그러므로 낙심치 않고 하나님의 성령의 은혜를 의지해서 우리가 죄를 지으면 주님 앞에 나와서 죄를 자백하고 보혈로 씻고, 또 성령으로 새로와지고 이래서 매일, 매일 변화되어 그리스도의 형상을 닮아 가는 우리의 삶을 주님께서 만들어주기 때문에 우리가 부족함이 없다고 말할 수가 있는 것입니다.

다윗은 이유 없이 긍정적 고백을 한 것은 아닙니다. 그는 하나님께서 목자가 되심으로 하나님이 자기 삶의 모든 자원이 되심으로 그에게는 부족함이 없다고 밝은 고백을 했습니다. 우리들도 예수님에 대한 올바른 계시적 지식을 가지고 오직 예수님을 목자로 삼고 살 때 강하고 담대하게 부족함이 없는 삶을 믿고 주장하고 믿으며 시인하면 진정 코 이유 있는 긍정적인 삶의 자세를 취할 수가 있는 것입니다.

우리는 무조건하고 내가 부족함이 없다고 말하지는 않습니다. 나는 부족함이 많은 사람입니다. 죄를 짓고 무지하고 추악하며 저주를 받고 영원히 죽어야 될 우리들입니다. 오직 예수 때문에 나를 위하여 십자가에 못 박혀 피 흘려주시고 나를 위하여 저주와 절망과 죽음에서 건져주신 그 예수님 때문에 우리는 오늘 이 시간에 다윗처럼 말 할 수 있습니다. "예수님은 나의 목자 시니 내게 부족함이 없으리로다"

17장 동행하며 성공하게 하시는 예수님

(히 11:1-3) "믿음은 바라는 것들의 실상이요 보이지 않는 것들의 증거니 선진들이 이로써 증거를 얻었느니라. 믿음으로 모든 세계가 하나님의 말씀으로 지어진 줄을 우리가 아나니 보이는 것은 나타난 것으로 말미암아 된 것이 아니니라"

예수를 믿으면 성령의 인도로 인생을 성공하게 됩니다. 초자연적인 성령께서 인도하시기 때문에 인생을 성공하는 것입니다. 이 세상을 사는 사람 중에 성공하기를 원치 않는 사람은 없을 것입니다. 모두다 인생을 성공하면서 성취하며 살기를 원합니다. 그러나 성공하는 사람이 많지 않은 것은 이 성공하며 성취하며 사는 데는 거대한 대가를 지불해야만 하는 것입니다. 사람들마다 모두다 그들의 생애 속에 위대한 자기 나름대로의 성공과 성취를 가지고 살 수 있는 그런 가능성이 있습니다.

그러나 이 가능성을 현실화하기 위해서는 대가를 지불해야 하는 것입니다. 대가를 지불하지 않고 가만히 앉아 있는데 성공이나 성취를 이루는 삶이 굴러 들어오지는 않습니다. 이러므로 오늘 이 시간에 저는 어떠한 대가를 어떻게 지불해야 우리의 삶이 성공적으로 살아갈 수 있을 것인가 여기에 대해서 지혜의 말씀을 제시해 드리고자 하는 것입니다.

첫째, 모든 사람의 가슴속에 꿈으로부터 시작하는 것입니다. 무슨 꿈을 가져야 합니까? "나는 예수를 믿었으니 하나님의 자녀이다. 나는 지금 마음 천국을 이루고 아브라함의 복을 받아 누리면서 하나님의 나라를 건설하는 군사이다. 그러므로 나는 반드시 하나님께서 축복하신다. 하나님은 천지를 초자연적으로 다스리시는 분이다. 그분이 나의 아버지 이시다. 하나님의 자녀이기 때문에 하나님 답게 세상을 산다." 이 꿈을 가져야 합니다.

하나님께서 성공시킨 사람들마다 먼저 하나님의 약속의 말씀으로 그들의 가슴속에 불붙는 꿈을 넣어 주신 것입니다. 하나님께서는 아브라함에게도 꿈을 넣어주셨습니다. 이삭과 야곱에게도 그리고 하나님이 사용한 종 모세에게도 누구에게든 꿈을 넣어 주지 아니하고 하나님께서 위대한 일을 성취한 일은 절대로 없습니다. 우리가 지도를 펼쳐 놓고 보면 위도 상 북쪽에 있는 추운 지방에 사람들은 대개 잘 살고 선진국이 되었고 위도 상 남쪽에 있는 나라들은 대개 못 살고 후진국이 되었습니다.

그런데 위도 상 남쪽에 있는 나라들은 자원도 많고, 그리고 아주 날씨도 좋고 따뜻하고 온화하고 좋은데 왜 후진국이 되고 잘 못살게 되었는가? 그리고 자원도 없고 춥고 괴로운 이 위도 상의 북쪽에 있는 나라들이 왜 잘사는가? 그것은 단순합니다. 추운데 있는 사람들은 꿈을 갖고 잘 살겠다는 의욕을 발휘하지 아니하면 살아갈 수가 없습니다. 생활환경에 압박을 받아서, 이렇기 때문에 자동적으로 그들은 잘 살겠다는 무서운 꿈을 가지고서 몸부림을 치기 때문에 자동적으로 잘 살게 된 것입니다.

그러나 남쪽에서는 집을 아무렇게 지어도 걱정하지 않고 살 수 있습니다. 옷 한 벌만 있으면 일년 365일도 살 수 있고 배고프면 바나나 나무에 올라가서 바나나를 따먹고 야자수 열매를 따 가지고서 물을 마실 수가 있습니다. 무엇이든지 뿌려놓으면 잘 자랍니다. 이렇기 때문에 인간이 꿈을 키울 수 있는 그러한 환경이 되지 못했으므로 자동적으로 후진하고 마는 것입니다. 우리의 환경 가운데 볼지라도 어릴 때 대단히 환경이 어렵고 고통스러운 사람들이 인생에 대개 위대한 일을 성취합니다. 왜 그러냐, 어릴 때 가난하고 고생하고 괴롭기 때문에 그 마음속에 이것을 극복해보고자 하는 무섭고 강렬한 꿈이 그 가슴속에 타기 시작하는 것입니다. 어찌하던지 나는 이 가난을 정복해 버려야겠다. 이 어려움을 정복하겠다. 이 열등의식과 좌절의식을 짓밟고 일어나서 참 위대한 삶을 살아보겠다는 꿈이 그 가슴속에 불타게 되는 것입니다. 그리고 그 꿈을 바라보고 매진하기 때문에 이러한 사람들이 나중에 위대한 삶을 이루어 가는 것입니다.

그러나 어릴 때 대개 환경이 좋고 호사스러운 사람들은 내일에 대한 꿈을 꿀 필요가 없습니다. 이렇기 때문에 내일에 대한 꿈을 갖지 아니함으로 말미암아 자동적으로 인생을 개발하지 못하고 성공할 수 있는 가능성을 잃어버리고 마는 것입니다. 이러므로 하나님께서는 언제나 우리의 가슴속에 꿈을 심어주시고 난 다음에 그 꿈을 따라서 위대한 기적을 이루시는 것입니다.

꿈이 없는 민족은 망한다고 성경은 말씀하고 있는 것입니다. 이스라엘 백성이 430년 동안 애굽에서 종살이했지만 하나님께서 이스라엘백성을 불러내실 때는 모세를 보내어서 꿈을 심어 주십니다. 너희가 모세를 따라 나오면 젖과 꿀이 흐르는 가나안의 복지로 간다. 모든 이스라엘 백성들은 자나 깨나 젖이 강물처럼 흐르고 꿀이 강물처럼 흐르고 그리고 속박에서 벗어나 자유의 하늘과 자유의 땅에 가서 살수 있다는 꿈이 그들의 마음속에 불타오르기 시작한 것입니다. 그래서 430년 동안 종살이하던 이스라엘백성들의 가슴속에 꿈이 심어지자 그들은 그 꿈을 성취하기 위해서 일어나 모세를 따라서 전진해 나올 수가 있었던 것입니다.

그러나 그들이 나와서 가데스 바냐 까지 왔지만 그들 가운데서 꿈을 잃어버린 사람들은 도로 애굽으로 돌아가자고 말했습니다. 열 정탐꾼과 함께 도로 애굽으로 돌아가자고 해서 꿈을 짓밟은 사람들은 모두다 젖과 꿀이 흐르는 가나안땅에 들어가지 못하고 자멸해버리고 만 것입니다. 그러나 꿈을 버리지 아니한 여호수아와 갈렙은 그 후손들을 데리고 젖과 꿀이 흐르는 가나안 땅에 들어가서 그 땅의 젖을 마시고 꿀을 먹고 그 땅에서 자유와 기쁨을 누릴 수가 있었던 것입니다. 오늘날 가슴속에 꿈을 상실해버리면 살았다 하나 벌써 죽은 자와 방불한 것입니다.

이렇기 때문에 성경에는 마지막 때 하나님께서 성령이 오시면 젊은이에게는 환상을 늙은이에게는 꿈을 주겠다는 것은 꿈과 환상을 주셔야 생명을 얻되 더 풍성하게 얻는 역사를 하나님께서 허락해 주실 수 있기 때문인 것입니다. 이러므로 성경 말씀은 사람들의 가슴속에 꿈과 환상을 심어주는 씨앗인 것입니다. 성경은 창세기부터 요한계시록까지 말씀을 읽으면 이 가운데 모든 위대한 하나님의 약속과 은혜의 말씀들이 우리에게 꿈을 심어주고 환상을 갖다 주는 것입니다. 이래서 하나님 말씀을 받아들인 민족마다 나라마다 머리가 되고 꼬리가 되지 않고 위에 있고 아래로 내려가지 아니하고 남에게 꾸어줄지라도 빌리지 않는 나라가 된 것은 그들의 가슴속에 하나님께서 성령을 통하여 꿈을 심어주었기 때문인 것입니다.

둘째, 성공하는 사람들은 목표를 분명하게 설정해야만 되는 것입니다. 꿈을 아무리 가슴속에 가득히 가지고 있다 할지라도 그 꿈을 성취할 수 있는 분명한 목표와 계획을 설정하지 아니하면 그 꿈은 백일몽에 불과한 것입니다. 우리의 가슴속에 꿈이 있으면 그 다음은 그 꿈을 성취할 수 있는 구체적인 목표를 설정해야 되는 것입니다. 그래서 목표를 설정하고 그 다음 나아가서 이 목표를 이룰 수 있는 단계적인 계획을 확실히 성립해야 되는 것입니다. 우리 하나님께서는 막연한 백일몽에 대해서 하나님은 축복해주지 아니할 것입니다.

이렇기 때문에 우리가 목표를 설정할 때 하나님의 성령의 도우심이 필요한 것입니다. 인간의 지혜나 지식은 한정돼 있습니다. 이렇기 때문에 우리의 가슴속에 하나님한테서 받은 꿈이 있으면 이 꿈을 이루기 위해서 하나님이여 목표를 어떻게 설정할까요? 주의 성령께서 지혜와 총명을 주시옵소서. 기도해야 되는 것입니다. 하나님께서는 생각을 통하여 교제하시는 것입니다.

말씀을 읽을 때 말씀이 생각을 변화시켜줍니다. 설교를 들을 때 설교가 생각을 변화시켜 주는 것입니다. 기도할 때 하나님의 성령께서 하나님의 생각을 우리의 생각 속에 집어넣어 주시는 것입니다. 이러므로 꿈을 가지고 하나님께 엎드려 기도할 때 하나님께서는 생각 속에 하나님의 생각을 넣어주어서 그래서 나아갈 목표를 분명하게 설정해 주고, 그 다음 목표를 단계적으로 이룰 수 있는 계획을 하나님께서 보여주시는 것입니다. 목표가 없고 계획이 없으면 시간도 낭비하고 돈도 낭비하고 에너지도 낭비하는 것입니다. 집중적으로 투자해서 일할 수 없는 것입니다.

이렇기 때문에 학생들이 공부할 때도 꿈이 있으면 꿈을 이룰 수 있는 목표를 설정하고 난 다음 목표에 대한 단계적인 계획을 세워놓고 거기에다가 총력을 기울여야 됩니다. 자기의 모든 노력과 시간을 그 속에 집중시켜서 총력을 기울일 때 이러한 사람이 성공을 하지 산만한 마음으로 에너지도 산만하게 흩어버리고 노력도 산만하게 흩어버리고 시간도 흩어버리고 금전도 산만하게 흩어버리고 난 다음 그리고 우연히 성공이 뚝 떨어질 것으로 생각하면 이것은 대단한 잘못인 것입니다. 이러므로 목표와 계획을 세워서 전력투구하고 집중하는 것입니다.

셋째, 무엇을 성취하든지 그 마음속에 신념이 없이는 성취하지 못합니다. 왜냐하면 인생을 살아가는 데는 굽이굽이 열두 굽이 더되는 시련과 환난이 다가오는 것입니다. 옛 시에 이런 시가 있습니다. "파도에 놀란 사공 배 팔아 말을 사니 열두 굽이굽이 길이 더 어렵더라. 이 뱃사공이 배를 없애버리고 난 다음에 이제는 말을 사서 장사하면 좋을 줄 알았는데 말에 물건을 싣고 열두 고개를 넘어보니 물보다 더 어렵더라" 이 세상에 쉬운 일은 하나도 없습니다. 신념을 버린 사람에게는 무엇을 하든지 끝없이 어려움이 다가올 따름인 것입니다. 이렇기 때문에 우리는 이 세상에서 무슨 일을 하든지 거기에 대해 반대하는 사람들이 다가오고 반대의견이 다가오고 반대를 가져오는 환경도 다가오는 것입니다.

그러나 일단 내가 신념을 결정하면 거기에 따라서 눈에는 아무 증거 안보이고 귀에는 아무 소리 안 들리고 손에는 잡히는 것 없을지라도 내 앞길이 칠흑같이 어두워도 믿습니다 로 걸어갈 수 있어야 되는 것입니다. 이와 같은 굳건한 신념이란 기도하지 않은 사람에게는 좀처럼 얻을 수가 없는 것입니다. 사람은 염려하기 때문에 동남풍이 불고 서북풍이 불면 거기에서 흔들리지 아니할 수 없습니다. 사람의 마음이 흔들리기 시작하면 자기 마음도 자기 마음대로 붙잡을 수가 없는 것입니다.

이러한 사람이 유일하게 이겨나갈 수 있는 길은 기도하는 길밖에 없습니다. 말씀을 읽고 하나님 앞에서 간절히 기도하고 부르짖을 때 비로소 하나님의 성령의 능력과 말씀으로 말미암아 우리에게 담대한 마음을 주십니다. 이렇기 때문에 하나님께서 여호수아에게 가나안땅을 점령하도록 약속을 다 주시고 꿈을 주시고 난 다음에도 여호수아에게 거듭 당부한 것은 너희는 강하고 담대하라. 두려워 말고 강하고 담대하라. 마음을 지극히 강하게 하고 담대하게 하여 이 백성에게 준 땅을 차지하도록 하라고 부탁한 것입니다.

이러므로 오늘날 이 세상을 살아가면서 내 마음이 강하고 담대하여 환경의 모든 역경과 반대를 물리치고 나아가기 위해서는 이마음속에 강철이라도 뚫고 바위라도 뚫고 나가는 신념이 주어져야만 하는 것입니다. 이와 같은 신념은 말씀을 통하지 않고는 오지 않습니다. 성경을 읽고 하나님 앞에 기도하고 성령으로 충만하고 그리고 자기가 하는 일은 반드시 하나님 뜻에 합당하고 이 일은 이루어진다는 확신이 있어야 그 일을 성사시키는 것입니다. 어떠한 물건을 생산하는 사람도 자기 물건에 대한 투철한 신념이 없으면 그 물건 못 팔아먹습니다. 목회를 하는 목사도 자기가 설교함으로 말미암아 하나님의 뜻을 이루고 주의 백성들 청취자들에게 크나큰 축복을 준다는 신념이 없으면 강단에 서서 외쳐 설교해도 성공하지 못합니다.

나라를 지도하는 정치가는 자기의 정치와 이념을 통해서 민족을 잘 살게 할 수 있다는 투철한 신념이 없이는 민족을 이끌어 나갈 수가 없습니다. 이렇기 때문에 크고 작은 일에 있어서 모두다 이 마음속에 믿음이 있어야만 되는 것입니다. 믿음은 바라는 것들의 실상이요 보지 못하는 것의 증거입니다. 이 믿음을 통해서 바라는 것이 이루어지고 눈에 보지 못한 것이 우리의 가운데 성취되는 것입니다. 이렇기 때문에 오늘날 주를 믿는 사람이 믿지 않는 사람보다도 성공할 수 있는 확률이 대단히 큰 것은 믿지 않는 사람은 동남풍이 불고 서북풍이 불고 풍파에 부딪치면 의지할 곳이 없습니다.

이러므로 성경에 주님께서 말씀하시기를 바람이 불고 창수가 나고 부딪치면 모래 위에 지은 집은 무너져버리고 맙니다. 그러나 말씀의 반석 위에 서 있으면 바람이 불고 창수가 나고 부딪쳐도 무너지지 아니한다고 말씀한 것입니다. 이렇기 때문에 하나님을 의지하는 사람이 인생을 살아가면서 성공할 수 있는 능력을 개발 할 수 있는 찬스가 더욱 위대하게 많은 것입니다.

넷째, 우리가 우리의 마음속에 성공을 개발하려면 불같은 열심을 가지고 일을 해야 되는 것입니다. 게을러서는 이 세상에서 절대로 성공하지 못합니다. 게으른 자는 개미에게서 배우라고 성경에 말하고 있는 것입니다. 세상에서 자기가 남이 일할 때 자기는 놀고 남이 애쓸 때 자기는 세상에서 장난하고 그리고 난 다음 남보다 앞서기를 원하는 사람은 절대로 그 일이 성취되지 않습니다. 이러므로 불같은 열심으로 이제는 일을 해야 되는 것입니다. 꿈도 있고 목표도 설정되고 신념도 있으니 이 신념을 이루기 위해서는 내 몸이 열두 쪽이 나더라도 나는 개의치 않고 일한다는 이 불같은 열심으로 뛰어 나가야 되는 것입니다.

이러기 위해서 밤낮으로 자기의 꿈을 꾸어 보고 꿈에 푹 빠져서 그 안에서 먹고 마셔야만 되는 것입니다. 자기의 꿈이 이루어진 모습을 끊임없이 마음속에 그려보고 이 꿈이 이루어지면 얼마나 내게 영광되며 얼마나 사람들에게 도움이 되겠는가. 그보다 먼저 얼마나 하나님께 영광이 되겠는가. 그래서 그 꿈이 이루어진 모습을 마음으로 상상해보고 그 안에 들어가서 그와 더불어 먹고 마셔보고 난 다음 그 꿈에 푹 빠져서 그래서 거기에서 마음에 프리를 느끼고 마음에 감격하고 그리고 거기에 완전히 취해 버려야 되는 것입니다. 자기의 하는 일에 취하지 않는 사람 치고 성공하는 사람은 없습니다.

목사는 목회를 하면 목회에 취해버려야 되는 것입니다. 목회를 위해서 목숨을 내어 바치고 미쳐버려야 되는 것입니다. 물건을 생산하는 사람은 그 생산품에 대해서 완전히 취해버려야 되는 것입니다. 거기에서 밤낮을 가리지 않고 전력을 다해서 열심으로 일해야 되는 것입니다. 오늘날 행함이 없는 믿음은 죽은 믿음인 것입니다. 그러므로 열심으로 행하지 아니하고 일이 되나요? 학생들도 공부할 때 좋은 성적을 내려고 하는 학생이 학교에 가서 엎드려서 졸고, 집에 와서 많은 시간을 허비해서 놀면 좋은 성적을 낼 수 있습니까? 없습니다. 꿈이 있는 학생, 목표를 설정한 학생, 그리고 신념을 가진 학생이라면 불타는 마음속에 열심을 가지고서 이른 아침에 일어나서 공부하고 저녁 늦게까지 공부하고 시간만 있으면 공부하고, 그래서 몸을 불태우면서 꿈속에 푹 빠져서, 그래서 그것을 이루기 위한 사생결단의 노력을 해야 되는 것입니다. 이 세상의 무엇이든지 성취하려면 사생결단의 노력을 하지 않고는 성취하지 못한다는 것을 우리가 충분히 알아야 되는 것입니다.

다섯째, 성공하는 사람은 기회를 놓치지 말아야 되는 것입니다. 인간이 모든 노력을 다 해도, 하나님의 도우심이 없이는 성공하지 못합니다. 그러므로 하나님께서는 기회를 따라서 우리를 도와주시는 것입니다. 예수님의 어머니 마리아가 가나의 혼인잔치에서 이 집에 포도주가 떨어졌다고 말할 때도 예수님이 즉시로 포도주를 만들어드리겠나이다 라고 말씀 안 했습니다. 여자여 내 때가 아직 오지 아니하였습니다. 예수님께서도 무슨 일을 하든지 기회를 포착하셨습니다. 이러므로 우리 인생에 위대한 삶을 살려면 자신에게 다가오는 기회를 잘 포착해야 되는 것입니다. 기회라는 것은 마치 파도처럼 쳐 오는 것입니다. 이 파도가 쳐 올 때 그 위에 올라타야 되는 것입니다.
그러면 기회를 어떻게 포착할까요? 대개 실패하는 사람은 기회가 올 때 낱낱이 다 기회를 놓쳐버리고 기회가 다 지나고 난 다음에 이제 뒤따라 일어나서 무엇을 하려고 하다가 실패하고 마는 것입니다. 이 기회를 포착하는 것은 하나님의 성령으로 충만해서 기도할 도리밖에 없는 것입니다. 성령으로 충만해서 우리가 기도하고 있으면 하나님께서 때가 올 때 마음속에 갑자기 베데스다의 연못물이 끓어오르듯이 마음이 끓어오르기 시작하는 것입니다. 베데스다의 연못물 곁에 기다린 사람만이 연못물이 끓어오를 때 뛰어 들어가서 기적적인 병 고침을 받았습니다. 연못물이 끓어오르지 않았는데도 불구하고 아무리 들어가서 헤엄치고 목욕하고 물을 마셔도 무슨 일이 생기지 않습니다. 물이 끓을 때를 기다려야 되는 것입니다. 이러므로 우리 일생에도 기회가 끓어오를 때가 있는 것입니다. 그 기회를 놓치고 나면 나중에 아무리 후회해도 소용이 없는 것입니다.

이렇기 때문에 이 기회를 놓치지 않기 위해서는 끊임없이 기도하는 길밖에 없습니다. 하나님의 성령의 은사 가운데 놀라운 것이 있습니다. 지혜의 말씀의 은사가 있습니다. 성령은 우리에게 사람으로서 상상할 수 없을 만한 지혜를 주십니다. 지식의 말씀에 은사가 있는 것입니다. 이것은 하나님께서 우리가 도저히 알 수 없는 지식을 깨닫게 해주는 것입니다. 영분별의 은사가 있는 것입니다. 하나님께서 이것이 올바른 것인가 아닌가를 분별할 수 있는 능력을 주시는 것입니다. 이렇기 때문에 성령을 인정하고 환영하고 모시어 들이고 의지하며 하나님 앞에 기도로써 나아갈 때 하나님께서는 기회를 놓치지 않게 만들어 주시는 것입니다. 사물을 관찰 할 수 있는 눈을 주시고 깨달을 수 있는 눈을 주시고 성령으로 말미암아 기회가 다가올 때 틀림없이 포착해서 그래서 환경 가운데 기회의 베데스다의 연못물이 끓어오를 때 그때를 놓치지 않고 뛰어 들어가서 영혼이 잘됨같이 범사에 잘되며 강건하고 생명을 얻되 넘치게 얻는 기회를 포착할 수가 있는 것입니다.

하나님께서는 우리에게 전쟁할 때가 있고 평안할 때가 있으며, 울 때가 있고 웃을 때가 있으며, 안을 때가 있고 안는 것을 멀리 할 때가 있으며, 돌을 모을 때가 있고 모은 돌을 흩을 때가 있다고 말한 것입니다. 이러므로 때는 우리를 기다리지 않습니다. 우리가 때를 기다렸다가 때가 오면 그것을 포착해야 되는 것이기 때문에 이것은 하나님의 성령의 도우심이 절박하게 필요한 것입니다. 이러한 때 하나를 잘 포착함으로 말미암아 전 인류의 역사가 가는 방향이 달라질 수가 있는 것입니다.

여섯째, 성공적인 인생을 살기 위해서는 일에 대한 중압을 견딜 수 있는 건강관리가 필요한 것입니다. 성공하기 위해서는 남보다 더 무섭게 일을 해야 됩니다. 그 일을 하자면 영적인 정신적인 육체적인 그 중압이란 것은 말로 형언할 수 없습니다. 이것을 감당할 만한 체력관리가 없으면 성공 못합니다. 아무리 좋은 꿈이 있고 목표가 있고 신념을 가지고 불같은 열심으로 일하며 기회를 잡았다고 할지라도 건강이 감당하지 못해서 정신적으로 파탄에 이르고 육체적으로 병들어서 자리에 드러누워 버리면 그가 하는 모든 일은 다 수포로 돌아가 버리고 마는 것입니다. 이렇기 때문에 우리는 무슨 일을 하든지 이것을 성공시키기 위해서는 영적인 건강관리를 해야 되는 것입니다. 영적인 건강관리란 것은 성경말씀에 주님께서 엿새 동안 일하고 이레째는 주의 성전에 와서 하나님 말씀을 듣고 하나님을 공경하라고 말한 것입니다. 이것은 하나님께서 엿새 동안 일하고 이레 째 하나님을 공경하고 하나님을 섬기면 그만큼 하나님께서 다시 건강의 기름을 채워주실 것을 말씀한 것입니다. 아무리 좋은 자동차라도 주유소에 가서 기름을 채우지 않고는 달릴 수는 없습니다. 반드시 어느 정도 달리면 기름을 넣어야 되는 것처럼, 사람은 엿새 동안 일하고 이레째는 하나님께 나와서 말씀과 성령의 기름부음을 받아야 되는 것입니다.

이래야 영적으로 건강하고 정신적으로 건강해질 수 있는 것입니다. 오늘날 수없이 많은 사람들이 일에 지쳐서 정신적으로 파탄에 이릅니다. 오늘날 사회가 점점 발전될수록 도시화되고 산업화된 사회 속에서는 사람들이 정신적으로 중압을 느끼고 있는 것입니다. 그래서 수많은 정신적인 스트레스를 가지고 있는 것입니다. 이러므로 결국에 경쟁은 누가 이만한 정신적, 육체적, 강력한 인내력이 있는 가 이것이 결국에 가서 이기느냐 지느냐의 결과가 되는 것입니다. 영적인 건강관리, 정신적인 건강관리, 육체적 건강관리를 해서 겹치는 피로가 계속된 경우에 이것을 이겨 나갈 수 있게 해야지 이기지 못하면 파탄해버리고 마는 것입니다.

18장 동행하며 환경을 장악하시는 예수님

(창 1:26-28)"하나님이 이르시되 우리의 형상을 따라 우리의 모양대로 우리가 사람을 만들고 그들로 바다의 물고기와 하늘의 새와 가축과 온 땅과 땅에 기는 모든 것을 다스리게 하자 하시고 하나님이 자기 형상 곧 하나님의 형상대로 사람을 창조하시되 남자와 여자를 창조하시고 하나님이 그들에게 복을 주시며 하나님이 그들에게 이르시되 생육하고 번성하여 땅에 충만하라, 땅을 정복하라, 바다의 물고기와 하늘의 새와 땅에 움직이는 모든 생물을 다스리라 하시니라"

하나님은 예수를 믿고 성령으로 거듭난 성도들이 환경을 장악하며 살도록 성령으로 인도하십니다. 환경을 장악하며 살아가려면 섞인 세상 것이 없어야 합니다. 크리스천은 먼저 말씀과 성령으로 자신 속에 섞인 세상 것을 몰아내야 합니다. 그래야 성령으로 세상을 살아사면서 환경을 장악할 수가 있습니다. 사람의 영은 하나님의 형상을 닮아서 창조적인 능력이 있습니다. 사람의 생각은 환경을 변화시키고 새로 만들 수가 있습니다. 사람의 꿈은 깜짝 놀랄 세계를 만듭니다. 사람의 믿음은 불가능을 가능하게 하고 사람의 말은 천지를 변화시키는 수단이 되는 것입니다. 환경에는 마귀가 역사합니다. 하나님은 성령의 권능으로 환경을 제압하기를 원하십니다. 또한 성령으로 환경을 제압하도록 돕고 계십니다. 환경을 이겨야 만사가 형통한 삶을 살수가 있기 때문입니다.

　첫째, 내가 변하면 환경이 변화 된다. 우리는 이 세상에 살면서 자기 생각을 늘 변화시켜야 되는 것입니다. 주변에 변화되어야 할 사람이 많다고 할지라도 자신이 먼저 변하면 되는 것입니다. 잠언 4장 23절에 "모든 지킬 만한 것 중에 더욱 네 마음을 지키라 생명의 근원이 이에서 남이니라" 마음을 지키고 보호하면 생명의 근원이 마음에서 나온다.　로마서 12장 2절에 "너희는 이 세대를 본받지 말고 오직 마음을 새롭게 함으로 변화를 받아 하나님의 선하시고 기뻐하시고 온전하신 뜻이 무엇인지 분별하도록 하라" 다른 것을 변화시키려고 하지 말고 자신의 마음을 새롭게 하라. 마음이 어떻게 새로워지는 것입니까? 눈에 보이면 씻어서 다림질이나 할 수 있을 것인데 마음은 눈에 안보이니 마음을 어떻게 새롭게 할 것이냐. 예수님을 만나면 마음이 변화될 수 있는 것입니다. 날 위하여 몸 찢고 피 흘려 변화를 가져와 주신 예수님을 만나면 성령께서 변화를 시켜 주시는 것입니다.

　고린도후서 5장 17절에 "누구든지 그리스도 안에 있으면 새로운 피조물이라 이전 것은 지나갔으니 보라 새 것이 되었도다" 예수님을 만나면 새롭게 됩니다. 그리고 말씀을 읽고 기도하면 변화가 다가오는 것입니다. 성경말씀은 하나님의 말씀입니다. 하나님의 말씀을 읽고 기도하면 어떻게 된 영문인지 사람에게 변화가 다가오는 것입니다. 누가복음 1장 37절에 "대저 하나님의 모든 말씀은 능하지 못하심이 없느니라" 말씀에서 능력이 나와서 마음을 변화시키는 것입니다.

마태복음 7장 7절로 11절에 "구하라 그리하면 너희에게 주실 것이요 찾으라 그리하면 찾아낼 것이요 문을 두드리라 그리하면 너희에게 열릴 것이니 구하는 이마다 받을 것이요 찾는 이는 찾아낼 것이요 두드리는 이에게는 열릴 것이니라. 너희 중에 누가 아들이 떡을 달라 하는데 돌을 주며 생선을 달라 하는데 뱀을 줄 사람이 있겠느냐 너희가 악한 자라도 좋은 것으로 자식에게 줄 줄 알거든 하물며 하늘에 계신 너희 아버지께서 구하는 자에게 좋은 것으로 주시지 않겠느냐" 하나님과 교제하고 하나님께 간구하고 기도하면 하나님께서 기도를 응답하여 주셔서 기도하기 전과 기도한 후의 자신이 달라지는 것입니다.

우리는 하나님 말씀을 항상 읽고 묵상하면 변화가 다가오는 것입니다. 또 성령님의 도우심을 따라 살면 변화가 오는 것입니다. 성령님이 오셔서 영혼 속에 거하시면 안 달라질 수가 없습니다. 성령님의 도우심을 받고 살면 변화가 다가옵니다. 예수님께서 말씀하기를 내가 아버지께 구하겠으니 그가 또 다른 보혜사를 너희에게 주사 너희와 함께 계시리라. 보혜사는 너와 함께 있겠고 너희 속에 있겠다고 말한 것입니다. 그러므로 지금 느끼든 안 느끼든 보혜사 성령이 우리 안에 와서 계신 것입니다. 성령을 인정하고 환영하고 모셔드리고 의지하십시오. 성령은 우리를 돕기 위해서 오신 보혜사인 것입니다. 성령으로 새사람이 되는 것입니다.

창세기 1장 27절로 28절 말씀에 "하나님이 자기 형상 곧 하나님의 형상대로 사람을 창조하시되 남자와 여자를 창조하시고 하나님이 그들에게 복을 주시며 하나님이 그들에게 이르시되 생육하고 번성하여 땅에 충만하라, 땅을 정복하라, 바다의 물고기와 하늘의 새와 땅에 움직이는 모든 생물을 다스리라 하시니라" 하나님을 닮았으니 하나님이 창조주인 것처럼 우리도 창조하고 하나님이 기적을 행하신 것처럼 우리도 기적을 행하고 하나님이 만물을 변화시키는 것처럼 우리도 만물을 변화시키는 능력이 따라오는 것입니다. 우리 힘으로 되는 것이 아닙니다.

예수님이 나는 포도나무요, 너희는 가지라고 말했는데 우리의 신앙생활은 예수님께 접붙임을 받는 것입니다. 예수님을 십자가에 상처 입은 그곳에 우리를 접붙여 놓으면 예수님의 진액을 받아서 잎도 피고 꽃도 피고 열매를 맺게 되는 것입니다. 우리 한 사람 한 사람을 예수 그리스도에게 접붙여 놓으면 희한하게 예수님의 생기가 흘러 들어와서 입이 피고 꽃도 피고 열매가 맺는데 일등 제품이 생산되어 나오는 것입니다. 변화는 예수님의 은혜로 되는 것입니다.

우리가 뭘 하겠습니까? 1년에 백 명을 예수께로 인도할 수 있겠습니까? 사람이 스스로는 아무것도 할 수 없어요. 그러나 성령이 오셔서 예수님께 접붙이는 일을 하려고 애를 쓰기 때문에 반드시 접붙임이 될 것입니다. 그 접붙임은 생각을 통해서 접붙임을 받아서 내 생각에 내가 예수님 몸에 들어가고, 예수님이 내 몸속에 들어와서 예수님과 나는 하나가 되었다. 그렇게 생각하고 그렇게 꿈꾸고 믿고 말하시면 자신이 예수 그리스도의 가지가 되는 것입니다. 저는 지금까지 목회생활에 내 스스로 발버둥을 쳐서 이룬 것 하나도 없어요. 예수님께 기도하고 꽉 예수님의 허리춤을 잡고 예수님께 붙어 있으면 예수님의 생명력이 저를 통해서 넘쳐 나와서 놀라운 기적이 일어났던 것입니다.

우리가 꿈을 품으면 변화가 온다는 5차원의 영성의 가르침을 마음속에 꼭 기억해 주시기 바랍니다. 꿈이 없는 백성은 망한다고 했지 않습니까? 꿈이라는 것은 참 희한한 것입니다. 꿈같은 소리하지 마라 하는데 꿈같은 소리 안하면 망하거든! 꿈이 있는 개인, 꿈이 있는 가정, 꿈이 있는 민족은 망하지 않습니다. 꿈이 꼭 있어야 합니다.

우리가 꿈을 품으면 꿈이 우리를 변화로 이끌어 가는 것입니다. 꿈은 하나님께 기도할 때 성령으로 젊은이들에게는 환상으로 늙은이들에게는 꿈을 주기도 하고 그렇지 않고 내가 예수 믿으면서 하나님께 부르짖으면 하나님이 감화 감동을 주셔서 마음속에 꿈을 꾸게 만들어 주시는 것입니다. 꿈은 내 마음의 소원인 것입니다. 내가 저 소원을 이루고 싶다는 꿈인 것입니다.

아브라함이 하늘의 별들을 헤아리고 난 다음 하나님께서 물으셨습니다. 뭘 봤느냐? 별을 봤습니다. 얼마나 많이 헤아렸느냐. 헤아릴 수 없을 정도로 별이 많습니다. 네 자손들이 그와 같이 많으리라. 그러니 그 소원이 꿈으로 이루어질 것을 바라보고 믿었습니다. 하나님이 의롭다고 말한 것입니다.

둘째, 꿈을 품으면 변화가 온다. 꿈을 마음에 품고 기도하십시오. 막연하게 하나님 아버지여 나에게 집을 한 채 주시옵소서. 집을 주시옵소서. 안 생깁니다. 백년을 해도 안 생깁니다. 힐튼이라는 이름을 가진 청년이 조그마한 여관에 심부름꾼으로 취직해서 있었습니다. 그는 아버지가 행상꾼으로 너무 가난해서 데리고 있을 수가 없으니 세상에 나가서 살라고 내던져 버렸는데 보이로 고용이 되어서 조그마한 여관에 보이로써 일을 했는데 항상 큰 호텔을 짓고 그 앞에 자기가 서 있는 모습을 그림으로 그려서 바라보고 깰 때도 잘 때도 좋은 일이 있을 때도 슬픈 일이 있을 때도 그것을 바라보고 기도했습니다.

하나님! 저 호텔, 저 호텔의 왕이 제가 되겠습니다. 하나님께서 도와주시면 나는 호텔의 왕이 됩니다. 그는 꿈을 꾸었습니다. 지금 세계 어느 곳에 가도 제일 좋은 호텔 중에 하나가 힐튼 호텔인 것입니다. 수백 개의 호텔의 왕이 되었습니다. 나중에 기자가 물었습니다. 당신이 어떻게 아무것도 없이 빈손 들고 호텔의 왕이 되었습니까? 나는 꿈을 갖고 있었습니다. 자나 깨나 호텔을 가슴에 품고 있었습니다. 조그마한 호텔 여관을 사가지고서 개조해서 팔고 또 좀 더 좋은 호텔을 짓고 개조해서 팔고 오늘날은 전 세계에서 가장 위대한 호텔의 왕이 되었습니다. 우리들도 됩니다. 꿈을 보여 주십시오. 그러면 이루어집니다.

시편 81편 10절에 "나는 너를 애굽 땅에서 인도하여 낸 여호와 네 하나님이니 네 입을 크게 열라 내가 채우리라" 자신이 스스로 못 채웁니다. 하나님이 채워요. 내가 스스로 바라는 꿈은 하나님이 소원을 두고 행하게 하시는 것입니다. 네 꿈이 뭐냐, 내 마음에 소원이 뭡니까? 기도할 때 소원이 드러나지 않습니까? 그것이 바로 꿈인 것입니다.

시편 37장 4절로 6절에 "또 여호와를 기뻐하라 그가 네 마음의 소원을 네게 이루어 주시리로다" 그 소원이 꿈이에요. "네 길을 여호와께 맡기라 그를 의지하면 그가 이루시고 네 의를 빛같이 나타내시며 네 공의를 정오의 빛 같이 하시리로다" 내 길을 여호와께 맡기면 여호와께서 내 마음속에 소원을 부어 주시는 것입니다. 그 소원이 다른 것 아닌 꿈인 것입니다. 꿈이 있으면 형통해져요. 요셉이 꿈을 꾸니까 보디발의 집에서 10년 종살이에 가정총무가 되었습니다. 모함을 덮어쓰고 감옥에 들어가니까 3년 감옥살이에 간수장이 감옥에 총무로 만들었습니다. 애굽의 바로 왕을 만나니까 애굽의 국무총리로 만들었습니다. 그는 서울대학교 졸업장도 없는데 그렇게 되었습니다. 우리가 꿈을 확실히 품고 꿈을 가지고 기도하면 형통함이 다가오는 것입니다.

꿈을 가지고 기도하라. 마음을 안개 낀 부두처럼 흩뜨려 놓고 기도해서는 소용이 없어요. 마음에 꿈을 분명히 안고 하나님 보시지요? 저 꿈, 저것이 나의 꿈입니다. 저것을 하나님 이루어 주십시오. "하나님이 오냐 오냐! 꿈을 계속 품고 있어라. 일을 행하시는 하나님, 그 일을 지어 성취하는 하나님, 하나님이라는 자가 내가 이르노라. 너는 내게 부르짖으라. 내가 응답하겠고 크고 은밀한 일을 보여 주겠다."

미국의 템플대학교를 설립한 러셀 콘웰 박사는 제1차 세계 대전 직후 백만장자 약 4천 명의 성장과정을 조사했습니다. 그런데 놀랍게도 고졸 이상의 학력을 가진 사람은 69명에 불과했고, 나머지 대부분은 남들보다 열악한 환경에서 성장하여 백만장자가 되었던 것입니다. 열악한 환경에서도 백만장자가 되었던 그들에게는 몇 가지 공통점이 있었습니다. 첫째로 뚜렷한 목표를 가져라. 무엇이 되겠다는 뚜렷한 목표가 있어야지 횡설수설하면 안 되는 것입니다. 그리고 뜨거운 열정을 가져라. 셋째 불 퇴진의 인내심을 가지고 있어라. 그러면 성공한다는 것입니다. 환경을 변화시키기 위해서는 뚜렷한 꿈과 목표를 가지고 뜨겁게 소원하는 것이 있어야 성공하는 것입니다.

셋째, 두려워하지 말고 믿기만 하라. 두려워말고 믿음을 굳게 가져야 되는 것입니다. 마귀는 언제나 두려움을 가져오는 것입니다. 마음이 불안하고 공포가 들어오면 마귀가 들어온 것입니다. 욥기 3장 25절에 "내가 두려워하는 그것이 내게 임하고 내가 무서워하는 그것이 내 몸에 미쳤구나" 욥은 동방에서 제일 큰 부자였는데 두려움을 가지자 패가망신한 것입니다.

마태복음 14장 29절로 31절에 "오라 하시니 베드로가 배에서 내려 물 위로 걸어서 예수께로 가되 바람을 보고 무서워 빠져 가는지라 소리 질러 이르되 주여 나를 구원하소서 하니 예수께서 즉시 손을 내밀어 그를 붙잡으시며 이르시되 믿음이 작은 자여 왜 의심하였느냐" 믿음이 작고 흔들리면 불안한 마음의 상태이고 마귀가 들어오는 것입니다. 마음에 공포심이 생기면 마귀가 들어왔다고 알아야 되는 것입니다. 예수 이름으로 쫓아내야 해요. 주님의 사랑을 깨달으면 사랑은 믿음을 생산하는 것입니다, 사랑으로 말미암아 믿음이 역사하는 것입니다. 그러므로 마귀의 지배는 공포가 있기 때문에 언제나 공포를 내어 쫓아야 되는 것입니다.

얼마 전 강남의 한 고급아파트에서 가장이 가족들에게 수면제를 먹여 죽이고 자신도 자살하려다가 미수에 그친 사건이 있었습니다. 그는 주식 때문에 1억의 빚을 진 후 아내와 자녀들에게 수면제를 먹여서 죽게 하고, 자살을 시도했으나 실패하고 경찰에 체포되었습니다. 그런데 놀라운 사실은 그가 빚을 모두 갚고도 최소 10억 원의 여윳돈을 가지고 있었다는 것입니다. 부동산을 다 처리하니까 10억 여 원 되는 돈을 가지고 있었습니다. 빚을 갚고 얼마든지 다시 시작할 수 있는데, 왜 그런 극단적인 선택을 했는지 물어봤더니 "앞으로 어떻게 살아야 할 지 그게 너무 무서워서 죽기로 작정했다"는 것입니다.

명문대 출신에다 유학을 갔다 오고, 외국계 회사의 간부를 지낸, 이른바 한국 사회의 '성공의 아이콘'으로 불리는 것을 다 갖추었음에도 불구하고, 삶의 어려움 앞에서 두려움을 이기지 못하자 그런 참극을 저지르고 말았던 것입니다. 참으로 안타까운 일입니다. 오늘날 많은 사람들이 앞날에 대해 두려움을 안고 살아갑니다. 그런데 이러한 두려움은 마귀가 주는 것임을 알고 두려움을 대항해서 이겨야 하는 것입니다. 주님의 사랑을 의지하면 강하고 담대하게 될 수가 있는 것입니다. 사랑은 믿게 만들어 주는 것입니다. 예수님께서 우리를 얼마나 사랑한다는 것을 압니까? 그는 자기 목을 찢고 피를 흘려 살려 주셨기 때문에 예수님이 자신을 사랑한다고 믿을 수 있습니다. 그게 믿음입니다. 불안과 공포가 들어오면 십자가를 바라보십시오.

예수님이 우리를 위해서 얼마나 큰 희생을 했다는 것을 기억하십시오. 그 예수님은 하늘과 땅의 모든 권세를 가지고 있다는 것을 알고 감사 기도를 하면 마음속에 믿음이 들어오고 공포는 쫓겨나가고 마는 것입니다. 예수님을 바라보고 사랑을 생각하고 감사기도를 하면 두려움은 다 쫓겨나갑니다. 믿음이 들어오게 되는 것입니다. 예수님께서는 내가 결코 너희를 버리지 아니하고 너희를 떠나지 아니하리라고 말씀하셨고 세상 끝날까지 너희와 항상 함께 있겠다고 말씀하신 것입니다.

히브리서 10장 35절로 38절에 "너희는 담대함을 버리지 말라 이것이 큰 상을 얻게 하느니라 너희에게 인내가 필요함은 너희가 하나님의 뜻을 행한 후에 약속하신 것을 받기 위함이라 … 나의 의인은 믿음으로 말미암아 살리라 또한 뒤로 물러가면 내 마음이 그를 기뻐하지 아니하리라" 믿고서 인내를 하는 거예요. 주님의 때를 기다리는 거예요. 그러면 주님이 응답해주시는 것입니다. 뒤로 물러가고 믿음을 포기하면 하나님이 그 사람을 좋아하지 않습니다.

이사야 41장 10절을 읽어 보십시다. "두려워하지 말라 내가 너와 함께 함이라 놀라지 말라 나는 네 하나님이 됨이라 내가 너를 굳세게 하리라 참으로 너를 도와주리라 참으로 나의 의로운 오른손으로 너를 붙들리라"그 다음 이사야 43장 1절로 2절도 읽어 보십시다. "너는 두려워하지 말라 내가 너를 구속하였고 내가 너를 지명하여 불렀나니 너는 내 것이라 네가 물 가운데로 지날 때에 내가 너와 함께 할 것이라 강을 건널 때에 물이 너를 침몰하지 못할 것이며 네가 불 가운데로 지날 때에 타지도 아니할 것이요 불꽃이 너를 사르지도 못하리니"

얼마나 확실한 언약인 것입니까? 이런 언약의 말씀을 읽고 보고 믿지 않을 수가 없는 것입니다. 언제든지 생각에 예수님의 십자가가 딱 서있도록 만들어 놓으면 십자가의 보혈로 말미암아 죄도 물러가고 허물도 물러가고 병도 물러가고 가난도 물러가고 지옥도 물러가는 것입니다. 그러므로 그 십자가를 통해서 예수님이 얼마나 사랑해 주시고 있다는 것을 생각하고 믿고 감사하면 마귀는 한길로 왔다가 일곱 길로 도망을 치고 맙니다.

빌 포터라는 전설적인 세일즈맨의 이야기는 너무나 감동적이어서 영화로도 제작이 되어 잘 알려져 있습니다. 그는 태어날 때 뇌 손상을 입어서 한 손을 쓸 수 없고 말하는 것조차 힘든 뇌성마비 장애인이 되었습니다. 그는 어른이 된 후 여러 번 이력서를 냈지만 번번이 거절을 당했습니다. 어느 날 회사에 방문 판매사원으로 들어가기 위해 면접을 봤는데, 회사측은 그의 어눌한 말투와 거동조차 불편한 몸을 보고 입사를 거절했습니다. 하지만 빌은 "다른 세일즈맨들이 가장 가기 싫어하는 지역을 맡겨달라"고 말했고, 회사는 밑져야 본전이라는 생각으로 일을 맡겼습니다. 그때부터 빌은 비가 오나 눈이 오나 하루도 빠짐없이 매일 8시간 이상 걸으며 집집마다 방문을 했습니다. 어눌한 말투, 굽은 허리, 못 쓰는 오른팔, 찌그러진 얼굴로 문을 두드리면 사람들은 보고 기암을 했습니다. 어린아이들은 고함을 하고 도망을 쳤습니다. 그러나 그는 결코 포기하지 않았고, 마침내 왓킨스 사의 최고 판매 왕이 되었습니다. 5차원의 영성을 그가 사용한 것입니다. 인간적인 힘으로는 될 수가 없습니다. 그러므로 사고를 '못한다. 안 된다. 할 수 없다' 라는 사고를 버리고 할 수 있다. 하면 된다. 해 보자라는 긍정적인 사고를 가지고 그는 꿈을 가졌습니다.

그는 머리가 되고 꼬리가 되지 않고 위에 있고 아래로 내려가지 않고 남에게 꾸어 줄지라도 꾸지 않는다는 꿈을 가지고 있었습니다. 그리고 믿고 끊임없이 입으로 시인했습니다. 그를 향해서 손바닥을 쳐주고 당신을 믿는다고 한 분이 한분 있었습니다. 그 분이 누구냐, 어머니였습니다. 낙심하고 좌절해서 어깨가 축 늘어져 있으면 어머니가 꼭 끌어안고 "내 자식아 할 수 있다. 너는 누구보다 잘 할 수 있다. 나는 너를 믿는다." 그리고 정성어린 도시락을 싸주면 그 샌드위치를 가지고 하루 종일 걸어다니다가 공원 벤치에 앉아서 먹고 어머니 사랑을 생각하고 어머니가 날 보고 할 수 있다니 할 수 있다고… 결국 그 회사의 최고 판매자가 된 것입니다. 그가 수많은 어려움 속에서도 포기하지 않았던 것은 바로 "어머니의 사랑" 때문에 믿음을 가지고 일어나서 불가능을 물리친 것입니다. 어머니는 늘 말하기를 너는 하고 싶은 일은 무엇이든지 할 수 있다고 말해주었습니다. 매일 정성껏 도시락을 싸주며 샌드위치에 '인내'라는 글자를 예쁘게 넣어 아들을 격려해 주었습니다. 날마다 길가 벤치에 앉아서 어머니가 싸준 도시락에 담긴 사랑을 먹으면서 그 모든 어려움을 다 이겨냈던 것입니다.

　사랑은 어떤 고난도 이길 수 있는 위대한 힘이 있습니다. 우리는 모두 하나님의 사랑을 받는 자녀들로서, 어떠한 고난 속에서도 우리를 향하신 하나님의 그 크신 사랑을 의지함으로 모든 어려움을 넉넉히 이기고 두려움을 이기고 승리하게 되시기를 주님 이름으로 축원합니다. 예수 믿는 사람이 성공하게 되어있는 이유는 세상 사랑으로서는 견딜 수 없는 큰 사랑을 받고 있기 때문인 것입니다. 하나님이 세상을 이처럼 사랑하사 독생자를 주셨으니 누구든지 저를 믿으면 멸망하지 않고 영생을 얻으리라. 사회적인 환경이 인정해주지 않는다고 낙심하지 마십시오. 우리는 3차원의 세계에 살지 않고 5차원의 세계에 살고 있는 것입니다. 우리는 생각 속에 꿈속에 믿음 속에 그리고 신앙고백 속에 살고 있는 것입니다. 5차원의 영성을 통해서 우리는 운명을 개척할 수 있는 것입니다. 말의 위력을 사용하십시오. 예수님은 말의 위력을 통해서 사람들을 살렸습니다.

더러운 귀신 들린 사람에게는 더러운 귀신아 그 사람에게서 나오라! 바람을 꾸짖으시며 잠잠하라! 고요하라! 죽은 나사로에게 나사로야 나와라! 풀어 놓아 다니게 하라! 백부장에게 이르시되 가라! 네 믿음대로 될지어다! 가나안 여자에게는 네 믿음이 크도다. 네 소원대로 되라! 말씀으로 기적을 행하신 것입니다. 우리도 말씀으로 기적을 행할 수 있는 것입니다. 우리 사람에게 하나님이 운명과 환경을 변화시킬 수 있는 수단으로써 말을 주셨습니다.

19장 동행하며 풍랑을 잔잔하게 하시는 예수님

(마 8:24-27)"바다에 큰 놀이 일어나 배가 물결에 덮이게 되었으되 예수께서는 주무시는지라. 그 제자들이 나아와 깨우며 이르되 주여 구원하소서 우리가 죽겠나이다. 예수께서 이르시되 어찌하여 무서워하느냐 믿음이 작은 자들아 하시고 곧 일어나사 바람과 바다를 꾸짖으시니 아주 잔잔하게 되거늘, 그 사람들이 놀랍게 여겨 이르되 이이가 어떠한 사람이기에 바람과 바다도 순종하는가 하더라"

예수를 믿고 말씀과 성령으로 거듭나 성령의 인도를 받으면 예수님께서 동행하시면서 인생의 풍랑을 잔잔하게 하십니다. 크리스천의 인생길에 일어나는 모든 풍랑을 잔잔하게 하실 분은 예수님이십니다. 모든 크리스천은 예수님의 인생을 살아가기 때문입니다. 그러므로 인생길에 풍랑이 일어나거든 예수님께 물어보아 알려주시는 지혜대로 순종하면 성령님이 믿음을 보시고 해결을 하십니다. 크리스천은 인생길의 풍랑을 자신의 힘으로 해결하려고 하지 말고 성령으로 기도하여 하나님의 지혜대로 순종하는 습관을 들여야 합니다. 하나님은 우리가 예수님의 이름으로 풍랑과 폭풍우를 이기도록 성령으로 인도하시기 때문입니다. 성령의 인도로 인생의 풍랑과 폭풍우를 이기며 만사형통을 체험해야 합니다. 우리가 인생을 살아가면서 바다의 풍랑이나 육지의 폭풍우는 자연현상으로 우리는 수차례 경험합니다. 그러나 자연현상이 아닌 풍랑이나 폭풍이 있습니다. 그것이 바로 인생살이 중 다가오는 삶의 풍랑이나 폭풍입니다. 우리는 이런 일을 당하게 되면 우리 삶의 내면을 살펴보지 아니할 수 없습니다. 더구나 그리스도인은 왜 우리의 삶에 풍랑이나 폭풍우가 다가왔는지 깊이 가슴에 손을 얹고 생각해 봐야 됩니다. 그리고 어떻게 풍랑이나 폭풍우를 잠재우며 살아갈 수 있는지 깨달아야 합니다. 오늘 우리는 자연현상이 아닌 특이한 풍랑을 만난 예수님의 제자들의 삶을 통하여 교훈을 얻고자 합니다.

첫째, 예수님을 주무시게 한 제자들을 우리가 생각해 봐야 됩니다. 주님께서 갈릴리 해변에서 저 건너편을 바라보시고 저 건너편으로 가자고 하셔서 제자들이 배를 준비하여 예수님과 함께 배를 타고 갈릴리 호수를 지나는 중에 예수님은 주무시고 말았습니다. 제자들끼리 정답게 이야기를 하고 예수님은 홀로 물끄러미 바다를 바라보고 계시다가 그만 손을 베개로 하고 주무셨습니다. 예수님이 주무시게 된 것은 크나큰 비극입니다.

제자들의 가슴속에 세상에 대한 사랑이 들어오자 예수님과는 멀어졌습니다. 그들은 세상의 부귀, 영화, 공명을 생각하고 그 이야기에 꽃을 피우는 동안에 예수님은 홀로 대화의 상대가 없이 계시다가 주무시고 만 것입니다. 예수님과 제자들이 각각 다른 세계에 처하게 된 것입니다. 예수님은 하늘나라에서 오셔서 하늘나라의 일을 말씀하는데 제자들은 세상에 속하여서 세상나라 이야기를 하고 세상 생각을 하므로 하늘나라와 세상나라가 함께 있을 수가 없어 거기에 간격이 생길 수밖에 없었습니다. 제자들이 주님을 중심으로 주님과 대화하고 주님의 말씀에 귀를 기울일 때는 하늘나라가 그들 속에 와있었지만 예수님과 멀리 떨어지고 예수님의 말씀에 귀를 기울이지 아니하고 예수님과 대화를 그치자 세상나라가 들어오고 세상이 그들의 마음속에 들어와서 세상의 대화를 하니 예수님과의 거리가 멀어져 버리고 만 것입니다.

요한복음 3장 31절에 "위로부터 오시는 이는 만물 위에 계시고 땅에서 난 이는 땅에 속하여 땅에 속한 것을 말하느니라 하늘로서 오시는 이는 만물 위에 계시나니" 예수님은 하늘에 속한 일을 말씀하는데 제자들은 땅에 속해서 땅의 일을 말하니까 서로 거리가 생기고 간격이 생길 수밖에 없게 된 것입니다.

고린도전서 2장 14절에 "육에 속한 사람은 하나님의 성령의 일을 받지 아니하나니 저희에게는 미련하게 보임이요 또 깨닫지도 못하나니 이런 일은 영적으로라야 분변함이니라"라고 말한 것입니다. 그렇기 때문에 주님은 우리에게 늘 말씀하신 것이 먼저 그의 나라와 그의 의를 구하라. 그리하면 이 모든 것을 더하시리라. 먼저 하늘나라와 하늘의 의를 구하면 세상 것은 주님이 도와주실 것이니 세상을 먼저 생각지 말라고 말한 것입니다. 세상을 먼저 생각하고 말하고 그 속에 살면 하늘나라의 일을 잊어버리게 되고 마는 것입니다.

둘째, 우리도 예수님으로부터 멀어질 수 있다는 것을 우리가 늘 마음속에 기억해야 되는 것입니다. 무엇이 세상으로 우리를 이끌고 가는지 아십니까? 우리의 마음속에 탐욕이 들어오면 탐욕이 우리와 주님 사이를 갈라놓고 마는 것입니다. 성경에는 내 앞에 다른 신을 두지 말라고 했는데 탐욕은 하나님의 대한 관심을 빼앗아 가는 다른 신인 것입니다. 탐욕이 들어오면 하나님에 대한 관심을 빼앗아가는 것입니다. 하나님 중심에서 세상 중심으로 끌고 가는 것입니다. 완전히 탐욕은 다른 신인 것입니다. 성경에는 각 사람이 시험을 받는 것은 자기 욕심에 끌려 미혹됨이니 욕심이 잉태한즉 죄를 낳고 죄가 장성한즉 사망을 낳는다고 말씀하고 있는 것입니다.

골로새서 3장 5절로 6절에 "그러므로 땅에 있는 지체를 죽이라 곧 음란과 부정과 사욕과 악한 정욕과 탐심이니 탐심은 우상숭배니라 이것들을 인하여 하나님의 진노가 임하느니라"고 말씀하고 있는 것입니다. 탐욕은 우리를 주님으로부터 멀리 떨어지게 하고 탐욕은 하나님 대신에 세상을 신으로 섬기게 만들어주는 것입니다. 탐욕에 빠지면 점점 주님과 멀어져서 세상을 섬기고 세상의 성공에 집착합니다. 결국 세상으로 말미암아 도적질당하고 죽임을 당하고 멸망을 당하고 말게 되는 것입니다.

또 교만이 우리와 하나님 사이를 틈내어 놓는 것입니다. 우상에 절하지 말라고 했는데 교만은 바로 우상숭배가 되는 것입니다. 루시퍼가 왜 사탄이 되었습니까? 그가 말하기를 "내가 하늘에 올라 하나님의 뭇별위에 나의 보좌를 높이리라 지극히 높은 자와 비기리라"고 자기를 우상화 했습니다. 그 결과로 하나님과 사이가 멀어지고 쫓겨나서 사탄이 되고 만 것입니다. 성경에는 말하기를 "네가 아름다움으로 마음이 교만하였으며 네가 영화로움으로 내 지혜를 더럽혔다."고 말하고 있는 것입니다.

잠언서 8장 13절에 "여호와를 경외하는 것은 악을 미워하는 것이라 나는 교만과 거만과 악한 행실과 패역한 입을 미워하느니라"고 말했습니다. 잠언서 15장 18절에 "교만은 패망의 선봉이요 거만한 마음은 넘어짐의 앞잡이니라"고 말한 것입니다. 우리 마음에 하나님보다 자기를 바라보고 하나님보다 자기를 자랑하고 섬기게 되면 망하게 되는 것입니다. 하나님과의 거리는 천리만리 떨어지게 되는 것입니다.

우리가 인생의 풍랑을 만나면 우리 안에 있는 세상을 버리고 주님을 찾고 주님을 깨워야 하는 것입니다. 예수님이 깨어나시기만 하면 풍랑은 사라지고 파도는 잠잠해질 수밖에 없는 것입니다. 또 하나님과 우리 사이를 멀리하는 것은 말씀공부를 등한이 하게 되어서 신앙이 식어지는 것입니다. 믿음은 들음에서 나며 들음은 그리스도의 말씀으로 말미암습니다. 우리의 믿음이란 말씀이 없이는 생겨나지 않습니다. 하나님의 말씀이 우리에게 믿음을 가져오는 것입니다. 그러므로 말씀을 읽고 묵상하고 사랑하는 마음이 사라지면 마음에 믿음도 사라지고 불신앙이 들어오게 되는 것입니다. 말씀이 멀어지고 신앙이 멀어지면 하나님과의 교통도 멀어지는 것입니다. 말씀을 통해서 신앙이 들어오면 그 믿음이 하나님과 열린 문이 되어서 하나님과 교통하지만 말씀을 등한시 하면 신앙이 사라지고 하나님과의 교제는 끊어지고 마는 것입니다.

잠언서 13장 13절에 "말씀을 멸시하는 자는 패망을 이루고 계명을 두려워하는 자는 상을 얻느니라"고 말한 것입니다. 말씀을 멸시하면 결국 하나님과의 교제가 없어지고 믿음이 사라지기 때문에 패망하고 마는 것입니다. 하나님의 말씀과 계명을 두려워하고 사랑하면 상을 얻게 된다고 성경은 말하고 있는 것입니다. 로마서 10장 17절의 말씀을 늘 기억하십시오. "그러므로 믿음은 들음에서 나며 들음은 그리스도의 말씀으로 말미암았느니라" 말씀은 우리에게 믿음을 주는 너무나 귀하고 놀라운 하나님의 은총과 축복인 것입니다.

그리고 또 하나님과 우리 사이에 틈을 내는 것은 불순종인 것입니다. 자기가 주인이 되고 종의 위치를 떠납니다. 우리는 다 하나님을 섬기도록 지음을 받았습니다. 하나님은 주인이요, 우리는 종입니다. 성경에는 종이 주인을 여종이 주모의 손을 바라봄같이 우리가 하나님을 바라고 긍휼을 기다린다고 말씀하고 있는 것입니다. 우리가 주인이 아닙니다. 주인인 것 같으면 우리 마음대로 하지요. 그러나 종은 주인을 섬기기 위해서 있기 때문에 항상 주인을 바라보아야 되는 것입니다. 우리는 항상 하나님을 바라보며 살아야 되는 것입니다. 나를 바라보면 안 됩니다. 하나님을 바라보고 살아야 되는 것입니다. 언제나 하나님 말씀에 순종할 만반의 태세를 갖춰야 되는 것입니다.

예레미야 17장 13절에 "이스라엘의 소망이신 여호와여 무릇 주를 버리는 자는 다 수치를 당할 것이라 무릇 여호와를 떠나는 자는 흙에 기록이 되오리니 이는 생수의 근원이신 여호와를 버림이니이다"라고 말했었습니다. 에베소서 5장 6절에 "누구든지 헛된 말로 너희를 속이지 못하게 하라 이를 인하여 하나님의 진노가 불순종의 아들들에게 임하나니"라고 말한 것입니다. 순종이 제사보다 낫고 하나님의 말씀을 듣는 것이 수양의 기름으로 드리는 것보다 낫다고 성경은 말하는 것입니다. 그렇기 때문에 우리는 항상 우리 모든 일에 하나님께 순종하려고 마음에 작정하고 늘 주님을 바라보는 것을 쉬지 말아야 되겠습니다.

셋째, 세상이 만일 우리 마음속에 들어오면 그 세상 틈을 통해서 풍랑도 함께 들어오는 것입니다. 하나님과 우리 사이에 세상이 들어오면 세상의 주인 된 마귀가 따라 들어오는 것입니다. 탐욕이 들어오고 교만이 들어오고 불신앙이 들어오고 불순종이 들어오면 하나님과 우리 사이에 거리를 두게 되는 것입니다. 주님과 우리 사이에 간격을 두게 되고 그 빈틈을 통해서 세상이 밀물처럼 쓸려 들어오면 그 밀물을 타고 사탄이 들어오는 것입니다. 세상이 제자들을 주님으로부터 격리시켜 놓았을 때 마귀는 공격했습니다. 예수님과 제자들이 배를 타고 갈릴리 호수를 지나가는데 예수님과의 교제가 끊어졌습니다. 예수님은 하늘 나라 말씀을 하는데 제자들은 세상 말을 했습니다. 예수님은 하늘나라 생각을 하셨는데 제자들은 세상일을 생각했습니다. 주님과 제자들과 사이에 교통이 끊어졌습니다. 그래서 예수님은 팔을 베개하고 주무셨습니다. 그 틈에 사탄이 들어왔습니다. 마귀는 그 배를 뒤엎어서 예수님과 제자들을 멸망시키려고 한 것입니다. 그래서 한낮에 하늘에 먹구름이 끼고 천둥번개가 치고 거센 바람이 불어와서 갈릴리 호수에 거대한 풍랑이 일어나게 된 것입니다. 이 풍랑을 제자들이 잠재워 보려고 무수히 애를 썼습니다. 물을 퍼내고 돛을 감아 들이고 온갖 일을 다 해도 배는 물에 가라앉고 있었습니다. 우리의 인생에 하나님과 간격이 벌어져서 풍랑이 일어났을 때 하나님 없이 우리 스스로 문제를 해결하려고 발버둥을 쳐도 소용이 없습니다.

이사야 59장 1절로 2절에 "여호와의 손이 짧아 구원치 못하심도 아니요 귀가 둔하여 듣지 못하심도 아니라 오직 너희 죄악이 너희와 너희 하나님 사이를 내었고 너희 죄가 그 얼굴을 가리워서 너희를 듣지 않으시게 함이니" 사람의 힘으로는 다가오는 풍랑을 막을 수가 없습니다. 마귀가 일으키는 세상의 풍랑은 인간의 힘으로는 다스릴 수 없습니다. 오직 주님을 찾아야 풍랑이 잠잠해질 수가 있는 것입니다. 어떻게 풍랑을 잠재워야 되겠습니까? 회개하는 길밖에 없습니다. 큰 풍랑이 일어나 배가 침몰할 위기에 처하자 그때야 제자들은 예수님이 배에 같이 탄 것을 알았습니다. 그전에는 세상이 들어와서 예수님이 함께 계신 것조차 의식하지 못했습니다. 풍랑이 들어와서 죽게 되자 예수님이 함께 배에 타고 있고 예수님이 주무시고 있는 것을 깨닫게 되고 예수님께 가까이 나가서 주님을 깨웠습니다.

"주여! 주여! 우리가 죽게 되었습니다." 그들은 비로소 주님 없이 살 수 없는 그들의 형편을 깨닫고 회개하고 돌아선 것입니다. 부귀, 영화, 공명 다 가져도 물에 빠져 죽어버리면 무슨 소용이 있겠습니까? 무엇보다 귀한 것이 예수님의 신앙이라는 것을 그들은 다시한번 마음속에 깊이 깨닫게 된 것입니다. 탐욕과 교만과 불신앙과 불순종을 떠나고 버려야 예수님을 깨울 수가 있는 것입니다. 우리가 알아야 할 것은 예수님은 찾지 않으면 계속 주무신다는 것입니다. 예수님과 우리 사이에 무엇이 틈을 내었습니까? 바로 탐욕과 교만과 불신앙과 불순종이 그 틈을 내었는데 그 틈을 없애 버리기 위해서는 회개해야 되는 것입니다. 탐욕을 회개하고 교만을 회개하고 불신앙을 회개하고 불순종을 회개하고 주님께 손들고 나와야 되는 것입니다.

디모데전서 6장 11절에 "오직 너 하나님의 사람아 이것들을 피하고 의와 경건과 믿음과 사랑과 인내와 온유를 좇으며"라고 말한 것입니다. 요한계시록 2장 5절에 "그러므로 어디서 떨어진 것을 생각하고 회개하여 처음 행위를 가지라 만일 그리하지 아니하고 회개치 아니하면 내가 네게 임하여 네 촛대를 그 자리에서 옮기리라"고 말한 것입니다. 회개가 그렇게 중요한 것입니다.

풍랑을 만났을 때 우리는 무엇보다 회개하고 주님을 찾아가야만 하는 것입니다. 주님을 깨워야 합니다. 그러면 주님께서 우리를 의와 진리의 거룩함으로 지으심을 받은 새사람으로 만들어 주어서 풍랑을 잠재워 주시는 것입니다. 그리고 풍랑이 왔을 때는 주님을 찾고 주님을 깨우는 일에 우리가 게으르지 말아야 됩니다. 예수님의 제자들이 "주여! 구원하소서. 우리가 죽겠나이다."라고 외친 것처럼 우리가 고난당하면 인간의 힘과 수단으로 발버둥치지 말고 회개하고 예수님을 찾아야 되는 것입니다.

시편 44편 23절에 "주여 깨소서 어찌하여 주무시나이까 일어나시고 우리를 영영히 버리지 마소서" 예레미야 33장 3절에 "너는 내게 부르짖으라 내가 네게 응답하겠고 네가 알지 못하는 크고 은밀한 일을 네게 보이리라"고 말씀한 것입니다. 잠언서 8장 17절에 "나를 사랑하는 자들이 나의 사랑을 입으며 나를 간절히 찾는 자가 나를 만날 것이니라"고 말한 것입니다. 그러므로 인생에 위기가 다가오면 인간의 수단과 방법으로 피하려고 하지 말고 주님 앞에 엎드리는 것이 최고입니다. 회개하고 주님의 얼굴을 찾고 찾으면 주님이 만나 주시는 것입니다.

풍랑은 우리가 하나님과 멀어졌을 때 귀신이 와서 일으키는 것입니다. 그러나 우리가 회개하고 주님을 다시 중심에 모셔 들이기만 하면 예수님이 다시 자리를 중심에 점령하시면 풍랑도 잠잠해지고 모든 일이 회복되게 되는 것입니다. 바깥의 풍랑에 지는 것이 아니라 마음의 풍랑도 잠잠해지고 생활의 풍랑도 잠잠해지는 것입니다. 그리고 풍랑을 잠잠케 하기 위해서는 우리의 삶이 변화를 받아야 되는 것입니다. 의와 진리의 거룩함으로 지으심을 받은 새사람을 입고 살기로 결심해야 되는 것입니다. 풍랑이 다가왔는데도 불구하고 우리의 삶에 변화를 가져오지 않으면 안 되는 것입니다. 풍랑은 하나님이 우리의 삶에 대해서 기뻐하지 아니하신다는 증거이기 때문에 그 삶을 벗어 버리고 새로 갈아입어야 되는 것입니다.

로마서 6장 6절에 "우리가 알거니와 우리 옛 사람이 예수와 함께 십자가에 못 박힌 것은 죄의 몸이 멸하여 다시는 우리가 죄에게 종노릇 하지 아니하려 함이니" 죄의 종의 멍에를 벗어 버리고 주님 앞에 올바르게 서야만 되는 것입니다. 에베소서 4장 22절로 24절에 "너희는 유혹의 욕심을 따라 썩어져 가는 구습을 좇는 옛 사람을 벗어 버리고 오직 심령으로 새롭게 되어 하나님을 따라 의와 진리의 거룩함으로 지으심을 받은 새 사람을 입으라"고 말씀한 것입니다.

고난은 우리에게 회개하라는 하나님의 채찍입니다. 채찍을 맞고도 회개하지 아니하면 점점 채찍이 굵어지게 되는 것입니다. 큰 채찍이 오기 전에 우리는 변화를 받아 새사람이 되어 주님 품에 안겨야 되는 것입니다. 그리고 주님이 깨어나시면 풍랑은 사라지는 것입니다. 주님께서 일어나사 바다를 꾸짖으시는

데 아주 잔잔하게 되었다고 성경은 말하고 있는 것입니다. 주님은 하늘과 땅의 모든 권세를 다가지고 계십니다. 풍랑과 홍수도 주님 수하에 있는 것입니다. 주님 명령 한마디면 풍수도 풍랑도 잠잠해지고 마는 것입니다.

세상에 일어나는 모든 정치, 경제, 교육, 문화, 군사, 산업의 모든 문제가 사람에게는 문제가 되지만 주님에게는 문제가 되지 않습니다. 죽은 자를 살리시며 없는 것을 있게 하시는 하나님 말씀 한마디면 모든 풍랑은 물러가게 되어있는 것입니다.

요즈음 예수를 믿는 성도들이 자꾸 인간의 수단과 방법을 의지해서 문제를 해결하려고 합니다. 그러나 주님을 깨우시면 주님이 풍랑을 잠잠케 하는 것입니다. 우리의 개인의 삶 속에 우리의 가정에 우리의 사회, 국가에 주님을 주무시게 해 놓고 주님을 그대로 두면 풍랑은 사라지지 않습니다. 저가 나를 사랑한즉 내가 저를 건지리라. 저가 내 이름을 안즉 내가 저를 높이리라. 저가 내게 간구하리니 내가 응답하리라. 환난 때에 저와 같이하여 저를 건지고 영화롭게 하리라. 주님께서 우리 가운데 깨어나시면 주께서 모든 문제를 해결해 주시는 것입니다.

넷째, 주님은 풍랑을 일으킨 귀신을 쫓아내십니다. 주님께서는 바다를 향해서 고요하라. 잠잠하라고 꾸짖었습니다. 물을 보고 꾸짖습니까? 살아있어 듣고 있는 존재를 향해서 꾸짖고 있잖아요. 풍랑을 일으킨 배후의 마귀를 보고 주님이 꾸짖으신 것입니다. 고요하라. 잠잠하라. 바람과 바다를 꾸짖었다고 성경에 말했습니다. 돌멩이 보고 꾸짖은들 무슨 소용이 있습니까? 나무보고 꾸짖은들 무슨 소용이 있습니까? 그러나 살아있는 존재는 꾸짖으면 그 꾸짖음에 응답하는 것입니다. 주님께서 꾸짖은 것은 바람과 파도의 배후에 있는 원수 마귀를 꾸짖으신 것입니다. 풍랑은 귀신이 일으킨 것입니다. 예수님이 거라사 지방에 건너오지 못하도록 거라사 지방에 귀신들린 사람 속에 있는 군대마귀가 풍랑을 일으킨 것입니다. 결국에는 예수님이 풍랑도 잠잠케 하시고 군대마귀도 쫓아내신 것입니다.

요한 1서 3장 8절에 "죄를 짓는 자는 마귀에게 속하나니 마귀는 처음부터 범죄함이니라 하나님의 아들이 나타나신 것은 마귀의 일을 멸하려 하심이니라" 베드로전서 5장 8절로 9절에 "근신하라 깨어라 너희 대적 마귀가 우는 사자 같이 두루 다니며 삼킬 자를 찾나니 너희는 믿음을 굳게 하여 저를 대적하라 이는 세상에 있는 너희 형제들도 동일한 고난을 당하는 줄을 앎이니라"고 말한 것입니다.

우리가 회개하고 돌아오면 우리 가정에서 귀신을 쫓아내야 가정이 평안해 지는 것입니다. 교회에서 귀신을 쫓아내야 교회가 잠잠해지지요. 직장에서 사회에서 귀신을 쫓아내어야 조용해지는 것입니다. 귀신은 예수께서 오시면 쫓아내는 역사를 일으키는 것입니다. 주님이 우리에게 와서 회개하라. 천국이 가까왔다 하시고 가장 먼저 하신일이 귀신을 쫓아내는 일을 하신 것입니다. 모든 인생의 불행과 풍랑은 귀신이 가져오는 것입니다. 귀신은 도적질하고 죽이고 멸망시키는 일을 하는 것입니다. 주님께서 오신 것은 귀신을 쫓아내고 우리에게 평안을 주시기 위해서 오신 것입니다. 그러므로 우리가 탐욕을 회개하고 교만을 회개하고 불순종과 불신앙을 회개하고 주님과 우리 사이에 막힌 담을 헐어 버리고 주무시는 주님을 깨워 일으키면 주님은 우리 가운데 오셔서 도적질하고 죽이고 멸망시키는 마귀와 귀신들을 일격에 내어 쫓아주시는 것입니다.

잠언서 28장 13절에 "자기의 죄를 숨기는 자는 형통치 못하나 죄를 자복하고 버리는 자는 불쌍히 여김을 받으리라"고 말씀하셨습니다. 사도행전 10장 38절에 "하나님이 나사렛 예수에게 성령과 능력을 기름 붓듯 하셨으매 저가 두루 다니시며 선한 일을 행하시고 마귀에게 눌린 모든 자를 고치셨으니 이는 하나님이 함께 하셨음이라"고 말씀하고 계신 것입니다.

예수님은 우리가 회개하고 돌아오기만 하면 그 어떤 풍랑이라도 잠잠케 하시는 것입니다. 하늘과 땅의 모든 권세를 가진 예수님이신 것입니다. 주님은 우리에게 오셔서 귀신을 쫓아내시고 우리의 삶에 풍랑을 잠잠케 해주시는 것입니다. 예수 그리스도는 어제나 오늘이나 영원토록 동일하시기 때문에 우리를 멀리 떠나 계시지 않습니다. 예수님을 잠재워서는 결코 안 됩니다. 예수님을 주무시게 해서는 안 되는 것입니다. 풍랑과 풍파를 예수님의 이름으로 잠잠하게 해야 삶에서 만사형통을 체험하며 살아갈 수가 있습니다.

5장 누리며 살게 하시는 예수님

20장 마음에 천국을 누리게 하시는 예수님

(잠 16: 32)"노하기를 더디하는 자는 용사보다 낫고 자기의
마음을 다스리는 자는 성을 빼앗는 자보다 나으니라"

예수를 믿으면 마음의 천국을 이룰 수가 있습니다. 지옥인 세
상 것이 말씀과 성령으로 물러가기 때문입니다. 누구나 할 것없
이 예수를 믿고 성령으로 세례받고 성령으로 치유하면 마음에
천국이 이루어집니다. 만약에 예수를 믿었는데 마음에 천국이
이루어지지 않았다면 빠른 시간 내에 원인을 찾아서 해결해야
합니다. 원인이 있기 때문에 지옥같은 삶을 사는 것입니다. 하
나님께 원망할 것이 아니라, 성령으로 원인을 찾아 해결하려고
해야 합니다. 원인은 성령께서 아십니다.

필자가 그동안 성령으로 치유하며 목회를 하면서 체험한 바
로는 성령으로 세례를 받아 성령으로 치유하며 말씀의 비밀을
깨달으며 성령의 인도를 받으며 믿음생활을 하시는 분들은 모
두 마음 천국을 누리면서 살아갑니다. 살아계신 성령으로부터
직접적인 하나님의 계시를 받아 순종하면서 살아가기 때문입니
다. 반대로 지옥같은 삶을 사시는 분들은 합리적이고 이성적이

며 율법적인 신앙을 가지고 인간적인 열심으로 믿음생활을 하시는 분들이었습니다. 필자는 크리스천들이 유대인 같은 믿음 생활을 하지 말라고 합니다. 유대인들은 율법을 따라사는 사람들입니다. 하나님의 선민이라고 자처는 하지만 하나님과 직접적인 교통을 할 수가 없습니다. 반드시 선지자를 통하여 하나님의 뜻을 알고 순종합니다. 스스로 아무것도 할 수 없는 사람등입니다. 예수를 믿으면서 이렇게 율법의 종으로 살기 때문에 불통의 삶을 사는 것입니다. 모든 것이 성령으로 됩니다.

그래서 영적으로 깨닫고 보면 예수를 믿었다는 것은 말로 표현 할 수 없는 축복입니다. 바르게 알고 누리지를 못해서가 문제이지 예수를 믿었다는 것은 큰 축복이요, 선택된 사람이라고 자부해도 좋습니다. 우선 하나님께서 인생을 살아주십니다. 내 인생 하나님께서 살아주시니 안될 일이 무엇이 있겠습니까? 하나님께서 필요를 공급하여주십니다. 이는 이스라엘 백성을 애굽에서 인도하여 내시고 만나를 공급하여 주신 것을 보면 알고 믿을 수가 있습니다. 하나님의 방법으로 문제를 해결하니 해결하지 못할 문제가 없습니다. 세상에서 해결하지 못할 문제도 하나님은 하나님의 사람을 통하여 해결하십니다. 그렇기 때문에 문제가 있을 때 하나님께 기도하여 하나님의 사람을 만나는 것이 급선무입니다. 하나님의 나라에 소속된 사람이 세상에서 세상 방법으로 문제를 해결할 수가 없는 것은 당연한 것입니다.

마음의 평안도 마찬가지입니다. 자신 안에 천국이 이루어지면 평안할 수밖에 없습니다. 만약에 예수를 믿으면서도 마음이 불안하고 두렵고 초조하다면 마음에 지옥이 형성된 것입니다. 우리의 삶은 수많은 정신적인 고통과 육체적 아픔, 생활의 슬픔 등 헤아릴 수 없는 불행의 쓰나미가 항상 다가옵니다. 하나님은 우리에게 이와 같은 고난을 이겨내고 행복하게 살도록 권능을 주셨습니다. 권능은 성령입니다. 하나님의 나라가 속히 이루어지도록 성령으로 기도해야 합니다. 그래서 정신적인 고통과 스트레스를 일으키는 근원인 환경을 다스려야 합니다. 우리가 환경을 다스리기 위해서 어떻게 해야 될까요? 환경을 다스리기 전에 우리의 마음을 다스려야 되는 것입니다. 성령으로 기도하여 마음을 다스리면 환경을 다스리는 능력이 나타나게 되는 것입니다.

첫째, 마음에서 모든 것이 나옵니다. 마음을 말씀과 성령으로 정화하고 청소하고 정리해야 합니다. 마음이 불안하고 두렵고 답답하고 짜증스러운 것은 마음에 쓰레기가 쌓여서 일어나는 현상입니다. 집안을 다스리려면 집안을 청소하고 정리해야 되는 것처럼, 성령으로 기도하여 마음을 청소하고 다스려야 되는 것입니다. 정신적으로 미움, 분노, 시기, 질투, 교만, 탐욕 같은 쓰레기 더미를 성령으로 정화하고 씻어내야 합니다. 양심에 고통스런 죄책을 다 회개하고 예수님의 보혈로 씻어야 마음을 다스릴 수가 있는 것입니다. 마음에 쓰레기가 잔뜩 쌓여있고 마음이 완전히 불완전하게 흩어져서 정신을 차릴 수 없는데 다스려집니까?

마가복음 7장 21절로 23절에 "속에서 곧 사람의 마음에서 나오는 것은 악한 생각 곧 음란과 도둑질과 살인과 간음과 탐욕과 악독과 속임과 음탕과 질투와 비방과 교만과 우매함이니 이 모든 악한 것이 다 속에서 나와서 사람을 더럽게 하느니라" 우리 속에는 쓰레기더미가 있습니다. 너나 할 것 없이 우리가 성령의 임재가운데 성령으로 들여다보면 마음 안에 쓰레기더미가 다 있어요. 남에게만 쓰레기더미가 있다고 손가락질하지 말 것은 내 속에 쓰레기더미가 있는 것입니다. 그러므로 이것을 청산해야 돼요. 쓰레기더미를 어떻게 청산합니까? 우리가 성령의 임재 가운데 회개를 통해서 청산할 수 있는 것입니다.

요한일서 1장 9절에 "만일 우리가 우리 죄를 자백하면 그는 미쁘시고 의로우사 우리 죄를 사하시며 우리를 모든 불의에서 깨끗하게 하실 것이요"라고 말씀한 것입니다. 우리가 죄를 하나님 앞에 고백하면 깨끗하게 해주세요. 입으로 그냥 고백해서 고백이 잘 안되거든 성령의 임재가운데 현장을 마음으로 그리면서 보세요. 눈으로 보면서 회개도 하시고 용서도 하시기를 바랍니다. 그리고 쓰레기 뒤에 역사하던 귀신들을 축사해야 합니다. 회개하고 용서했다고 근본이 없어지지 않습니다. 반드시 뒤에 역사하는 귀신을 축귀해야 합니다. 그리고 성령으로 기도하여 평안을 공급하세요.

세상 사람이 알지 못하는 보혈의 샘물이 있습니다. 세상 사람은 물질적으로 넘쳐나는 물로써 때는 씻지만 마음은 못 씻는데 우리는 마음을 씻는 그리스도의 십자가 보혈이 우리에게 주어진 것입니다. 우리가 갈보리 산에 매달려 있는 예수 그리스도의 고통을 통해서 흘리신 피를 믿고 받아들이므로 우리의 죄가 다 용서함 받을 수가 있는 것입니다. 우리의 마음속에 더러운 죄만 자복할 뿐 아니라 부정적인 생각을 정리해야 되는 것입니다. 마음에 염려, 근심, 불안, 초조, 절망, 시기, 분노, 우울한 마음, 살고 싶지 않은 부정적인 생각, 이런 생각을 다 쫓아내야 되는 것입니다. 그래서 제가 '나는 행복하다. 나는 기쁘다. 나는 즐겁다. 나는 평안하다. 나는 만사형통하다.' 이 말을 하라는 이유는 부정적인 생각을 쫓아내는 방법으로 그렇게 하는 것입니다. 많은 사람이 저보고 그런 질문을 해요. 행복하지도 않은데 왜 자꾸 행복하다고 그럽니까? 그래서 제가 하는 말은 "행복 안하기 때문에 행복하다고 말하라. 행복한 사람은 행복한데 뭐라고 행복하다고 말할 필요 없지 않느냐. 행복 안하니까 그것을 쫓아내기 위해서 나는 행복하다. 안 기쁘니까 슬프니까 나는 기쁘다. 평안하지 못하니까 나는 평안하다. 건강 안하니까 내가 건강하다." 그래서 부정적인 것을 쫓아내는 것입니다. 부정적인 것을 그냥 두고는 마음이 정리정돈이 되지 않습니다.

로마서 8장 5절로 6절에 "육신을 따르는 자는 육신의 일을, 영을 따르는 자는 영의 일을 생각하나니 육신의 생각은 사망이요 영의 생각은 생명과 평안이니라" 육신을 따라서 여러 가지 부정적인 생각이 마음을 꽉 점령하고 있을 때 우리는 영의 생각을 쫓아서 예수님 이름으로 긍정적인 시인을 하므로 이를 쫓아 내는 것입니다. 로마서 12장 2절에 "너희는 이 세대를 본받지 말고 오직 마음을 새롭게 함으로 변화를 받아 하나님의 선하시고 기뻐하시고 온전하신 뜻이 무엇인지 분별하도록 하라" 마음을 새롭게 해야 되는 것입니다. 낡은 마음을 가지고는 하나님의 선하시고 기뻐하시고 온전한 뜻을 분별할 수 없어요. 성령으로 마음이 맑아져야 하나님의 뜻을 분별할 수 있는 것입니다. 그렇기 때문에 부정적인 생각을 성령으로 정리해서 마음을 깨끗이 해야만 되는 것입니다.

마음을 정리정돈 하고 여유를 가지고 천천히 살아도 마음속이 행복하면 환경이 행복한 환경으로 변화되는 것입니다. 먼저 버려야 할 사소한 생각으로는, 불행하다는 마음과 마음의 고통, 슬픔, 상처 등 주로 부정적인 것들을 다 성령으로 정화해야 돼요. 화, 불안, 분노, 비난 등 부정적인 감정들도 지금 당장 성령으로 정화하고, 망설이고, 걱정하고, 불신하고, 갈등하고, 조급증, 적대감 등의 행동을 성령으로 몰아내고 버릴 때 마음이 그런 것으로부터 해방되면 행복하게 된다는 것입니다. 우리가 성공적이고 행복한 삶을 살기 위해서는 무엇보다 먼저 우리의 생각과 감정과 행동 가운데 부정적이고 소극적인 쓰레기더미를 예수님의 보혈로 씻어내고 우리 마음을 십자가 구속의 은혜로 채워야 하는 것입니다. 그래야 마음에 천국이 이루어지는 것입니다.

우리는 바깥은 좋은 집에서 잘 정돈된 가구를 갖다 놓고 살지만, 마음은 그런 쓰레기통이 되어 있습니다. 이 마음이 쓰레기통이 되어 있으니까 바깥이 아무리 좋아도 행복하지 않아요. 그래서 쓰레기통을 말씀과 성령으로 치워야 합니다. 성령의 역사로 쓰레기통을 비워야 합니다.

우리가 마음을 정리정돈하기 위해서 항상 죄를 회개하고 자복하고 보혈로 씻고 부정적인 생각을 긍정적인 생각으로 내어 쫓아야 돼요. "나는 행복하다. 나는 기쁘다. 나는 즐겁다. 울면서라도 나는 평안하다. 나는 건강하다. 나는 잘된다. 형통하다." 그렇게 하면은 그 생각이 우리 마음에 들어와서 반대적인 생각을 밀어내 주는 것이니까, 마음에 그런 생각을 통해서 우리가 행복할 수가 있는 것입니다. 하나님께 기도할 때도 마음이 정리정돈이 되어서 기도해야 힘 있게 기도가 상달되지, 마음이 아주 쓰레기더미 같이 혼잡하게 되어있는 상태에서 기도해서는 기도응답이 오지 않는 것입니다. 우리가 항상 마음속에 기뻐하고 경배하며 즐거움으로 꽉 들어찬 마음을 가지고 살면 마음을 다스릴 수가 있어요.

자기의 마음에 예수님이 들어오자 주께서 마음에 주신 변화가 얼마나 큰지 그것을 음악으로 표시한 것입니다. 우리의 삶의 고통과 어려움을 극복하고 기쁨과 행복 가운데 살아가기 위해서는 우리 마음을 십자가 구속의 은혜로 가득 채워야 되는 것입니다. 예수님의 보혈로 씻고 성령으로 기도하여 하나님의 은혜를 마음에 가득 채우면 어떠한 환경에도 행복과 기쁨을 갖고 살

수가 있는 것입니다. 예수 그리스도를 믿고 하나님 앞에서 얻은 기쁨은 세상으로 비교할 수가 없는 것입니다. 그래서 마음을 다스리면 행복이 환경에도 다가오게 되는 것입니다.

여기 한 여인의 간증을 들어보시기를 바랍니다. 저는 예수를 믿고 사모가 되었지만 성품에 변화가 없고 조그마한 소리에도 절재하지 못하고 혈기와 분을 냈습니다. 그것뿐만이 아니고, 마음이 항상 불안하고 초조했습니다. 가끔 두려움과 공포가 저를 사로잡아오기도 했습니다. 가슴이 답답하고 숨을 제대로 쉴 수가 없었습니다. 열심히 기도하고 예배를 빠지지 않으면 믿음이 좋은 것으로 알고 믿음 생활을 했습니다. 무조건 열심히 하는 행위중심의 신앙생활을 했습니다. 성령 체험도 몰랐습니다. 그렇게 열심히 신앙생활을 했는데 남은 것은 혈기와 무릎 관절 통증과 아랫배 통증, 두통, 비염, 좌우지간 여러 가지 질병으로 고생을 하며 지냈습니다.

그러던 어느날 남편 목사님께서 내적치유에 대한 책을 한권 사다주면서 읽어보라고 해서 읽어보는데 왠지 모르게 속에서 서러움이 올라오는 것입니다. 그래서 남편에게 이야기를 했더니 다시 내적치유 테이프를 구입하여 들으라고 하는 것입니다. 테이프를 들으면서 수 없이 울었습니다. 아랫배가 아프고 머리가 어지러운 현상이 일어났습니다. 그래서 남편에게 이야기를 했더니 자신하고 같이 서울에 있는 충만한 교회에 가서 치유를 받자고 했습니다. 그래서 남편을 따라서 치유를 받게

되었습니다. 그런데 하루가 지나고 이틀이 지나는데 정말 머리
가 아프고 괴로워서 더는 가지 못할 정도까지 되었습니다. 그
래서 남편보고 못가겠다고 했더니, 지금 포기하면 영영 치유 받
지 못하니 괴로워도 같이 가자고 했습니다. 그래서 남편의 부축
을 받고 충만한 교회에 가서 치유를 받았습니다. 그런데 그날은
오후 시간에 태중의 상처를 치유 받는 시간 이었습니다. 강 목
사님으로부터 태중의 상처에 대한 강의를 듣고 안수기도를 받
으니까, 갑자기 두려움이 찾아오는 것입니다. 그리고 사람들의
싸우는 소리가 들리는 것입니다.

그러면서 제가 무의식적으로 귀를 막으면서 시끄러워하면서
조용히 하지 않으면 찔러죽일 거야 하는 것입니다. 그러면서 환
상이 보이는 데 남자가 여자를 때리면서 싸우는 모습을 보여주
시는 것입니다. 너무나 큰 두려움이 저를 장악하면서 저의 목
이 다리 사이로 들어가면서 움츠려드는 것입니다. 그러면서 소
리를 막 지르는 것입니다. 그러니까 사모님이 오셔서 안수를 해
주시면서 지금 태중에서 일어나는 현상을 치유하면서 나타나는
현상이니 두려워하지 말고 성령의 역사에 따르라고 했습니다.

그러면서 안수를 해주셨습니다. 그러자 제 속에서 큰 소리를
지르면서 상처들이 막 떠나갔습니다. 기침을 한 시간 정도 했을
것입니다. 그리고 나니 머리 아픈 것과 어지러운 현상이 없어지
고, 마음이 평안하고, 정말 날아갈 정도로 몸이 가벼워지는 것
입니다. 한마디로 성령을 체험하여 영의통로가 열린 것입니다.

그런데 남편은 왠지는 몰라도 금식을 하면서 다니는 것입니다. 나중에 안 사실인데 남편역시 상처가 드러나서 괴로우니까, 금식을 한 것이라고 했습니다.

그러면서 저보고 좀 더 다니면서 치유를 받자고 했습니다. 그래서 저도 태중의 상처를 치유 받고 너무나 좋아서 한 십 개월 정도 다니면서, 강요셉 목사님이 집회에 사용하시는 세미나 교재를 다 배우고, 공포와 두려움과 분노와 혈기도 치유 받았습니다. 마음이 평안한 것을 몸으로 마음으로 체험하게 되었습니다. 질병들이 모두 치유가 되었습니다. 내 마음을 성령이 장악하시니 천국이 이루어진 것입니다. 마음의 천국이 이루어지니 질병들이 모두 치유가 된 것입니다. 성령께서 저의 전인격을 장악했다는 보증입니다. 거기다가 여러 가지 성령의 은사와 능력도 받았습니다. 이제 저도 사람을 보면 심령이 읽어지고 손을 얹으면 치유가 일어납니다. 제가 스스로 기도하면서 제 마음속의 상처를 치유하고 있습니다. 항상 마음의 천국을 누리려고 성령으로 기도하고 있습니다. 항상 기쁨으로 충만한 사모가 되었습니다. 지금은 정말 예수님을 믿기를 잘했다고 간증합니다. 예수님을 믿으면 이렇게 좋은 것들을 많이 받는 다는 것을 몸으로 마음으로 체험하고 있습니다.

그러니 우리 교회 여성 성도들이 얼마나 저에게 안수를 받으려고 하는지 모릅니다. 그래서 제가 늘 마음으로 하는 말이 사모도 능력이 있어야 성도들에게 대접을 받는 것이구나 하면서 주님에게 쓰임 받고 있습니다. 그러면서 역시 영적인 일은 시간과 물질을 투자해야 된다고 느끼면서 남편 목사님의 목회를 돕고 있습니다. 정말로 감사할 일입니다. 제가 이렇게 되리라고는 생각을 하지 못했습니다. 모두가 예수님의 은혜요, 성령의 역사로 된 것입니다. 성령은 저를 천국으로 만드셨습니다.

둘째, 예수를 믿었으면 희망찬 꿈을 그려보고 살아야 되는 것입니다. 우리는 모두 다 꿈을 갖고 사는 것입니다. 꿈이 없는 백성은 망한다고 말한 것입니다. 작은 꿈, 큰 꿈, 살아있는 사람은 다 마음에 꿈을 갖고 있는 것입니다. 그런데 희망찬 꿈을 갖고 살아야지 꿈이 언제나 비관적이고 절망적이면 절대 행복하지 않아요. 비관적인 꿈을 가진 사람들이 요사이 자살을 많이 하지 않습니까? 대학생들도 대학교수도 자살을 하거든요. 그러면 희망찬 꿈을 어디에서 얻을 수 있느냐. 우리는 갈보리 십자가를 바라보고 희망찬 꿈을 얻을 수 있는 것입니다. 예수님이 우리의 모든 절망을 십자가에서 청산해 주었기 때문에 십자가를 바라보아야 희망찬 꿈을 얻을 수가 있는 것입니다.

우리가 실망하지 않는 것은 갈보리 십자가에서 몸 찢고 피흘려 돌아가신 예수 그리스도를 바라보면 그 예수 그리스도 안에서 얻는 꿈은 희망차고 없어지지 않습니다. 예수님을 쳐다보면 용서와 의의 꿈을 언제나 꿀 수 있고 거룩하고 성령 충만한 꿈을 꿀 수 있고 치료받은 건강한 꿈을 꿀 수가 있고 아브라함의 복과 형통을 얻을 꿈을 꿀 수가 있으며, 부활 영생 천국의 꿈을 꿀 수가 있습니다. 꿈은 꿈이니까요. 그래서 내 영혼이 잘됨같이 범사에 잘되며 강건하고 생명을 얻되 넘치게 얻는 꿈을 꾸고 나아가면 그 꿈이 그 세계로 이끌어 가는 것입니다. 우리가 꿈을 이루는 것이 아닙니다. 절대로 그것을 오해하지 마십시오. 꿈을 가슴에 품고 있으면 꿈이 이끌어 가는 것입니다.

그렇기 때문에 꿈을 갖는다는 것이 그렇게 중요한 것입니다. 믿음의 주요 또 온전케 하시는 예수를 바라보라고 성경은 말한 것입니다. 예수를 바라보고 나아가면 그 꿈이 우리를 예수께로 이끌어 주는 것입니다. 그래서 누구든지 그리스도 안에 있으면 새로운 피조물이라 이전 것은 지나갔으니 보라 새것이 되었도다. 이전의 죄악된 삶, 부패한 삶, 병든 삶, 패배와 실패, 낭패, 가난, 저주의 삶. 죽음의 고통의 삶이 다 사라지고 새로운 삶, 영혼이 잘됨같이 범사에 잘되며 강건하고 생명을 얻되 넘치게 얻는 삶으로 변화되는 것입니다. 그것은 내가 노력하고 힘쓰고 애써서 되는 것이 아니라 꿈이 그 세계로 이끌어 가는 것입니다. 예수를 바라보고 믿으면 성령이 오셔서 그 꿈대로 변화시켜 주는 것입니다.

사도행전 10장 38절에 "하나님께서 예수 그리스도에게 성령과 능력을 기름 붓듯 하셨으매 그가 두루 다니시며 선한 일을 행하시고 마귀에게 눌린 모든 사람을 고쳤다"고 했습니다. 예수님은 고치는 하나님이신 것입니다. 영혼을 고치고 마음을 고치고 육체를 고치고 생활을 고치는 하나님이신 것입니다. 그러므로 그리스도를 통해서 내가 치료받고 고침 받고 변화 받는 모습을 상상하면 성령께서 그 길로 이끌어 주시는 것입니다. 꿈을 꾸어야 되는 것입니다. 생각과 꿈을 꾸어야 되는 것입니다. 그러면 그대로 됩니다. 자꾸 못살고 안 되고 죽는 것을 생각하면 꿈이 여러분을 못살고 안 되고 죽는 것으로 끌고 가는 것입니다.

여기 한 성도의 간증을 들어보시기를 바랍니다. 저는 25년 전에 예수를 믿고 믿음 생활을 했습니다. 그런데 20년이 넘도록 예수님을 누리지 못하고 악성 빈혈과 심장병, 우울증으로 고통을 당하면서 지냈습니다. 그러다 성령님의 인도로 충만한 교회 강요셉 목사님을 만나 치유 받고 새로운 삶을 살고 있는 여목회자입니다. 제가 목회자가 된 것도 이 질병 때문에 된 것입니다. 어느 분이 예언을 하는데 목회자의 사명이 있는데 사명을 감당하지 않으니 그런 질병으로 고통을 당한다는 것입니다. 만약 순종하면 질병은 금방 치유가 된다는 말을 믿고 신학을 하여 목회자가 된 것입니다. 그런데 목회자가 되니까 몸이 더 심하게 아픈 것입니다. 만약 이 간증을 읽는 분도 저 같은 경우라면 절대 속지 말고 내적치유를 받으시기를 바랍니다. 그리고 성령으로 세례를 받고 영의 통로를 뚫으시기를 바랍니다. 저의 체험으로는 목회자가 된다고 질병이 치유되는 것이 아닙니다. 또한 여러가지 문제가 해결되는 것이 절대로 아닙니다. 직접 치유를 받아야 해결이 되는 것이라는 것을 저는 뼈저리게 체험했습니다. 좌우지간 저는 국민일보 광고를 보니 제가 사는 근처에서 강요셉 목사님이 오셔서 치유집회를 한다는 광고를 보고 참석하여 첫날부터 많은 은혜를 받았습니다. 그때까지 체험하지 못한 여러 가지 체험을 했습니다.

수많은 상처들이 떠나갔습니다. 귀신들도 많이 떠나갔습니다. 점점 몸이 가벼워지고 우울한 기분이 사라지는 것을 체험적으로 느꼈습니다. 그래서 집중 치유를 받겠다는 욕심을 가지고 충만한 교회에 적을 두다 시피하고 치유를 받았습니다. 특히 충만한 교회는 토요일에 개별 집중 치유하는 시간이 있는데 이때 성령의 역사가 강하게 일어납니다. 그 시간에 더 많은 상처를 치유 받은 것 같습니다. 정말 말로 표현 못하는 현상을 하면서 상처가 치유되었습니다. 점점 빈혈이 없어지고 가슴이 답답한 것도 사라지는 것입니다. 제가 치유를 받으면서 깨달은 것은 내가 예수를 믿었어도 여전하게 내 마음이 지옥이었구나, 이제 천국이 되니 이렇게 평안하고 건강해지는 구나, 저절로 하나님이 좋다, 예수를 믿기를 참 잘했다는 말이 나오는 것입니다.

제가 이렇게 몸이 건강해지니 남편도 너무나 좋아하는 것입니다. 그래서 몇 개월간 치유를 받다가 병원에 가서 검진을 받아보니 모두 정상으로 나오는 것입니다. 그래서 참 신기하기도 하다, 그렇게 많은 세월 약을 먹고, 나름대로 치유를 받겠다고 여기저기 다녔는데도 해결은 받지 못했는데, 충만한 교회에 와서 집중적으로 내적치유를 받고 마음의 천국을 이루고 건강하게 되니 얼마나 감사한지 모릅니다.

이제 건전한 꿈을 꾸고 살아갈 수가 있습니다. 얼마전만해도 생각하지도 못할 일입니다. 저에게 꿈이 있습니다. 저와 같이 예수를 믿으면서도 영육의 문제로 고통을 당하면서 사는 사람들을 치유하는 꿈입니다. 이제 그 꿈이 이루어 졌습니다. 제가 성령님의 은혜로 새사람이 되었으니 강하고 담대하고 치유의 복음을 전하면서 전도하고 치유할 수가 있게 된 것입니다. 원래 저의 꿈이 전도하고 병든자를 치유하는 것이었습니다. 성령님의 은혜로 내가 치유되니 자연스럽게 그 꿈이 이루어진 것입니다.

강요셉 목사님이 귀에 못이 박히도록 말씀하신 하나님의 일은 사람이 못합니다. 반드시 성령의 인도를 받아야 합니다. 사람이 하나님의 일을 하려고 하니 얼마나 힘이 들겠습니까? 하나님의 일을 하려고 하지 말고 하나님께 쓰임을 받으려고 해야 합니다. 하나님께서 성령으로 인도하시면서 사용하실 것입니다.

그런데 제가 치유 받으면서 여러 환상을 보았습니다. 엄마가 저를 임신하고 괴로우니까, 저를 지우려고 하는 것입니다. 그때의 충격으로 상처가 되어 우울증과 심장병에 혈액의 문제까지 당하고 세상을 산 것입니다. 그런데 치유를 받으면서 부모님을 용서하고, 그 때 생긴 태중의 상처를 치유하고, 두려워할 때 들어온 귀신들을 축사하고 나니, 난치의 질병들이 치유가 된 것입니다. 태중에서 상처가 있으니까, 계속 연속적으로 두려워하고 놀라는 일만 생기는 것입니다. 아버지와 어머니가 사고로 한꺼번에 돌아가셨습니다. 그때 얼마나 큰 충격을 받았는지 모릅니다. 그래서 저의 나이 스물에 소녀 가장이 된 것입니다. 그 모든 상처들을 하나님이 치유하여 주셨습니다. 앞으로 저같이 상처로 고생하는 사람들을 치유하는 사역자가 되겠습니다.

21장 가정의 천국을 누리게 하시는 예수님

(엡 5:22)"아내들이여 자기 남편에게 복종하기를 주께 하듯

하라/(엡 6:4) 또 아비들아 너희 자녀를 노엽게 하지 말고 오직

주의 교훈과 훈계로 양육하라"

하나님은 예수를 믿는 자녀들의 가정이 천국이 되기를 소원하고 계십니다. 먼저는 자신의 마음에 천국을 이루어야합니다. 그리고 가정을 천국으로 만들어야 합니다. 자신의 마음이 천국이 되지 않고서는 가정을 천국으로 만들 수가 없는 것입니다. 가정에 예수님이 주인이 되시면 그 가정은 천국이 됩니다. 무엇보다도 가정에 예수님이 주인이 되도록 모셔야 합니다.

성도들과 목회자들이 성령의 은사나 권능이 나타나면 무조건 하나님의 일을 한답시고 자신도 살피지 않고 가정도 살피지 않습니다. 성령의 은사가 나타나고 기도에 권능이 나타나도 하나님과 관계가 열리지 않을 수가 있습니다. 우리는 하나님의 뜻을 잘 알아야 합니다. 먼저 하나님과의 관계를 열어 자신의 마음을 천국 되게 해야 합니다. 하나님은 "다만 너희는 그의 나라를 구하라. 그리하면 이런 것들을 너희에게 더하시리라(눅12:31)" 이 말씀은 먼저 자신 안에 하나님의 나라가 이루어지게 하라는 것입니다. 자신의 마음 안에 천국이 이루어지면 다른 필요한 것들

이 이루어진다는 말씀입니다. 자신의 마음이 천국 되어야 가정이 천국 될 수 있다는 것입니다. 하나님은 디모데전서 5장 8절에서 "누구든지 자기 친족 특히 자기 가족을 돌보지 아니하면 믿음을 배반한 자요 불신자보다 더 악한 자니라" 자신과 가정을 살피지 않으면서 하나님의 일을 열심히 해야 한다는 것은 무당이론입니다. 무당들이 자신이나 가정은 팽개치고 귀신이 역사하는 대로 끌려 다니는 것입니다. 절대로 하나님은 자신 안이 천국 되어 하나님과 관계를 열고, 가정을 천국 되게 한 다음에 하나님이 지시하시(원하시는)는 일을 하기를 원하십니다.

가정이 천국이 되어야 하는 이유는 생존경쟁에 시달리고 지치고 혹은 상처 입은 인간은 따뜻한 사랑과 이해와 동정과 치료가 있는 훈훈한 가정의 품을 항상 마음속에 동경하면서 살게 됩니다. 가정은 우리를 치료시키고 휴식을 주며 내일에 대한 희망과 용기를 주는 가장 아름답고, 그리고 가장 친밀한 삶의 보금자리요 운명 공동체인 것입니다. 그러나 현실은 그렇지만은 않습니다. 갈기갈기 찢기어지고 피투성이가 된 가정들이 허다히 많이 있습니다.

어찌하면 가정들이 천국이 되겠습니까? 그것은 예수 안에서 성령으로 되는 것입니다. 가정에 성령의 역사가 일어나, 가정의 행복을 저해하는 세력들이 떠나가야 가정이 천국 될 수가 있는 것입니다. 어찌 하든지 성령의 역사가 가정에서 일어나게 해야 합니다. 우리가 예수를 믿는 것은 자신의 마음이 천국이 되고,

가정이 천국을 누리기 위해서 예수를 믿는 것입니다.

첫째, 우리는 서로서로 변화를 받아야 되는 것입니다. 말씀과 성령으로 변화되는 과정을 체험해야 행복한 가정을 이룰 수가 있습니다. 우리 주님께서는 이 지상에서 행하신 첫 기적을 가나의 혼인잔치에서 행하신 것입니다. 주께서 가정의 중요함을 인정하기 위해서 혼인잔치에 그 어머니와 제자들과 함께 참석하셨습니다. 혼인이 한 참 진행돼 가는 중에 그 가정에 그만 포도주가 떨어졌습니다. 이러므로 대단히 당황하게 된 것입니다. 손님들은 와 있는데 포도주가 떨어졌으니 어찌할 줄을 몰라서 우왕좌왕하고 있었습니다. 이 상황을 보고 마리아가 예수께서 오셔서 말씀했습니다. 이 집에 포도주가 떨어졌군요. 예수님께선 마리아를 보고 여자여 나와 무슨 상관이 있나이까? 내 때가 아직 이르지 아니하였나이다. 그렇게 말씀했지만은 마리아의 기도를 예수님은 들어주셨습니다.

그리고 얼마 있지 아니하여 그 집 하인들을 명해서 결례 통 6개가 있는 거기에 물로 가득 채우라 했습니다. 그다음 물을 떠서 연회장에 갖다 주라 한즉 그렇게 하니 물이 변하여 포도주가 된 것을 알게 된 것입니다. 이래서 주님은 낭패에 처한 신혼의 가정에 물이 변하여 포도주를 만들어서 축복해 주심으로 어려움을 피하게 만들어 준 것입니다. 이것은 대단히 깊은 상징적인 의미가 있는 것입니다. 우리가 결혼을 처음 했건 오래 살았건 주님께서 우리에게 오셔서 이 변화시키는 큰 능력을 행하셔야 진실로 우리의 문제가 해결될 수 있습니다. 가정이란 것은 문제가 있기 마련인 것입니다.

왜냐하면 남편과 아내가 남남끼리 만났으니 다를 것은 당연한 이치인 것입니다. 부부간에 성장환경이 다르니 사람들은 그 성장환경을 통해서 인격이 형성되므로 다를밖에 없습니다. 교육 정도가 다르니 사물을 바라보고 이해하는 정도도 다릅니다. 또 남녀의 심리적 육체적인 실존이 다르므로 남자의 심리와 여자의 심리가 같을 수가 없는 것입니다. 육체적인 모든 생리적 주기도 다릅니다. 이러므로 다를 밖에 없는 것입니다. 꿈도 희망도 다릅니다. 성품과 개성도 다를 수밖에 없는 것입니다.

이러므로 오늘날 처음 결혼해서 만나면 가장 놀라운 사실은 서로가 너무나 다르다는 것에 깜짝 놀라는 것입니다. 연애를 하고 있을 동안에는 그 마음의 정열의 뜨거움 때문에 서로 다른 것은 찾아보지 않습니다. 서로가 다른 것을 찾아보지 않습니다. 좋은 것만 찾아보는 것입니다. 그러나 일단 결혼하여 안주하게 되면 우리가 이렇게 다를 수가 있는가! 이렇게 서로 의견이 일치 안 될 수가 있는가 하는 것을 생각하고 깜짝 놀랍니다.

그러나 가정에 예수님이 주인이 되시고 성령의 역사가 일어나면 하나가 됩니다. 성령의 역사가 일어나야 가정이 하나가 될 수가 있는 것입니다. 절대로 사람의 노력이나 힘으로 하나가 되지 못합니다. 왜냐하면 영적인 문제가 결부되어 있기 때문입니다.

여기 성령으로 하나 되어 간증하는 여인의 말을 들어보세요.

저는 예수를 30년을 믿었지만 변화되지 못하여 저의 가정은 지옥이나 다를 바가 없이 살았습니다. 툭하면 남편하고 싸웠습니다. 자녀들을 불안에 떨게 했습니다. 그러던 저를 변하게 하신 하나님께 영광을 돌립니다. 제대로 성령을 체험하지 못하고 입만 가지고 믿음 생활을 했습니다. 한 마디로 교회는 다니지만 하나님과 영의통로가 꽉 막힌 것입니다. 영의통로가 막히니 심령이 치유되지 못한 것입니다. 치유 되지 못한 마음 깊은 곳에 저도 잘 모르는 응어리 분노의 상처가 미움이란 탈을 쓰고 나타나 남편을 사랑하지 못했습니다. 제 마음이 지옥이나 어떻게 남편을 사랑하고 자녀들을 사랑할 수가 있겠습니까? 마음의 지옥에서 나오는 미움만 주고받아 늘 평안함 보다 부부의 불화가 더 많았습니다. 강요셉 목사님이 상처치유를 위하여 안수하실 때 가슴을 뜯어내는 성령의 강하고 깊은 불세례를 체험하였습니다.

생전처음 그렇게 뜨거운 불의 역사를 체험 했습니다. 성령의 불이 임하니 기침을 하면서 분노의 영들이 떠나갔습니다. 손과 발, 사지가 꼬이면서 귀신들이 떠나가는 체험을 했습니다. 괴성을 얼마나 질렀는지 모릅니다. 정말 창피한 줄도 모르고 괴성을 사정없이 질렀습니다. 이것이 다 내 안에 잠재해있는 분노의 상처들일 것입니다. 강 목사님의 강한 치유 안수기도 중 가슴이 뜯기는 아픔과 함께 기침으로 어떤 뭉치 같은 것이 쏟아졌습니다. 그다음부터 제가 스스로 축귀를 했습니다.

목사님이 알려 준대로 호흡을 들이쉬고 내쉬면서 성령의 임재를 요청하여 성령의 임재가 충만해지면 옛날 상처를 받던 모습을 영상기도를 했습니다. 영상기도를 하면서 회개와 용서를 했습니다. 그러면서 마음으로 명령을 했습니다. 나에게 들어와 혈기를 발하게 하는 귀신은 예수 이름으로 명하노니 떠나가라. 명령을 했습니다. 그러니 아랫배가 아프면서 하품이 말도 못하게 나왔습니다. 또 성령께서 분노의 영을 축귀하라고 하셨습니다. 나에게 들어와 분노하게 하는 귀신은 예수 이름으로 명하노니 떠나가라. 명령을 했습니다. 그러자 기침이 사정없이 나오면서 귀신들이 떠나갔습니다. 속에서 악을 쓰는 소리가 나면서 귀신들이 기침으로 떠나갔습니다. 갑자기 우리 부부관계가 나빠진 것도 귀신의 역사라는 생각이 들었습니다.

그래서 나에게 들어와 부부관계를 파괴하는 귀신은 예수 이름으로 명하노니 떠나가라. 명령을 했습니다. 가슴이 터질듯이 아프더니 재채기를 통하여 귀신이 떠나가는 것입니다. 이렇게 날마다 기도를 하면서 축귀를 하고 나니 남편을 향한 미움이 없어지는 것 이었습니다. 차츰 하나님의 사랑이 차면서 다툼도 거의 없으며, 똑같은 상황인데도 전에는 말대꾸도하고 마음이 상했는데, 이제는 저도 모르게 속에서 온유한 마음으로 대하게 되니 집안에 다시 평안이 감돌고 있습니다. 예수님을 믿고 나서 용서와 사랑을 배웠지만 실천이 되지 않아 늘 갈등했는데 성령님의 강한 역사로 귀신들이 떠나간 날부터 남편을 대하는 저의 마음이 눈에 띄게 변해 갔습니다. 확실한 체험으로 몸의 증거를 주시면서 미움을 몰아내니 미워할래야 미워 할 수가 없으니 참으로 신기하고 감사합니다.

　이젠 마음이 부드러운 사람으로 변하게 해달라는 말씀으로 목사님이 기도해 주실 때 그 말씀을 붙잡고 몸부림치는 저를 하나님께서 불쌍히 여기사 치료해 주신 줄 믿습니다. 성령님의 역사가 일어나니 내 마음 속의 지옥이 떠나가고 천국이 이루어진 것입니다. 마음을 성령께서 장악을 하시니 마음이 넉넉해지고 하나님의 사랑이 가득하게 되어 모든 일에 자신감이 있고 누구든지 감쌀 수 있는 넉넉한 사람이 되고 싶은 것이 저의 소망이었는데 이제야 이루어지고 있습니다. 예수님은 정말 대단하십니다. 그 강팍했던 저를 바꾸어놓았으니 말입니다. 강 목사님이 늘 하시는 말씀이 성령님은 무쇠라도 녹이십니다. 하신 말씀이 진실이라는 것을 세삼 깨닫습니다. 내 마음에서 성령님의 역사가 일어나지 않았으면 어찌 내가 변화될 수 있었겠습니까? 성령님의 역사가 저를 바꾼 것입니다. 이제 깨닫고 보니 성령의 세례를 받지 않고 성령의 역사가 일어나지 않으면 아무리 변하려고 해도 되지 않는 다는 것을 알았습니다. 강력한 성령의 역사가 내 마음에서 일어나서 내 마음속의 지옥을 몰아내니 천국으로 바뀐 것입니다. 예수님 정말로 감사합니다. 내가 예수님을 믿기를 참으로 잘했습니다. 체험하고 보니 예수님이 참으로 좋으신 분이라는 것을 몸으로 느끼고 알게 되었습니다. "예수님의 새 계명 내가 너희를 사랑한 것같이 너희도 서로 사랑하라"를 지킬 수 있으니 얼마나 감사한지요, 내 마음에 천국이 이루어지니 여유가 생긴 것입니다. 성령께서 저를 완전하게 지배하신 결과입니다. 가장 가까운 남편을 도구로 사용하신 하나님 내가 얼마나 부족했으면 남편하나 용납하고 섬기지 못하였으나 끝까지 참으시고 나를 훈련시키시고 사랑의 사람이 되게 하신 하나님께 감사드립니다. 영의통로가 열려 마음에 평안을 느끼게 하신 하나님에게 영광을 돌립니다.

둘째, 그 변화된 과정에서 먼저 아내와 남편의 관계를 우리가 살펴봐야 하는 것입니다. 아내는 결혼하고 난 다음에 어떻게 변화를 입어야 될 것입니까? 결혼하기 전에는 아무리 가정에서 아버지의 귀여움을 받고 어머니의 사랑을 받고 형제의 귀여움을 받고 자랐다 할지라도 일단 결혼하여 나오면 자기의 신분이 한 남편의 아내라는 것으로 유심한 변화를 받게 되는 것입니다. 그러므로 이 아내가 가정에 들어와서 남편 앞에서 어떠한 마음의 자세의 변화를 받아야 되겠습니까? 성경은 거기에 대해서 밝히 말하고 있습니다. 아내들이여 남편이 아내의 머리된 것이 그리스도가 교회의 머리됨과 같다 그렇게 말하는 것입니다.

그러므로 남편은 아내의 머리됨이 그리스도가 교회의 머리됨과 같다는 것은 중대한 의미를 말하는 것입니다. 교회는 예수께서 우리의 머리이시기 때문에 우리는 완전히 예수그리스도의 지휘를 받습니다. 우리는 예수그리스도 이외의 절대로 다른 지위를 허락하지 않습니다. 그러면 만일 한 가정에 결혼해서 남편이 아내의 머리가 된다면 아내는 남편의 지휘권에 복종해야 되는 것입니다. 거기에서 남녀동등권이 어떻고 그렇게 말할 필요가 없습니다. 왜냐하면 사람은 하나님이 지으셨고 가정도 하나님이 만들었기 때문에 하나님이 만드신 그대로 우리가 복종할 때 비로소 행복한 가정을 이룹니다.

그런데 남편이 머리이고 아내가 몸이라고 해서 동등이 안 된 게 뭡니까 머리와 몸은 일체인 것입니다. 머리는 몸을 지휘하고 몸은 머리를 받들어주는 것처럼 한 가정의 남편은 그 머리인 것입니다. 그러므로 수족이요, 몸인 아내는 남편의 지휘권에 들어가야 되는 것입니다. 많은 가정에서 아내가 자기의 권리를 주장하고 남편의 지휘권에 들어가지 않으려고 하므로 말미암아 남편과 아내사이에 폭력사태가 일어나고 그렇지 않으면 남편이 완전히 지휘권을 포기해버리면 무관심하게 되고 무능력한 남편이 되어버리고 마는 것입니다.

이러므로 성경대로 우리가 순종해서 행복한 가정을 만들어야 되는 것입니다. 그러므로 아내의 남편에 대한 태도는 어떨까요? 교회가 그리스도에게 하듯 하라고 말한 것입니다. 교회는 그리스도를 예배드립니다. 이와 같이 아내도 남편에게는 언제나 예배하는 마음으로 존경을 해야 되는 것입니다. 만일 아내가 그 마음속에 남편을 멸시하거나 경멸하면은 절대로 그 가정에 행복이 없습니다. 어떻게 되었던 남편이 존경받을만한 사람이든 존경받지 못할 사람이든 간에 그 남편하고 결혼했으면 아내의 의무는 그 남편을 존경하는 것이 아내의 의무인 것입니다.

교회가 예수님을 예배하는 것같이 그 아내의 마음속에 남편을 예배하듯이 존경하라는 것입니다. 이것은 하나님의 명령이지 강 목사의 명령은 아니니깐 오해는 하지 마십시오. 교회는 그리스도를 언제나 찬양하는 것처럼, 아내는 남편을 찬양을 해야 되는 것입니다. 남편을 자꾸 흠 보고 바가지 긁고 하지 말고 남편의 장점을 찾아서 남편을 칭찬하고 남편에 대해서 감격을 느껴야 되는 것입니다. 이것이 있어야 되는 것입니다. 남편은 아내에게 칭찬받기를 좋아합니다. 그 하나님이 그렇게 만들어 놓았었어요. 그러므로 기도해서 장점을 찾아서 하루에 한가지씩만 칭찬을 해 주십시오. 그러면 큰 변화가 다가오는 것입니다.

그다음 남편을 신뢰해 주어야 되는 것입니다. 교회가 예수그리스도를 신뢰하는 것처럼 남편을 일일이 자꾸 의심하고 자꾸 캐묻지 말고 남편을 전적으로 신뢰해 주십시오. 신뢰를 받은 남편은 의심을 받는 남편보다 올바른 행동을 하게 되는 것입니다. 그리고 난 다음에 남편에게 봉사하십시오. 교회가 그리스도에게 봉사하듯 남편을 돌보아 주십시오. 남자는 아무리 나이를 많이 먹어도 부인 앞에 나오면 옛날에 어머니에 대한 추억을 잊을 수가 없는 것입니다.

모든 남편은 아내에게 엄마의 추억을 살리려고 하는 것입니다. 어떤 50대 후반의 남자가 저에게 이렇게 하소연을 합니다. 목사님! 저는 아내가 어떤 때는 어머니같이 보입니다. 그래서 아내에게 어리광을 하고 싶을 때가 종종 있습니다. 그런데 문제 제가 아내에게 다가갈 때만다 저를 내몰 차게 대합니다. 이양반아 당신이 아이야~ 내가 당신의 어머니야, 그런 어리광은 어머니 한테나 해~. 나는 당신 아내야. 한다는 것입니다. 그럴 때마다 마음이 섭섭하고 상처가 된다는 것입니다. 이분의 아내는 중대한 잘못을 하는 것입니다. 남자는 언제나 자기 부인에게 어머니의 추억을 더듬기 때문에 여보하고 어리광을 하면 아이고 우리 큰아기 하고 안아주십시오. 아이고~ 우리 큰아기 하면서 머리도 좀 쓰다듬어주고, 가슴도 좀 토닥여 주고, 아이고 우리 큰아기 요즈음 잘 지내느냐고 어머니처럼 좀 해주십시오. 그러면 그렇게 흐뭇해할 수가 없는 것입니다. 이것을 안 해주기 때문에 남편이 늘 집에서도 무언가 마음에 섭섭한 게 우리 아내는 왜 우리 어머니처럼 안 해주나 그런 마음에 감정이 생긴다고 그러므로 남편을 돌보아주고 어머니처럼 해주십시오. 이것이 바로 교회가 그리스도를 섬기듯이 아내는 남편을 그렇게 돌보고 섬겨줘야 하는 것입니다.

남편말마다 전부 이론을 달고 조건을 달고 반항을 하면 안 됩니다. 남편의 말이 마음에 좀 맞지 않더라도 자신을 죽이고 복종을 하십시오. 그러면 그 남편은 크게 감격을 느끼는 것입니다. 하나님께서 그렇게 하라고 하셨습니다. 교회가 그리스도에게 하듯 아내들도 범사에 남편에게 그렇게 하라고 말한 것입니다.

요사이다 고등교육을 받은 여성들이 결혼하고 난 다음 지나

내나 다를 것이 무어냐 내가 뭐 때문에 비굴하게 자기에게 그렇게 할 것이냐 그렇게 말할 사람이 있을지 몰라도 그런 태도를 취하면 한평생 가시밭길과 설움의 눈물을 먹고 살아야 될 것입니다. 가정이란 것은 하나님이 세운 제도이기 때문에 하나님의 가르치심을 쫓아서 우리가 살지 아니하면 행복한 가정을 이룰 수가 없는 것입니다. 그러므로 가정과 부부의 관계에서 아내의 위치를 우리 여성들은 분명히 알고 그대로 실천하면 후회할 것이 없는 좋은 아내로서 그 가정에 크나큰 변화의 역사를 가져올 수 있는 것입니다.

셋째, 가정과 부부의 관계에서 남편의 위치에 관해서 또 알아봐야 되겠습니다. 성경은 말씀하기를 남편은 아내의 머리라고 말한 것입니다. 머리는 이 몸을 지도하고 보호하고 양육하고 또 평안하게 해줄 책임이 있는 것입니다. 이와 같이 어떠한 가정에도 남편이 그 아내의 머리가 되었으면, 그 가정을 지도할 지도력을 발휘해야 되는 것입니다. 그리고 난 다음 그 아내와 함께 그 가정을 남편은 뼈가 부러지더라도 보호하고 양육해야 합니다. 그리고 그 아내와 가정을 편안하게 만들어줘야 되는 것입니다. 이와 같은 지도력도 발휘하지 못한 머리라면 그것은 병든 머리든지 정신병이 든 머리인 것입니다.

오늘날 머리의 역할을 남편이 스스로 포기해서는 안 되는 것입니다. 이러므로 성경은 말하기를 남편들아 아내 사랑하기를 그리스도가 교회를 사랑하는 것과 같이 하라고 했습니다. 그러므로 남편은 아내의 섬김만 받으면 된다고 생각하면 중대한 잘 못입니다. 남편이 아내의 섬김을 받는 것같이, 남편은 또한 아내 사랑하기를 예수 그리스도가 교회를 사랑하듯 하라고 하나님이 중대하게 명령한 것입니다. 그리스도는 교회를 어떻게 사랑했습니까? 예수 그리스도는 십자가에서 해 받으셔서 교회들의 죄를 용서해 주셨습니다.

교회의 모든 죄를 당신이 짊어지고 교회의 죄를 용서해 준 것과 같이, 남편은 아내를 항상 불쌍히 여기고 용서하는 마음을 가져야 하는 것입니다. 아내들은 친정아버지 같이 자상한 남편을 생각한다고 합니다. 아내를 불쌍히 여기지 아니하고 용서하는 마음을 가지지 아니하고, 언제나 아내의 결점을 파헤치고, 단점을 지적해서 지혜 없이 말하여 상처를 받게 하면 안 됩니다. 그리고 아내에게 몰인정하게 대하는 남편이 있으면 그는 자격상실입니다. 그리스도가 교회를 불쌍히 여기고 그 죄를 용서해준 것처럼 남편은 아내를 늘 불쌍히 여기는 마음으로 봐야 되는 것입니다. 내게 시집와서 남의 집에서 날 의지하고 살러왔으니 언제나 마음에 긍휼한 마음과 불쌍히 여기는 마음을 가져야 합니다. 그리고 잘못이 있거들랑 언제나 용서해주세요. 그것은 남편의 책임입니다.

교회는 언제나 예수께 용서를 구하는 것처럼, 그리고 언제나 용서받는 것처럼, 아내는 남편에게 언제나 용서받을 수 있는 권리가 있는 것입니다. 그리고 남편은 한 가정에서도 화해의 근원이 돼야 되는 것입니다. 예수께서 교회를 하나님 앞에 화해시키고, 자기에게 화해시킨 것처럼, 오늘 남편은 아내를 언제나 자기와 온 가정을 화해시킬 책임이 있는 겁니다. 어떻게 내 가족 속에 아내가 왔다 할지라도 남편은 화해가 돼야 되는 것입니다.

오늘날 결혼이란 것은 단지 남편에게만 결혼하는 것이 아닙니다. 한 가정에 결혼해오는 것입니다. 그러므로 남편은 그 가운데서 언제나 아내를 화목 시키는 그러한 역할을 해야 되는 것입니다. 사람들은 새로 들어온 며느리나 그렇지 않으면 식구를 그렇게 좋은 얼굴로만 보지 않습니다. 이렇기 때문에 남편이 적극적으로 나서서 어머니와 아버지와 아내사이에 형제와 아내사이에 화목이 될 수 있도록 최선을 다해서 노력을 해야만 되는 것입니다.

이렇게 되려면 가정에 항상 예수님이 주인이 되게 해야 합니다. 예수님이 가정의 주인이 되게 하려면 성령께서 가정을 지배하게 해야 합니다. 성령이 가정을 지배하게 하려면 가족 구성원들에게서 성령의 역사가 일어나야 합니다. 성령의 역사가 일어나 마음에 천국이 이루어져야 합니다. 그러니까, 각자 가정 구성원들이 먼저 성령으로 장악이 되어야 한다는 말입니다. 가족 구성원들이 성령으로 지배를 받으면 그 가정은 성령의 역사가 장악할 수가 있습니다. 그렇지 못한 가정은 가정에서 예배를 자주 드리시기를 바랍니다.

찬양하며 예배를 자주 드리면 성령의 역사가 일어나게 되어 있습니다. 성령으로 세례를 받지 못했다면 만사를 뒤로하고 받아야 합니다. 성령의 역사가 일어나 가정을 장악해야 가정에 역사하는 지옥의 영들이 떠나가는 것입니다. 부부나 가족이 아무리 대화를 하여 문제를 해결하려고 해도 되지 않는 것이 보통입니다. 왜냐하면 가정과 부부의 문제 뒤에는 귀신이 역사하기 때문입니다.

이 근원인 귀신이 떠나가야 가정과 부부가 하나 되고 성령으로 천국이 이루어지는 것입니다. 가정과 부부가 하나 되지 못하면 아무리 열심히 해도 경제가 풍성해지지 않습니다. 귀신이 방해하기 때문입니다. 성령의 역사로 부부와 가정이 하나가 되면 방해하던 귀신이 서서히 떠나갑니다. 귀신이 떠나가니 가정경제가 풀어지기 시작을 합니다.

우리가 깨닫고 보면 모든 문제의 근원은 마음에 있습니다. 마음에 천국이 이루어지지 않으면 부부와 가정의 화목이 될 수가 없습니다. 또한 가정의 경제력도 어렵게 됩니다. 무엇보다도 마음에 천국을 이루는 것이 중요합니다. 마음에 천국은 진리의 말씀과 성령의 역사로 되는 것입니다. 진리의 말씀이나 성령의 역사 모두가 개인들의 마음 안에서 역사합니다. 마음이 중요합니다. 마음을 성령으로 기도하면서 정화하시기를 바랍니다. 교회에 나가서 성령 충만을 받아야 합니다. 시간이 안 되면 저희 교회 같이 토요일 개별집중치유를 받아서 성령으로 마음속을 천국을 만들어야 합니다. 이것은 아주 시급하고 중요한 문제입니다.

22장 몸(육체)의 천국을 누리게 하시는 예수님

(잠17:22)"마음의 즐거움은 양약이라도 심령의 근심은 뼈를 마르게 하느니라"

　예수를 믿으면 육체(몸)도 만사형통하게 지냅니다. 성령이 전인격을 장악하여 하나님의 나라가 되었으니 육체(몸)이 건강한 것은 당연한 것입니다. 문제는 자신의 전인격이 성령의 지배를 받느냐, 받지 못하느냐가 문제입니다. 성령의 지배를 받으려면 먼저 성령으로 세례를 받아야 하기 때문입니다. 성령께서 전인격을 지배하면 몸이 건강한 것은 당연한 것입니다. 마음이 성령의 지배를 받아 천국이 되면 육체도 건강합니다. 그래서 예수를 믿으면 수명이 5-7년이 길어지는 것입니다. 왜냐하면 성령으로 심령이 지배를 받으면 마음이 평안해지기 때문입니다. 마음이 평안하니 몸이 제 기능을 다하니 건강할 수밖에 없는 것입니다. 모든 육체의 질병은 영에서 시작됩니다. 영이 제 기능을 하지 못하면 마음이 평안하지 못합니다.

　어느 젊은 여 집사가 저에게 전화를 했습니다. 목사님! 저는 지금 정상이 아닙니다. 직장을 다니고 있는데 몸이 비정상입니다. 가슴이 답답하고, 잠을 자도 늘 피곤하여 닭이 병든 것과 같이 꾸벅꾸벅 졸기 일 수입니다. 기도가 막혀서 기도를 할 수가 없습니다. 그리고 조그마한 소리도 받아들이지 못하고 짜증이 심합니다. 불안하고, 두렵고, 우울할 때도 있습니다. 몸이 천근만근 무겁습니다. 그래서 서울대 병원에 입원하여 450만원을 들여서 건강검진을 받았습니다. 그런데 결과는 모든 기능이 정상으로 나왔습니다. 그런데 몸은 비정상입니다. 목사님! 이유와 원인이 무엇입니까? 하나님의 은혜로 해결 받고 싶습니다.

제가 이렇게 대답을 했습니다. 스트레스를 많이 받아 마음의 상처가 강해져서 영을 눌러서 영이 자기 역할을 못하여 일어나는 현상입니다. 병원에서 약을 먹어도 치유가 불가능한 질병입니다. 하나님만이 치유하실 수 있는 영적 정신적인 질병입니다. 전형적으로 영이 약한 성도에게서 일어나는 현상입니다. 저희 교회에 매주 토요일 날 개별집중치유 프로그램이 있습니다. 예약하고 오셔서 치유를 받으시면 완치가 가능합니다.

집사님이 바르게 아셔야 할 것이 있습니다. 집사님은 예수를 믿어서 하나님의 자녀가 되었습니다. 하나님의 자녀는 하늘에 시민권이 있습니다. 이제 하나님께서 주시는 것으로 살아야 합니다. 영육의 문제도 하나님이 알려주시는 방법으로 치유를 해야 합니다. 하나님께서는 자녀들의 문제를 하나님의 사람을 통하여 치유하십니다. 세상에서 치유하지 못하는 문제도 하나님께 기도하면 하나님께서 하나님의 사람을 만나게 하여 치유하십니다. 하나님은 치유하지 못하는 것이 없습니다. 걱정하지 마세요.

여 집사가 토요일 날 집중치유를 예약하여 집중치유를 받았습니다. 첫날 기도를 하는데 성령세례를 받지 않은 상태였습니다. 일단 성령의 임재가 여 집사를 장악하게 하여 성령세례가 임하도록 했습니다. 얼마 지나자 성령세례가 임했습니다. 소리를 내면서 한동안 울었습니다. 울음이 그치니 기침을 사정없이 했습니다. 그러면서 분노가 올라왔습니다. 들어보니 남편을 향한 분노였습니다. 제가 남편이 힘들게 합니까? 그랬더니 울먹이는 소리로 그렇다는 것입니다. 사사건건 충돌이 일어난다는 것입니다. 계속 기도를 하게 했습니다.

성령의 역사가 일어나도록 안수를 했습니다. 한동안 웃었습니다. 방언기도도 했습니다. 시간이 다되어 일단 끝냈습니다. 제가 이렇게 말했습니다. 오늘은 성령으로 세례를 받고 성령께서 장악을 하는 것으로 만족해야 합니다. 다음에 한 번 더 오시면 깊은 곳에서 역사가 일어나 집사님의 모든 문제가 해결이 될 것입니다. 그러면서 남편하고 사사건건 대립이 일어나는 것은 영적으로 말하면 영적인 충돌입니다. 부부를 성령님이 지배하지 못하여 영적으로 화합을 하지 못해서 일어나는 현상입니다.

기회가 되면 남편도 성령체험을 하게하고 남편을 치유 받게 하세요. 남자들이 성령세례를 받고 체험하면 아주 좋아하고 영적으로 변합니다. 그렇게 되면 부부간의 대립도 없어집니다. 그리고 집으로 돌아갔습니다. 메일이 왔습니다. 몸이 아주 가벼워졌다는 것입니다. 피곤이 사라졌다는 것입니다. 너무 기분이 좋다는 것입니다. 그런데 가슴이 답답한 것은 아직 남아 있다는 것입니다. 그러면서 이번 주에 남편하고 같이 와서 치유를 받겠다는 것입니다.

그래서 예약을 하고 남편하고 와서 치유를 받았습니다. 의외로 남편이 쉽게 성령으로 장악이 되었습니다. 안수를 하니까, 깊은 곳까지 치유가 일어났습니다. 여 집사의 깊은 곳에서 치유가 일어났습니다. 남편도 생전처음 성령으로 세례를 받고 체험했다고 좋아했습니다. 돌아가서 연락이 왔는데 답답했던 가슴이 뚫리고 기도가 너무나 잘된다는 것입니다. 남편도 마음이 편한지 종전과 같은 의견대립이 현저하게 줄었다는 것입니다. 이분들의 영이 강화된 것입니다. 성령께서 장악을 하신 것입니다. 그래서 몸에 피곤이 사라지고 편안해진 것입니다.

영이 약하면 앞에서 간증한 분과 같이 몸과 육체에 문제가 생깁니다. 영이 악하다는 것은 영이 혼과 육을 지배하지 못하고 눌린다는 것입니다. 즉, 혼과 육이 강하여 영이 자기 기능을 발휘하지 못할 때 일어납니다. 이때에는 영을 강화시켜야 합니다.

우리는 몸이 약하면 어떻게 합니까? 병으로 생각하고 보약을 먹고 운동도 합니다. 이런 일은 스스로 하기 보다는 부모가 챙겨주거나 기혼자이면 배우자가 권하지 않습니까? 의사의 도움을 받아 자신에게 맞는 약을 먹음으로써 건강을 회복합니다. 요즘은 가정의가 있어서 가족 전체의 건강을 돌보아줍니다. 그런데 우리의 영에 대해서는 이런 조치를 해주거나 도움을 받는 일이 별로 없습니다. 교회에서도 알아서 하라는 식입니다. 너무 방임하고 있는 것입니다. 이런 일에 관심을 가지고 성도의 영적 건강을 돌보아야 할 목회자가 영이 약하니 그 책임을 다하지 못하는 것이 현실입니다. 아니 영적인 관심이 부족하다고 해야 정확할 것입니다.

성도의 영적 건강을 돌보아야 할 책임 있는 목회자마저 영적으로 약하기 때문에 이런 부분에 있어서, 지도와 관리를 제대로 할 수 없는 경우가 있습니다. 수요기도회라든가 금요심야기도회 등의 이름으로 예배가 드려지지만, 성령이 역사하는 영의 기도와는 사실 거리가 먼 경우가 대부분입니다. 그저 모여서 말씀 듣고 한 두 마디 통성으로 기도하고는 헤어집니다. 이것이 일반 교회의 모습입니다. 기도를 구체적으로 어떻게 하고, 어떤 영적 현상들이 나타나고, 어떤 능력들이 나타나게 되는지를 가르치고 실행하는 기도모임은 거의 찾아볼 수 없습니다. 참으로 안타까운 현실입니다.

성도의 영적 건강을 진단하고 그에 따른 적당한 개별적인 조치를 행하는 일은 우리에게는 아직 낯선 일이며, 일방적인 프로그램으로 진행하기 때문에 개별적이고 구체적인 영적 도움을 받을 수 있는 그런 길이 없습니다. 영적으로 약한 사람에 대해서 그 영을 강건하게 하는 치유목적의 프로그램은 대부분의 교회가 가지고 있지 못합니다. 영이 어린 사람은 스스로 영을 강하게 하는 일이 불가능에 가깝다는 사실을 알아야 합니다. 이것은 우리가 몸이 약할 때 전문가인 의사의 지도를 받으면 쉽게 해결할 수 있는 일을 자신이 해결하려면 시행착오만 겪고 효과가 별로 없는 것과 같습니다. 전문가의 도움을 받으면 쉽게 해결되는 일을 가지고 몇 년씩 고생하는 사람들이 많습니다.

영의 지도를 맡아야 할 책임이 있는 목회자가 영의 일에 대해서 거의 지식과 경험을 가지고 있지 못하기 때문에 이 일에 대해서 아예 문을 닫아둡니다. 다만 성경공부 등과 같은 지식 위주의 가르침으로 책임을 다하는 것으로 생각합니다.

그래서 영적인 문제를 지니고 있는 많은 성도들이 지금도 방황하고 갈등하면서 성장을 이루지 못한 고통 속에 놓여있는 것입니다. 영이 약한 사람은 그 시작을 어디서부터 해야 하는지를 모릅니다. 그래서 영적 여정의 입구를 찾지 못하는 것입니다. 영적 여정의 입구란 성도가 영적인 생활을 하기위해 성령으로 세례 받고 성령의 인도를 받도록 안내하는 바른 목회자를 만나는 것부터 시작하라는 것입니다.

기도할 때 30분을 넘기지 못한다면 자신의 영이 매우 약하다고 생각해야 합니다. 기도의 시간(length)은 중요합니다. 주님도 밤이 새도록 기도하였고 40일을 금식하며 기도하셨습니다. 기도의 양과 영의 능력과는 비례합니다. 성령께서 자신을 장악하도록 인내하는 기도를 하지 못하면 주님과의 친밀함을 누릴 수 없습니다. 기도가 삭막하고 일방적이고 힘이 없고 상투적이라면 자신의 영이 약한 것입니다. 기도할 마음은 있어도 막상 기도하려고 자리에 앉으면 생각이 다 달아나고 막막하기만 하다면 문제가 있는 것입니다. 기도는 훈련을 필요로 하고 습관이 되어야 합니다. 인내하는 기도를 통해서 영적인 힘이 생깁니다. 성령으로 기도하는 훈련은 힘을 만들어냅니다.

영이 약한 사람이 기도를 혼자하면 힘을 얻기 어렵습니다. 그래서 함께 기도하는 기도모임에 나아가 영의 힘이 강한 사람으로부터 도움을 받는 것이 좋습니다. 영을 강화시키기 위해서 기도훈련에 참석해야 합니다. 반드시 자신보다 더 강한 영적인 힘을 지닌 지도자가 있어야 하고, 영적인 현상에 대한 이해와 지식을 나눌 수 있는 전문 사역자가 있는 기도 모임이어야 합니다.

기도를 통해서 경험하는 다양한 영적인 변화에 대해서 설명을 받을 수 있어야만 영적인 진보가 이루어집니다. 기도훈련을 받은 사람들로 구성된 기도모임이 별로 없어서 이런 모임을 현실에서 찾기란 쉽지 않습니다. 교회는 많아도 영적 성장에 도움이 되는 내용을 가진 교회가 적습니다. 정말 해변 모래사장에서 단추를 찾는 것과 같이 찾기 힘이 듭니다.

경험은 우리의 영적 성장에 필수적인 요소입니다. 경험이 없이는 모든 것이 이론에 지나지 않습니다. 하나님의 일은 반드시 증거가 나타납니다. 그것은 하나님이 살아계신 영이시기 때문입니다. 성령이 우리 안에서 역사하시는 현재적 하나님이기 때문에 반드시 영적인 현상은 피할 수 없는 것입니다. 그러므로 경험이 없는 이론은 쓸모없는 것이며, 알맹이가 빠진 허울에 지나지 않습니다. 경험은 우리의 영적인 믿음을 더욱 강하게 하며, 실존하시는 주님을 만나는 것입니다. 경험이 많은 지도자는 영적인 행위에 따르는 영적인 증거들을 알고 있기 때문에 적절한 지도를 할 수 있습니다. 영적인 현상이 나타나지 않는 것은 자신의 영이 약하기 때문인데, 성령으로 영이 강해지는 훈련을 행하면 그에 따라서 영적인 현상이 나타나는 것입니다.

경험은 배운 것이 진실임을 보장하는 증거입니다. 현실에서 증거 되지 않는 일체는 이론일 뿐입니다. 우리가 믿는 하나님은 지나간 역사를 배우는 그런 것이 아니며, 살아계신 하나님을 만남으로써 확인하는 증거 위에 세워지는 믿음입니다. 그런 까닭에 우리의 믿음은 경험을 바탕으로 하는 증거 된 믿음이어야 합니다. 하나님의 응답을 이끌어내는 일이 쉬운 것이 아니며, 우리가 원한다고 그대로 되는 것도 아닙니다. 그러나 하나님의 정한 원칙에 충실하면 응답은 얻을 수 있는 것입니다. 영적지도자는 그 원칙을 잘 알고 있고 적절한 때에 적절하게 하나님의 응답을 이끌어낼 수 있어야 합니다.

증거는 하나님의 보장이며 모든 다툼의 최후 판결입니다. 히브리서는 이 부분에 대해서 분명하게 언급하고 있습니다(히 6:16~17). 하나님은 거짓말이 아니라는 사실을 두 가지 증거로 맹세하시는데 오늘날에도 이 원리는 그대로 적용됩니다. 두 가지란 영적인 증거와 육적인 증거입니다. 보이지 않는 믿음의 증거와 보이는 현실적 증거입니다. 이 두 가지는 우리의 믿음을 영육으로 강건하게 하기 위함이며, 하나님은 우리의 영의 하나님일 뿐만 아니라, 육의 하나님이시기도 되시기 때문입니다. 그래서 이 두 가지 증거는 우리에게 절대로 필요한 것이며, 지도자는 이 증거를 이끌어내는 능력이 있어야 합니다. 이런 능력이 있을 때 지도자로 나설 수 있는 것입니다. 그렇지 못하다면 이 역시 아직 배워야 하는 제자일 뿐입니다.

영을 강하게 하기 위해서 ① 말씀을 배우고, 묵상하고 ② 마음으로 기도하며, 말씀을 삶에 적용하고 ③ 전인격으로 체험하여 믿음을 갖게 하는 것이 영을 강하게 하는 단계이며 절차입니다. 이 세 가지가 어느 한쪽으로 일방적으로 치우치지 않고 균형을 유지해야 하며, 어느 한 가지라도 결여 되었다면 그 것은 온전하지 못한 것입니다. 우리는 하나님이 완전한 것처럼 완전해야 합니다. 완전하다는 말의 헬라어는 '텔레이오스'인데 '전체로 가득하다'라는 뜻을 지닙니다. 이 세 가지 구성 요소 중 어느 것도 빠짐없이 다 들어있는 상태를 말하는 것입니다. 우리의 영이 강해지는 것은 이 세 요소를 다 갖추고 있다는 것을 말합니다. 하나님은 우리가 이런 상태로 살아가기를 원하시는 것입니다.

영을 강화시키는 훈련은 첫째, 말씀을 묵상하는 훈련입니다. 성령의 임재가운데 마음으로 말씀의 묵상을 지속적으로 하면 영이 강화됩니다. 예를 든다면 하나님은 영이십니다. 하나님은 반석이십니다. 그렇지 않으면 시편1편을 묵상하는 것입니다. 둘째, 마음으로 기도하는 것입니다. 호흡을 들이쉬고 내쉬면서 하나님을 찾는 것입니다. 저는 마음으로 하나님! 사랑합니다. 하나님! 도와주세요. 하나님! 어떻게 해야 합니까? 하면서 하나님을 찾으며 집중하는 것입니다. 길을 걸어가면서도 쉬지 않고 하나님께 집중하는 것입니다. 셋째, 마음으로 찬양을 부르는 것입니다. 호흡을 들이쉬고 내쉬면서 마음으로 찬양을 하는 것입니다. 찬양은 자신이 제일 잘 부를 수 있는 찬양을 1절만 지속적으로 하는 것입니다. 이렇게 영을 강화시키는 훈련을 지속적으로 하면 자신의 혼과 육이 영의 지배를 받아 육체가 강건하여 집니다.

영이 강한사람은 바울입니다. 바울은 고질적인 질병이 있었습니다. 기도하여 영을 강화시킴으로 질병을 이겼다는 것입니다. 바울이 하나님께 병을 제하여 달라고 3번 기도하자, '내 은혜가 네게 족하도다' 하신 이유가 여기에 있는 것입니다. 쉽게 설명하면 성령으로 기도하여 영을 강화시켜서 영이 혼과 육을 장악하여 병을 이겼다는 것입니다. 사도행전 16장 25절로 26절에 "한밤중에 바울과 실라가 기도하고 하나님을 찬송하매 죄수들이 듣더라. 이에 갑자기 큰 지진이 나서 옥터가 움직이고 문이 곧 다 열리며 모든 사람의 매인 것이 다 벗어진지라"고 했습니다. 바울이 마음으로 기도하니 영이 강화되어 마음에 천국이 임하니까, 찬양을 한 것입니다. 감옥에 갇혀 있었어도 바울은 천국이었다는 것입니다.

바울과 실라가 천국이 되니까, 한밤중에 원망하고 불평하지 않고 감사 찬양하니까, 성령의 역사가 일어나 빌립보 감옥전체가 천국이 된 것입니다. 천국이 되니 성령의 역사가 옥토를 뒤

흔들어 버리고, 문을 다 열어버리고, 쇠고랑을 다 풀리게 만들어버리고, 감옥이 천국이 되는 역사가 일어난 것입니다. 영이 강하게 되면 우리가 아주 잘 부르는 찬송가 438장 (통일 495장)의 "내 영혼이 은총입어" 가사가 잘 이해가 됩니다.

1절, 내 영혼이 은총 입어 중한 죄 짐 벗고 보니, 슬픔 많은 이 세상도 천국으로 화하도다. 할렐루야, 찬양하세. 내 모든 죄 사함 받고 주 예수와 동행하니 그 어디나 하늘나라….

2절, 주의 얼굴 뵙기 전에 멀리 뵈던 하늘나라. 내 맘 속에 이뤄지니 날로 날로 가깝도다. 할렐루야, 찬양하세. 내 모든 죄 사함 받고 주 예수와 동행하니 그 어디나 하늘나라….

3절, 높은 산이, 거친 들이, 초막이나 궁궐이나. 내 주 예수 모신 곳이 그 어디나 하늘나라. 할렐루야, 찬양하세. 내 모든 죄 사함 받고 주 예수와 동행하니 그 어디나 하늘나라….

바울은 영이 강하게 되어 마음에 천국이 임하니 어디를 가나 하늘나라였다는 것입니다. 그래서 감옥에 갇혀 있었어도 전인격이 하늘나라가 된 것입니다. 이렇게 영이 강하여 전인격을 장악하면 몸(육체)가 강건하게 되는 것입니다. 이는 체험이 없으면 이해가 되지 않습니다.

여기 한 여 집사의 간증을 들어보시기를 바랍니다. 저는 항상 믿음 생활하기가 너무나 힘들다고 불평하며 지낸 집사입니다. 제일 힘이 드는 것이 기도였습니다. 좀처럼 기도하기가 쉽지가 않았습니다. 다른 성도들은 몇 시간씩 기도를 한다고 자랑을 하는데 저는 십 분을 하지 못했습니다. 집안에 일이 있어서 새벽

기도에 가도 기도가 되지를 않아 그냥오기 일쑤였습니다. 기도를 하지 못하니 자연히 마음이 답답해지고 몸은 이곳저곳 아프지 않는 곳이 없었습니다. 어깨통증에다가, 허리 요통에다가 툭하면 몸살이 났습니다.

가장 큰 문제는 조그마한 소리에도 혈기를 잘 내는 것입니다. 남편이 한 마디 하면 저는 세 마디로 대꾸를 합니다. 남편은 교회 다니는 집사가 어떻게 그렇게 혈기가 심하냐고 할 정도입니다. 저도 혈기를 내지 말아야 하겠다고 생각은 합니다. 그러나 막상 사람과의 관계에서는 절제가 되지 않았습니다.

그래서 왜 내가 기도가 되지 않고 마음이 답답하고 혈기가 심할까! 혼자 고민을 하는데 구역 예배에 갔다가 구역장이 저의 이야기를 듣고 충만한 교회를 소개하여 주었습니다. 그래서 홈페이지에 들어가서 프로그램을 보고 집회에 참석을 했습니다. 집회에 하루 참석하여 말씀을 듣고 기도하니 조금 나아지는 것 같았습니다. 다음날 상담을 신청하여 저의 상태를 강 목사님에게 말씀을 드렸습니다.

강 목사님이 하시는 말씀이 마음의 상처로 인하여 영의 통로가 막혀서 기도도 안 되고 혈기도 심하고 몸의 이곳저곳이 아프다는 다는 것입니다. 한마디로 영이 약하여 자기 기능을 발휘하지 못하여 일어나는 현상이라는 것입니다. 이런 상태로 계속 살아가다가 갱년기에 들어서면 육체의 질병과 우울증으로 고생을 할 것이라고 했습니다. 육신의 건강을 위해서라도 영의 통로를 뚫고 상처를 치유해야 한다는 것입니다.

어떻게 하면 영의 통로가 뚫리느냐고 질문을 했더니 계속 참석하면서 말씀을 듣고 기도를 하면 된다고 하시면서 기도 방법을 바꾸어 보라고 하셨습니다. 그냥 호흡을 들이쉬고 내쉬면서 배에서 나오는 소리로 주여! 주여! 주여! 를 계속하면 성령의 역사가 일어나 영의 통로가 자연스럽게 뚫리게 된다는 것입니다. 절대로 욕심을 부린다고 빨리 뚫리는 것이 아니니 성령께서 하라는 대로 따라가라는 것입니다.

그렇게 순종하고 기도하면 목사님이 돌아다니면서 안수하여 영의 통로가 뚫리도록 해준다는 것입니다. 그래서 순종하기로 했습니다. 무엇보다 두려운 것은 갱년기에 질병과 우울증으로 고통당할 수도 있다는 말 이었습니다.

집회에 참석하여 전하는 말씀을 열심히 들었습니다. 말씀을 들을 때 저의 가슴이 답답해지는 것을 느꼈습니다. 그래서 나는 이상했지만 성령의 역사로 인하여 나타나는 현상이라는 것을 알았습니다. 말씀을 듣고 찬양을 부르고 기도 시간이 되었습니다. 강 목사님이 알려주신 대로 숨을 들이쉬고 내쉬면서 배에서 나오는 소리를 열심히 했습니다. 숨을 들이쉬면서 배에서 나오는 소리로 주여! 주여! 주여! 를 계속했습니다.

이렇게 기도에 몰입을 했습니다. 그러자 저에게 진동이 오기 시작을 했습니다. 손이 떨리기 시작을 하더니 온몸이 떨리는 것입니다. 그래도 기도에 몰입을 했습니다. 그러자 이제 손가락이 움츠러들고, 오그라드는 것입니다. 그러면서 제 몸이 뒤틀리는 현상이 일어나는 것입니다. 가슴이 답답해 오는 것입니다. 이제 제 의지로 무엇을 할 수가 없었습니다. 성령이 역사하는 대로 따라서 기도를 했습니다. 그러니까 제 안에서 불이 올라오는 것입니다.

아주 뜨거운 불이 올라옵니다. 온몸이 뜨거워집니다. 얼굴이 뜨거워집니다. 몸이 뒤틀립니다. 아주 정신을 차릴 수가 없이 성령이 역사를 하는 것입니다. 그러기를 한 30분 한 것 같습니다. 이제 제가 잠잠해지기 시작을 했습니다. 그러자 강 목사님이 오셔서 안수해 주셨습니다. "이렇게 뒤틀리게 했던 더러운 영은 물러갈지어다." "기침을 통해서 떠나갈지어다." 하며 명령을 했습니다. 그러자 기침이 사정없이 나오는 것입니다. 그러면서 내 속에서 방언기도가 터져 나오는 것입니다.

그때 나에게 감동이 오기를 이제 성령의 불세례를 체험하고 영에서 나오는 방언을 하는 것이라는 것입니다. 영의 통로가 뚫렸다는 생각이 나를 주장했습니다. 너무나 감사했습니다. 그래서 계속 방언기도를 하니 몸이 가벼워지며 머리가 상쾌해졌습니다. 너무나 좋아서 지금 두 달째 다니고 있습니다. 말로 표현 못하는 평안을 느끼고 있습니다. 목사님이 하시는 말씀이 마음에 천국이 임하고 있는 증거라는 것입니다. 제가 느끼도록 성격이 유순해졌습니다. 혈기가 없어졌습니다. 기도 시간이 즐거워집니다. 저의 남편이 이제 집사 같다는 것입니다. 제가 지금 느끼는 것은 바른 신앙지도를 받으면 좀 더 빨리 깊이 있고 변화된 성도가 될 수 있다는 것입니다. 정말 하나님의 평안을 몸으로 느끼면서 삶을 살아가고 있습니다.

23장 재정이 풍성함을 누리게 하시는 예수님

> (고후 8:9)"우리 주 예수 그리스도의 은혜를 너희가 알거니
> 와 부요하신 이로서 너희를 위하여 가난하게 되심은 그의 가
> 난함으로 말미암아 너희를 부요하게 하려 하심이라"

하나님은 우리를 축복하시는 하나님이십니다. 하나님께서 세상에서 택하여 부른 것은 축복하기 위해서 부르신 것입니다. 하나님께서 불러서 마음의 천국을 누리는데 재정적인 풍성함을 주시고 누리는 것은 당연한 것입니다. 하나님은 우리에게 소원을 두고 하나님의 일을 이루어 가십니다. 그런데도 왜 예수를 믿노라 하면서도 가난한가? 가난한 것은 과연 좋은 것인가? 가난하게 사는 것이 하나님의 뜻인가? 마귀의 저주인가? 이와 같은 의문들이 저의 머리를 복잡하게 해주었습니다. 그래서 신약과 구약의 성경을 보니 성경에 기근이나 물질적 궁핍이나 절망 상태에 빠진 사람들이 하나님의 은혜로 기적적인 도움을 받은 사건들이 여러 곳에 기록되어 있었습니다. 분명하게 하나님은 축복하시는 하나님이십니다. 예수를 믿고 성령으로 거듭난 성도는 재정적인 풍성함을 누리게 되어있습니다.

첫째, 하나님은 축복하시는 분이다. 신구약 성경에는 기근이

나 물질적 궁핍이나 절망 상태에 빠진 사람들이 하나님의 은혜로 기적적인 도움을 받아 가난에서 해방 받은 사건들이 여러 곳에 기록되어 있습니다. 이로보아 예수를 믿는 하나님의 자녀가 부자 되는 것은 하나님의 뜻입니다.

1) 열왕기상 17장 8절로 16절에 기록된 사건입니다. 이스라엘 아합 왕의 시대에 그 아내 이세벨의 충동으로 말미암아 온 나라가 바알과 아세라신을 섬기는 우상숭배로 떨어지고 말았습니다. 여호와의 선지자들을 다 잡아 죽이고 혹은 가두고 여호와를 섬기는 신앙은 이스라엘에서 금지되고 사라졌습니다. 하나님이 진노하사 선지자 엘리야를 아합 왕에게 보내어서 3년 6개월 동안 이스라엘에 우로가 없을 것이고 말했습니다. 그날 이후로부터 시작해서 하늘이 놋같이 푸르고 전혀 우로가 없으매 모든 산천초목이 다 불타 죽고 마실 물조차 없고 기근이 극심하여 수많은 사람들이 죽었습니다. 그 때에 그릿 시냇가에 숨어있던 엘리야에게 하나님이 이렇게 말씀을 하십니다. "너는 일어나 시돈에 속한 사르밧으로 가서 거기 머물라 내가 그 곳 과부에게 명령하여 네게 음식을 주게 하였느니라(왕상17:9)". 하나님의 종 엘리야는 시돈의 사르밧으로 가라는 하나님의 음성을 듣고 이방 땅 시돈의 사르밧으로 갔습니다. 그곳에 가니까 한 과부가 성문에서 나무를 줍고 있었습니다. 엘리야가 그 과부에게 이렇게 말했습니다. 빨리 집에 가서 물 한 그릇을 가지고 와서 나에게 마시게 하라, 그가 물을 가지러 가려고 할 때에 다시 엘리

야가 이렇게 말합니다. "그가 가지러 갈 때에 엘리야가 그를 불러 이르되 청하건대 네 손의 떡 한 조각을 내게로 가져오라" 그러니까 그 부인이 하는 말이 우리 집에 밀가루 한 움큼과 기름병에 기름 조금 밖에 없소이다. 그것으로 마지막 과자를 구워서 자식하고 나누어 먹고 죽으려고 합니다.

그러나 엘리야가 말하기를 당신이 나의 말을 믿고 그렇게 하면 이 가뭄이 지날 때까지 너의 밀가루 통에 밀가루가 떨어지지 아니하고 기름병에 기름이 마르지 아니하리라고 말했습니다. 그래서 과부가 엘리야의 말을 믿고 가서 그 과자를 굽고 물을 가져와서 엘리야에게 주니 이 엘리야가 그 물을 다 마시고 그 과자를 다 먹었습니다. 그리고 그 과부의 집에 우거하는데 엘리야가 말한 그대로 밀가루 통에 밀가루가 먹고 나면 또 생기고 먹고 나면 또 생기고, 기름병에 기름을 붓고 나면 또 기름이 차있고, 3년 6개월 동안 가뭄이 지날 때까지 그 식구가 다 먹고 마시고 기근을 피할 수가 있었습니다. 이와 같이 하나님은 순종하는 자에게 기적의 은혜를 베풀어주시는 하나님이십니다. 여러분 하나님은 하지 못하는 일이 없습니다. 이 사르밧 과부와 같이 하나님의 레마가 들려오면 믿고 순종합시다. 그리하여 하나님의 기적을 체험하시기를 소원합니다.

2) 열왕기하 4장 1절로 7절에 기록된 사건입니다. 엘리사 선지자가 선지 학교를 경영하고 있었는데 그 학생 중에 한 사람이 죽었습니다. 그러자 그 학생의 아내와 두 아들이 채주에게 빚

을 갚지 못함으로 그 채주가 그 아들 둘을 잡아서 팔려고 했습니다. 그러자 그 과부가 하나님은 이 문제를 해결하실 수 있다고 믿고 하나님의 사람 엘리사 선지자에게 와서 눈물로 호소했습니다. 우리 남편이 살아있을 때에 여호와를 잘 섬겼는데 세상을 뜨고 난 다음 이제 채주가 와서 아이 둘을 잡아다가 종으로 팔려고 하는데 어떻게 해서든 나를 도와주시옵소서. 그때에 엘리사가 물었습니다. 너희 집에 무엇이 있는지 내게 고하라. 우리 집에는 기름 한 병 밖에는 아무 것도 없습니다. 그러면 가서 온 이웃의 그릇을 구하되 많이 구하라. 그리고 문을 닫고 그 그릇에 기름을 부어 넣어라. 그 과부가 집에 가서 자기 아이들과 함께 그릇을 잔뜩 빌려서 집에 가지고 가서 문을 닫고 기름병으로 부으니 그릇에 기름이 가득 가득해집니다. 또 옮겨 놓고 또 붓고 또 옮겨 놓고 또 붓고 마지막으로 얘야 그릇 가져와라. 어머니 이제 그릇이 없습니다. 그릇이 없다고 하자 기름이 그치고 말았습니다. 그래서 엘리사의 말대로 그 기름을 팔아 빚을 갚고 나머지로써 그들이 생활할 수가 있었다는 기록인 것입니다. 하나님은 기적의 하나님이십니다. 믿고 순종하여 여러분도 기적을 체험하시기를 바랍니다. 하나님은 없는 것을 있는 것같이 행하시는 하나님을 믿으시기를 바랍니다.

　3) 요한복음 6장 1절로 13절에 있는 사건입니다. 벳세다 광야에 예수님이 나가셔서 말씀을 증거하고 병자를 고쳤는데 해가 질 무렵에 사람들은 배가 고파서 길거리에 드러누웠습니다.

예수님께서 제자들을 불러 모으시고 저들이 굶어서 저렇게 길거리에 쓰러져 있으니 저대로 버려둘 수가 없다. 너희가 먹을 것을 주라. 그때에 제자들이 우리에게 돈이 없습니다. 저들에게 떡을 조금씩 나누어줄지라도 300 데나리온이나 되는 돈이 필요할 것입니다. 이곳은 떡 살 곳도 없습니다. 흩어 보내는 것이 좋습니다. 그럴 때에 예수님께서는 안드레가 한 아이가 내놓은 보리떡 다섯 개와 물고기 두 마리로 축사하시고 남자만 5천 명 부녀를 합치면 2만 명을 배불리 먹이고 12바구니나 남게 한 그러한 사건이 기록되어 있는 것입니다.

4) 예수 믿고 대물림되는 가난을 청산한 간증입니다. 어느 자매님이 너무너무 가난하고 헐벗고 굶주리다가 예수님을 믿고 영적 전쟁하여 하나님의 축복으로 형편이 풀려서 조그마한 주택도 마련하고 이제는 평안하게 되었습니다. 계속적으로 대물림되는 가난의 마귀저주를 예수 이름으로 끊고 귀신을 몰아낸 결과입니다. 이 자매님이 매일 입버릇처럼 "예수 이름으로 명하노니 우리 가정에 대물림되는 가난의 저주는 끊어질 지어다." "가난하게 역사하는 귀신은 예수 이름으로 명하노니 떠나갈지어다." "예수 이름으로 명하노니 우리 가정에 대물림되는 가난의 저주는 끊어질 지어다." "가난하게 역사하는 귀신은 예수 이름으로 명하노니 떠나갈지어다." "예수 이름으로 명하노니 우리 가정에 대물림되는 가난의 저주는 끊어질 지어다." "가난하게 역사하는 귀신은 예수 이름으로 명하노니 떠나갈지어다." 하고

외치고 다녔다고 합니다. 그러던 어느날 자매가 낮잠을 자는데 꿈 속에서 "주인 있소? 주인 있소?"

깡통을 차고 아주 헐음한 옷을 입은 거지가 와서 하는 말이 "우리가 10년 동안 당신 집에서 살았는데, 왜 예수 그리스도를 믿더니만, 예수 그리스도와 함께 밥 먹고, 기도하고 예배하고 자고, 깨어나면 우리보고, 거지 귀신아 물러가라고 그러느냐? 우리를 쫓아낼 당신의 권한이 무엇이냐? 이유를 말해 달라." 그래서 그 거지 대장에게 어떻게 대답을 할까 생각하다가 예수님의 말씀을 기억하고 "증명이 있다. 내가 예수 이름으로 명령한다. 알겠냐! 나사렛 예수 이름으로 명하노니 거지 귀신들은 물러갈 찌어다." 그러니까 다다다다 발걸음 소리를 내면서 전부 거지 떼가 도망을 치더라고 했습니다. 이 꿈은 거지영의 저주가 예수 이름으로 물러가는 꿈입니다. 성령께서 기도를 응답하여 가문에 흐르는 가난의 귀신들이 떠나갔다는 것을 꿈으로 보증해 주신 것입니다. 아주 좋은 꿈입니다. 이와 같이 꿈속에서도 대적기도를 하시기를 바랍니다.

이와 같은 말씀들을 종합하여 볼 때 하나님은 성도들에게 복을 주시는 하나님이십니다. 그래서 하나님에게 문제를 가지고 와서 하나님에게 아뢰면 하나님은 나에게 있는 것으로 그 가난의 고통을 청산하게 하십니다. 절대 어디에서 빌려다가 가난을 청산하게 하시지를 않고 나에게 있는 것을 통해서 역사하여 가난을 극복하게 하십니다. 하나님은 너에게 있는 것이 무엇이냐

하십니다. 그러므로 가난의 고통을 하나님에게 가지고 나오시기를 바랍니다. 하나님이 너에게 있는 것이 무엇이냐 하시면 나에게 이것이 있습니다. 하고 들고 나오면 하나님은 나에게 있는 것 가지고 문제를 해결하게 하십니다.

둘째, 천지를 지으신 하나님의 뜻을 우리가 살펴보아야 될 것입니다. 하나님이 지으신 세계를 보십시오. 하나님이 지으신 세계에 가난이 어느 곳에 있습니까? 하늘에 저 해와 달과 저 수많은 별들을 보십시오. 하늘나라에 하나님이 지으신 모든 천지 전체는 절대로 하나님이 가난하다고 말하고 있지 않습니다. 우리가 이 지상에 살면서 이 지상의 부요함을 보십시다. 그 말할 수 없이 많은 종류의 꽃들과 풀 그 말할 수 없는 실과나무들 그리고 곤충들 짐승들 새들 물고기들을 보십시오. 주님께서 지으신 만물 중에 하나도 가난한 것이 없습니다. 온천지는 태양이 찬란히 비치고 하늘은 높고 푸르고 지구는 하나님께서 만드신 이 우주에서 가장 아름다운 곳이며, 여기에 갖가지 열매 맺는 풀과 나무가 나고 있습니다.

새들은 나르고 물고기는 헤엄치고 농산물은 잘되고, 가지가지 동식물이 있고, 인간이 살아가고 있는 이 세계를 어찌 하나님이 가난하게 만들었다고 생각할 수 있는 것입니까? 하나님께서 천지를 풍요롭게 만들은 것을 보게 될 때 만드신 만물가운데 하나님의 성품이 분명히 보여 알게 된다고 성경이 말했으므로 하나님은 가난한 하나님이 아니라, 풍요로운 하나님이며 하나님은 가난을 즐기는 것이 아니라, 풍요를 즐긴다는 것을 알 수 있는 것입니다.

이렇기 때문에 우리는 하나님의 성품을 알고서 하나님을 믿을 때 그와 같은 믿음을 가져야만 되는 것입니다. 주님께서는 아담과 하와에게 에덴의 낙원을 지어 주셨습니다. 상함도 없고 해함도 없었습니다. 에덴에는 먹을 것과 있을 곳이 충분했었습니다. 얼마나 좋았기에 그곳을 이름 지어 낙원이라 했겠습니까? 만약에 하나님이 인간들이 가난하게 살기를 원하셨다면 에덴동산도 모든 것이 풍족하지 못한 불모지로 만드셨을 것입니다. 그러나 에덴동산은 모든 것이 풍성했다고 성경은 증명하고 있습니다. 그런 에덴동산에서 아담과 하와가 쫓겨난 유일한 이유는 하나님의 말씀을 믿지 못하고 마귀의 음성을 듣고 하나님을 반역하고 하나님의 권좌를 찬탈 하려고 하다가 반역자로서 쫓겨났다는 것입니다.

아담과 하와가 하나님께로부터 쫓겨났기 때문에 이 지구는 저주를 받아 가시와 엉겅퀴가 나고, 그래서 비로소 인간생활에 가난이란 것이 들어오게 된 것입니다. 하나님이 가난을 만든 것이 아니라, 아담과 하와가 하나님의 말씀을 믿지 않고 마귀와 손을 잡고 하나님을 반역하므로 인하여 하나님의 진노를 받아서 하나님과 멀어졌기 때문에 오늘날 가난하게 된 것입니다. 그러므로 가난은 축복이 아니라 불행인 것입니다.

성경은 그렇게 말하고 있습니다. 창세기 3장 17절로 19절에 "아담에게 이르시되 네가 네 아내의 말을 듣고 내가 네게 먹지 말라 한 나무의 열매를 먹었은즉 땅은 너로 말미암아 저주를 받고 너는 네 평생에 수고하여야 그 소산을 먹으리라 땅이 네게 가시덤불과 엉겅퀴를 낼 것이라 네가 먹을 것은 밭의 채소인즉 네가 흙으로 돌아갈 때까지 얼굴에 땀을 흘려야 먹을 것을 먹으리니 네가 그것에서 취함을 입었음이라 너는 흙이니 흙으로 돌아갈 것이니라 하시니라"

그래서 이 성경말씀을 보면 가난과 죽음이란 것은 하나님의 진노이지 하나님의 축복이 아니라는 사실을 우린 분명히 알 수 있는 것입니다. 그렇기 때문에 우리인간은 숙명적으로 가난해야 된다고 생각할 수 없는 것은 우리가 회개하고 예수를 구주로 믿고 하나님께 나오면 하나님의 진노에서 사함을 받기 때문에 우리는 가난과 죽음에서 조차도 사함을 받아 하나님의 축복을 얻게 되는 것입니다. 자신에게 와 있는 가난이 어떻게 해서 생겨났는지 분별하고 진단하여 해결하시어 복을 받기를 바랍니다.

셋째, 아브라함의 하나님이요 이삭의 하나님이요 야곱의 하나님입니다. 하나님은 말씀하기를 나는 아브라함의 하나님이요 이삭의 하나님이요 야곱의 하나님이라고 말한 것입니다. 아브라함과 이삭과 야곱은 우리 믿음의 조상이란 것을 잘 알고 있습니다. 우리는 아브라함과 이삭과 야곱의 믿음을 본 받아 살려고 애를 많이 쓰고 있습니다. 바로 하나님조차도 부끄러움 없이 나는 아브라함의 하나님이요, 이삭의 하나님이요, 야곱의 하나님이라고 말씀을 하셨습니다. 우리가 아브라함이나 이삭이나 야곱을 볼 때 그들이 도덕적으로 완전한 사람들은 아니었었습니다.

그들은 스스로 실수도 많고 죄도 많았었습니다. 그러나 그들이 하나님을 믿고 하나님께 순종하려는 그 투철한 마음은 절절했었습니다. 하나님께서 그들의 믿음을 보시고 그들의 죄를 용서하시고 그들을 의롭다고 말씀하셨습니다. 그리고 하나님께서 아브라함과 이삭과 야곱을 어떻게 대하셨습니까? 우리 하나님께서 그 믿음의 조상들을 철저히 가난하게 만들었습니까? 절대로 아닙니다. 가난은 하나님으로부터 온 것이 아닙니다. 아담이 하나님을 반역함으로 가난하게 되었지만은 아브라함과 이삭과 야곱은 복 내리실 때, 우리 하나님께서는 환경적인 축복도 많이 주셨습니다.

그들은 물론 고난을 많이 겪었습니다. 사람은 고난을 통해서 깨어지고 하나님께 순종함을 배우기 때문에 고난의 삶은 인생을 사는 동안에 면할 수는 없습니다. 그러나 가난은 하나님에게 순종하면 하나님께서 면케 해주시는 것입니다. 아브라함은 창세기 13장 1절로 2절에 이렇게 살았다고 기록하고 있는 것입니다. "아브람이 애굽에서 그와 그의 아내와 모든 소유와 롯과 함께 네게브로 올라가니 아브람에게 가축과 은과 금이 풍부하였더라" 여기에 가난했단 말은 없습니다.

육축도 풍부하고 은금 즉 돈도 풍부하게 있었습니다. 그러므로 아브라함이 적빈한 삶을 살지 않았었습니다. 창세기 24장 35절로 36절에 보면 아브라함의 종이 아브라함의 며느리를 얻기 위해서 보냈을 때, 그가 며느리가 될 수 있는 그 집안에 가서 그 주인에 대한 보고를 할 때 이렇게 했습니다. "하나님께서 나의 주인에게 크게 복을 주어 창성케 하시매, 우양과 은금과 노비와 약대와 나귀를 그에게 주셨고, 나의 주인의 부인 사라가 노년에 나의 주인에게 아들을 낳으매 주인이 그 모든 소유를 그 아들에게 주었나이다." 여기에 종조차 다른 사람에게 말하기를 그의 주인 아브라함은 우양과 은금과 노비와 약대와 나귀를 풍성하게 주셨다고 그렇게 증거하고 있습니다.

그러므로 아브라함은 많은 고난을 받고 깨어져서 순종함과 믿음을 배웠지만은 아브라함은 물질적으로 궁핍하지는 않은 것입니다. 그러면 아브라함의 아들이삭은 어떻게 되었을까요? 창세기 26장 12절로 14절에 보면 "이삭이 그 땅에서 농사하여 그해 백배나 얻었고 하나님께서 복을 주심으로 그 사람이 창대하고 왕성하여 마침내 거부가 되어 양과 소가 떼를 이루고 노복이 심히 많으므로 블레셋 사람이 그를 시기했다"고 말한 것입니다. 그리고 이방사람들이 너는 하나님에게 복을 받은 자로다, 라고 인정했다고 기록되어 있습니다. 하나님은 말만 하시는 하나님이 아니십니다. 말씀하시고 순종하면 이루시고 눈으로 보이게 축복하십니다.

넷째, 우리는 물질의 풍성함을 누리기위해서 어떻게 해야 될까요? 두말할 필요 없이 그 나라와 그 의를 먼저 구하라, 그리하면 이모든 것을 네게 더하시리라 했는데, 우리 예수 믿는 사람이야 하늘나라를 구하고, 하늘나라 의인 예수 그리스도를 구할 것은 당연한 이치인 것입니다. 그런데 하늘나라와 하늘 의를 구하면서 우리의 생각이 달라져야 되는 것입니다. 우리의 생각이 전통적으로 가시와 엉겅퀴로 꽉 들어차서 패배의식 가난의식으로 마음이 꽉 들어차 있으면 하나님께서 그 부정적인 마음을 통하여 절대로 복을 내릴 수가 없습니다.

이러므로 우리는 말씀과 성령의 역사로 마음이 가난의식이나 패배의식에서 놓여남을 받고 이 마음이 하나님의 축복 속에 있어야 됩니다. 지킬만한 것보다 네 마음을 지키라 생명의 근원이 이에서 남이라고 말하고 있는 것입니다. 그러므로 우리의 마음을 완전히 청소하고 마음이 긍정적으로 되기 위해서 예수그리스도의 은혜를 알아야 되는 것입니다. 고린도후서 8장 9절에 기록한 말씀대로 "우리 주 예수 그리스도의 은혜를 너희가 알거니와 부요하신 이로서 너희를 위하여 가난하게 되심은 그의 가난함으로 말미암아 너희를 부요하게 하려 하심이라."고 말씀하신 것입니다.

예수님이 하늘의 그 말로 다할 수 없는 부요를 버리시고 인간 생활로 내려온 것은 인간 세계 속에서 저주를 받아 가난에 허덕이는 우리를 부요케 만들기 위해서 그렇게 하셨다고 말씀하고 계신 것입니다. 예수님은 우리를 영적으로 부요케 만드실 뿐만 아니라, 우리의 현실적인 생활을 부요케 만들기 위해서 주님은 이 땅에 오셨다고 말씀하셨으므로 이 예수를 구주로 모신 사람들은 그 마음속을 부요의식으로 꽉 들어 채워 노아야 되는 것입니다.

저역시도 예수님을 믿고 성령을 체험하고 성령의 감동에 따라 영적인 전쟁을 하며 살아오다가 보니 서서히 가난이 물러가는 것을 체험하게 되었습니다. 저는 개인적으로 예수 믿고 성령을 체험하여 믿음이 자라는 수준에 따라서 환경도 동반 상승한다고 생각하고 체험하고 믿고 있습니다. 제가 지금까지 치유목회를 하면서 임상적으로 체험한 것은 성도가 예수를 믿고 성령을 체험하고 영안이 열리고 심령이 변하는 만큼 환경도 좋아진다는 것입니다.

만약에 예수를 믿고 교회에 나와 열심히 믿음생활을 잘하고 있음에도 환경이 바뀌지 않는 다면 원인을 찾아 치유해야 합니다. 반드시 성령의 임재가운데 찾으면 원인이 있습니다. 원인을 성령의 역사로 제거하면 환경이 좋아지는 것을 눈으로 보면서 체험하게 될 것입니다. 그러므로 우리가 예수를 믿으면서 나는 늘 못산다, 나는 늘 가난하다는 생각으로 채워놓는다면 그리스도의 모든 사역의 목적을 파괴해버리고 마는 것입니다. 예수님은 부요하신 자로서 우리를 위해서 가난하게 되셨다고 말한 것입니다. 그것은 우리로 하여금 저의 가난하심으로 인하여 부요케 하려하심이라고 말씀하고 있는 것입니다.

또한 갈라디아서 3장 13-14절은 아담과 하와가 가져온 저주를 예수께서 담당하고 청산해 버렸다는 사실을 너무나 분명하게 말하고 있는 것입니다. 한번 읽어봅시다. "그리스도께서 우리를 위하여 저주를 받은바 되사 율법의 저주에서 우리를 속량하셨으니 기록된바 나무에 달린 자마다 저주 아래에 있는 자라 하였음이라 이는 그리스도 예수 안에서 아브라함의 복이 이방인에게 미치게 하고 또 우리로 하여금 믿음으로 말미암아 성령의 약속을 받게 하려 함이라"이렇게 말씀하고 계신 것입니다.

하나님은 아브라함과 이삭과 야곱에게 창대한 물질적인 복을 주신 것입니다. 하나님의 뜻은 그리스도 예수를 믿는 사람에게 이 아브라함의 복이 이 땅에 사는 동안에 우리에게 미치기를 원하시고 계신 것입니다. 이러므로 우리의 생각을 바꾸어야 돼요. 우리는 아브라함의 자손들이요, 아브라함의 복을 누리고 살아야만 되는 것입니다. 이러기 때문에 우리의 마음속에 가난의식이나 저주의식을 완전히 오늘 그리스도의 은혜로서 다 내어 쫓아 버려야만 되는 것입니다.

그러므로 우린 고난 없는 삶을 구할 수는 없습니다만, 하나님 앞에서 복을 받아 가난에서 면하게 되는 것은 당연한 이치인 것입니다. 가난과 죽음은 하나님의 진노의 심판이요 마귀의 저주이지, 결코 하나님의 뜻이 아니라는 것을 성경은 우리에게 분명히 말씀하고 있는 것입니다.

24장 질병에서 자유를 누리게 하시는 예수님

(출15:26)"이르시되 너희가 너희 하나님 나 여호와의 말을 들어 순종하고 내가 보기에 의를 행하며 내 계명에 귀를 기울이며 내 모든 규례를 지키면 내가 애굽 사람에게 내린 모든 질병 중 하나도 너희에게 내리지 아니하리니 나는 너희를 치료하는 여호와임이라"

하나님은 치유하시는 분입니다. 예수를 믿었으면 하나님의 자녀가 되었습니다. 이제 하나님께서 책임을 지십니다. 병도 하나님께서 하나님의 방법으로 하나님의 사람을 통해서 고치십니다. 어느 분이 영적, 정신적, 육체적 질병이 걸려서 여기저기 다 다니면서 치유를 받으려고 했습니다. 2년을 돌아다녀도 고치지를 못했습니다. 하나님께 기도하다가 성령께서 충만한 교회를 가라고 감동을 했습니다. 저를 찾아왔습니다. 제가 성령께서 알려주시는 방법으로 집중 치유하며 안수했더니 1주일 만에 완치가 되었습니다. 저는 그때 이런 생각을 했습니다. "그래 예수를 믿었으면 하나님의 자녀이기 때문에 하나님이 모든 것을 책임지신다. 그러므로 병이나 문제가 있으면 세상방법이나 인간방법으로는 해결되지 않는다. 하나님께 기도하여 성령께서 감동하시는 대로 순종하면 하나님께서 믿음을 보시고 하나님께서 예비하신 사람을 통하여 치유하신다." 우리는 이제 하나님의 방법으로 하나님의 사람을 통해서 질병도 치유를 받아야 합니다. 하나님은 치유하시는 하나님이시기 때문입니다.

첫째, 하나님은 치료하시는 하나님이시라는 사실을 우리가 잘 알아야 됩니다. 성경은 말씀하기를 "주 여호와를 주인으로 모시면 하나님께서 우리의 기도를 응답하여 주셔서 물과 양식에 복을 내리고 우리 가운데 병을 제하여 버리겠다"고 말한 것입니다. 너희 날수를 채우리라. 주님께서는 우리에게 주신 수명을 채워 주겠다고 말한 것입니다. 그러므로 주를 섬기고 믿는 사람들은 자기에게 주어진 수명 이전에 죽어서는 안 될 것입니다. 하나님이 날수를 채우겠다고 말한 것입니다. 그리고 하나님께서 우리 가운데 병을 제하여 주겠다고 했으니 말할 필요 없이 병든 자가 고침 받는 것은 하나님의 뜻인 것을 확실히 알 수 있는 것입니다.

시편103편 3-5절에 "저가 네 모든 죄악을 사하시며 네 모든 병을 고치시며 네 생명을 파멸에서 구속하시고 인자와 긍휼로 관을 씌우시며 좋은 것으로 네 소원을 만족케 하사 네 청춘으로 독수리같이 새롭게 하시는 도다" 라고 말한 것입니다. 죄를 사하시고 모든 병을 고치시고 생명을 파멸에서 구속하시고 인자와 긍휼로 관을 씌우시며 네 소원을 만족케 하사 네 청춘으로 독수리같이 새롭게 하신다." 이것은 마치 신약성경 요한3서 2절에서"사랑하는 자여 네 영혼이 잘됨같이 네가 범사에 잘되며 강건하기를 내가 간구하노라"고 말씀하신 말씀과 꼭 같습니다.

우리 예수 믿는 사람들은 그리스도 안에서 자기가 어떠한 신분이 된 것을 알아야 되는 것입니다. 사람들이 예수를 믿고 난 다음에도 종교와 율법만 가지고 신분이 어떻게 된 것을 모른다는 것은 너무나 불쌍합니다. 누구든지 그리스도 안에 있으면 새로운 피로물이라 이전 것은 지나갔으니 보라 새것이 되었다고 했는데 어떤 것이 새것인지 알아야 될 것 아니겠습니까? 그리스도로 말미암아 영혼이 잘됨같이 범사에 잘되며 강건하기를 주님이 간구한다고 말씀하셨으므로 이러한 새로운 신분을 확실히 알고 자기 신분에 합당한 믿음을 가져야 할 것인 것입니다.

시편41편 3절에 "여호와께서 쇠약한 병상에서 저를 붙드시고 저의 병중 그 자리를 다 고쳐 펴시나이다"라고 말씀하셨습니다. 한 두 사람만 고치겠다고 말하지 않았습니다. 다 주님이 고쳐 주시겠다고 말한 것입니다. 우리는 우리의 병이 우리 개인의 죄 때문에 올 때도 있고 사회적인 질병 그렇지 않으면 아담과 하와가 죄를 범하므로 말미암아 이 땅에 병이 들어 온 것을 알고 있는 것입니다. 우리가 병들 때는 하나님 앞에서 회개하고 자복하고 깨어져서 주님께 메달려야 합니다.

우리의 병 고침은 하나님께서 선지자를 통하여 이미 예언한 것입니다. 지금으로부터 600내지 700년 전에 이사야는 예수 그리스도께서 오셔서 우리의 병을 고치는 위대한 사역을 할 것을 분명하게 예언해 놓았습니다. 이사야53장 4-5절에 "그는 실로 우리의 질고를 지고 우리의 슬픔을 당하였거늘 우리는 생각하기를 그 는 징벌을 받아서 하나님에게 맞으며 고난을 당한다 하였노라 그가 찔림은 우리의 허물을 인함이요 그가 상함은 우리의 죄악을 인함이라 그가 징계를 받음으로 우리가 평화를 누리고 그가 채찍에 맞음으로 우리가 나음을 입었도다"그는 실로, 진짜로 우리의 질고를 지고 우리의 슬픔을 당했다고 하는 것입니다.

병들면 고통스럽고 슬프지 않아요? 병들어 보지 않은 사람은 병든 것이 얼마나 고통스럽고 슬픈 것을 모릅니다. 그런데 성경은 말씀하시기를 예수님이 오시면 저는 실로, 진짜로 우리의 질고를 지고 우리의 슬픔을 대신 짊어졌다고 말한 것입니다. 그러니 얼마나 위대한 예언인 것입니까? 예수님이 우리의 질고를 지고 우리의 슬픔을 당하셨으면 우리 예수 믿는 사람이 질고를 지고 슬픔을 당할 이유가 없지 않습니까? 그렇게 하는 것은 주님께 대한 수치가 되지 않겠습니까?

이사야53장 5절에 "그가 찔림은 우리의 허물을 인함이요 그가 상함은 우리의 죄악을 인함이라 그가 징계를 받음으로 우리가 평화를 누리고 그가 채찍에 맞음으로 우리가 나음을 입었도다" 예수님께서 빌라도의 뜰에서 군인들에게 마흔에 하나 감한 39차례의 매를 맞았습니다. 그리스도의 등은 찢어 졌고 그리고 피가 흘렀습니다. 그 살점이 찢어질 때마다 성경은 말합니다. 저가 채찍에 맞음으로 너희가 나음을 입었도다. 오늘날 의학계는 말하기를 세계의 모든 질병을 조목별로 정리하면 총 39가지라고 말합니다. 우연의 일치인지 모르지만 예수님께서 채찍에 맞은 것은 39차례입니다. 그 당시에 마흔 대를 때리면 인간이 살지를 못한다고 말합니다. 그래서 하나 감한 39대를 때립니다. 예수님께서 39차례 매를 맞은 것은 성경에 말하기를 우리 병을 다 대신 짊어지게 하려 함이라 했습니다. 그리스도가 채찍에 맞아 흘린 피가 오늘날도 외치지 않습니까? 예수 그리스도의 피는 아벨의 피보다 더 낫게 말한다고 하는데 그 흘린 피는 오늘 우리에게 외치고 있는 것입니다. "주께서 채찍에 맞았으므로 네가 고침을 받았느니라". 피의 소리에 귀를 기울어야 됩니다. 그리스도의 피 흘림이 우리에게 치료를 외치고 있다는 사실을 우리가 알아야 되는 것입니다.

이사야 53장 10절에 "여호와께서 그로 상함을 받게 하시기를 원하사 질고를 당케하셨다." 하나님 아버지께서 예수님을 상함 받기를 원하사 우리의 질고를 당케 하셨다. 하나님이 병을 얼마나 싫어하고 미워하시기에 그 아들 예수님이 상함 받기를 원했다고 말했습니다. 주님이 아버지의 소원을 따라서 우리의 병을 짊어지기 위해서 그 몸에 상처를 입었습니다. 그래서 우리의 질고를 당케했다고 말한 것입니다. 그 결과로 말라기는 예수 그리스도의 나타남에 관해서 이렇게 말하고 있습니다.

말라기 4장 2절에 "내 이름을 경외하는 너희에게는 의로운 해가 떠올라서…" 의로운 해가 누굽니까? 바로 예수님이 아니십니까? "치료하는 광선을 발하리니 너희가 나가서 외양간에서 나온 송아지같이 뛰리라" 주님은 우리에게 오셔서 치료하는 광선을 발하시는 것입니다. 그 광선이 바로 성령의 은혜인 것입니다. 오늘날도 주님은 우리 가운데서 치료하는 해로써 떠올라서 우리에게 치료하는 광선을 발하여 주시는 것입니다. 그러므로 우리 가운데 주님은 치료의 기적을 베풀어주시는 것입니다.

둘째, 치료는 예수님의 복음의 분리할 수 없는 부분이라는 것을 알아야 되는 것입니다. 예수님의 사역의 3분지 2는 치료하는데 보내셨습니다. 복음을 전하시고 가르치시고 주님은 치료하는 일을 계속했습니다. 주님이 하시는 일은 세 가지 일을 늘 하셨어요. 전도하시고, 가르치시고, 치료하는 일인 것입니다. 누가복음 5장 15절에 허다한 무리가 말씀도 듣고 자기 병도 나음을 얻고자 하여 모여 오되라고 말했으며 6장 17절에는 예수의 말씀도 듣고 병 고침을 얻으려 했다는 것입니다. 주께서 말씀만 증거한 것이 아닙니다. 가르치시고 꼭 병을 고쳤습니다. 주님이 행하시는 일 가운데 병 고침을 빼놓는 일이 절대로 없습니다. 예수님의 천국복음의 기초는 치료에 있습니다. 집을 지을 때 기초가 있어야 되지 않습니까? 예수님의 천국 복음의 기초는 바로 치료에 있었습니다.

마태복음 8장 16절로 17절에 "저물매 사람들이 귀신 들린 자를 많이 데리고 예수께 오거늘 예수께서 말씀으로 귀신들을 쫓아내시고 병든 자를 다 고치시니" 한 두 사람 예외를 둔 것이 아닙니다. "다 고치시니 이는 선지자 이사야로 하신 말씀에 우리 연약한 것을 친히 담당하시고 병을 짊어지셨도다 함을 이루려

하심이더라" 예수님이 우리 연약한 것을 친히 담당하시고 병을 짊어지고 가셨으면 여러분이 그 연약함을 담당할 필요가 없고 그 병을 짊어질 이유가 어디 있겠습니까? 주님이 담당하고 짊어진 것은 여러분이 담당하거나 짊어지지 않기 위해서 그렇게 하신 것이므로 여러분은 이 진리를 알고 단호하게 연약과 병을 짊어질 것을 거부해야 되는 것입니다.

마귀가 연약과 질병을 가져와서 짐지우려고 할 때 단호하게 이는 예수님이 담당하시고 짊어지고 가신 것으로 나는 받아들이지 않겠다. 짊어지지 않겠다. 마귀를 대항해야 되는 것입니다. 성경에는 마귀를 대적하라. 그리하면 저가 너희를 피하리라고 말한 것입니다. 예수님께서는 제자들에게 천국복음 증거 후에는 반드시 치료의 사역을 하라고 명령 하셨습니다.

예수께서 열두제자를 부르사 더러운 귀신을 쫓아내시며 모든 병과 모든 약한 것을 고치는 권능을 주셨다고 마태복음 10장 1절에 말한 것입니다. 주님께서 열두제자를 택했을 때 말씀을 전하고 가르치고 예수님이 하신 그대로 병든 자를 고치라고 하지 않았습니까? 그리고 칠십 인의 제자들에게도 누가복음 10장 8절로 9절에 "어느 동네에 들어가든지 너희를 영접하거든 너희 앞에 차려 놓는 것을 먹고 거기 있는 병자들을 고치고 또 말하기를 하나님의 나라가 너희에게 가까이 왔다 하라" 여기에 보십시오. 명령입니다.

말씀을 전하고 가르친 다음에는 병든 자를 반드시 고치라고 했습니다. 주님의 복음증거에는 치료가 제외된 적이 없습니다. 복음증거와 함께 치료는 항상 동반해야 맞는 것입니다. 이것을 오늘날 교회는 잊어버리고 실천하지 않지만은 성경은 분명하게 우리에게 그렇게 명령하고 있습니다. 누가복음10장 17-20절에 "칠십 인이 기뻐 돌아와 가로되 주여 주의 이름으로 귀신들도 우리에게 항복하더이다 예수께서 이르시되 사단이 하늘로서 번개같이 떨어지는 것을 내가 보았노라 내가 너희에게 뱀과 전갈을 밟으며 원수의 모든 능력을 제어할 권세를 주었으니 너희를 해할 자가 결단코 없으리라"고 말한 것입니다.

그러므로 주님께서는 열두제자나 70인의 제자에게 복음증거와 함께 귀신을 쫓아내고 병을 고치는 일을 반드시 하라고 말한 것입니다. 이것은 그리스도의 복음의 실체요, 천국의 기초가 치료에 있는 것을 분명하게 보여 주고 있는 것입니다. 하늘나라가 전파되는 곳에는 치료가 반드시 따라야만 하는 것입니다. 그렇기 때문에 주님께서 십자가에서 돌아가셨다가 부활하셔서 40일 동안 이 땅에 계시다가 승천하실 때 제자들을 불러 놓고 최후의 명령을 하셨습니다. 우리도 부모님이 세상을 뜨실 때 최후로 남긴 유언은 꼭 지키려고 하는 것입니다. 많은 우리 성도들을 보면 평소 예수를 안 믿다가도 부모님이 유언으로 나 죽고 난 다음 예수를 잘 믿으라고 한 결과로 회개하고 예수님을 믿는 사람이 허다히 많습니다.

유언이 그렇게 중대하고 지키려고 노력하는 것은 우리 주 예수님이 남긴 유언이 있습니다. 승천하시기 전에 마지막 남긴 유언이 마가복음 16장 17절로 20절에 있는 거기에는 "믿는 자들에게는 이런 표적이 따르리니 곧 저희가 내 이름으로 귀신을 쫓아내며 새 방언을 말하며 뱀을 집으며 무슨 독을 마실지라도 해를 받지 아니하며 병든 사람에게 손을 얹은즉 나으리라"고 말씀하셨습니다. "주 예수께서 말씀을 마치신 후에 하늘로 올리우사 하나님 우편에 앉으시니라 제자들이 나가 두루 전파할 쎄 주께서 함께 역사하사 그 따르는 표적으로 말씀을 확실히 증거하시니라" 오늘날 하나님의 증거된 말씀이 치료의 능력으로 증거 돼야 되는 것입니다. 주의 말씀은 허공을 치는 말이 아닙니다. 주의 말씀은 치료의 능력으로 증거 되어야 되는 말씀인 것입니다.

셋째, 우리는 치료받기 위하여 무엇을 해야 되겠습니까? 죄 사함과 함께 치료함도 주님의 십자가 대속에 포함돼 있다는 사실을 확실히 알아야 됩니다. 진리를 알지니 진리가 너희를 자유롭게 하리라고 말씀한 것입니다. 호세아는 내 백성이 지식이 없어 망한다고 말한 것입니다. 오늘날은 지식사회가 아닙니까? 오늘날 전 세계적으로 어느 민족이든지 머리가 되고 꼬리가 되지 않고 위에 있고 아래로 내려가지 않고 남에게 꾸어 줄지언정 빌리지 않는 민족이 되려면 지식이 있어야 됩니다. 오늘날 세상에도 지식이 없으면 망합니다. 이처럼 예수 믿는 사람도 말씀에 대한 지식이 있어야 망하지 않습니다. 성경에는 진리를 알지니 진리가 너희를 자유롭게 한다. 여태까지 속박된 곳에서 해방을 얻을 수 있다는 것입니다.

우리가 예수 믿는 다는 것은 반드시 용서와 함께 치료도 함께 있다는 이 지식을 가져야 되는 것입니다. 베드로전서2장 24절에 "친히 나무에 달려 그 몸으로 우리 죄를 담당하셨으니 이는 우리로 죄에 대하 여 죽고 의에 대하여 살게 하려 하심이라 저가 채찍에 맞음으로 너희는 나음을 얻었나니"라고 베드로는 두 사건을 똑같이 취급을 했습니다. 용서와 치료는 절대로 분리할 수 없는 복음의 내용인 것을 베드로는 말씀한 것입니다. 그렇기 때문에 우리는 치료는 죄 사함과 함께 예수님의 십자가의 대속의 은총에 포함되어 있으므로 절대로 등한히 할 수 없다는 사실을 알아야만 되는 것입니다. 예수님이 대신 값을 지불했는데 우리가 이것을 누리지 못하면 어떻게 되겠습니까? 예수님은 또한 어제나 오늘이나 영원토록 동일하다고 히브리서 13장 8절에 말했는데 예수님이 동일하시면 예수님은 오늘날도 말씀을 전하시고 가르치시고 치료하는 일을 계속하는 것입니다. 주님께서 성령을 보내셔서 우리에게 주님이 하신 일을 우리가 그대로 하도록 명령하신 것입니다.

사도행전10장 38절에 "하나님이 나사렛 예수에게 성령과 능력을 기름 붓듯 하셨으매 저가 두루 다니시며 선한 일을 행하시고 마귀에게 눌린 모든 자를 고치셨으니 이는 하나님이 함께 하셨음이라"고 말한 것입니다. 두루 다니시며 착한 일을 행하시고 마귀에게 눌린 모든 자를 주님께서 고치셨는데 주님이 어제나 오늘이나 영원토록 동일하시면 이 일을 계속 하는 것입니다. 성경은 너희 두 세 사람이 내 이름으로 모인 곳에는 나도 너희 가운데 있겠다고 말씀한 것입니다. 주님께서 이 자리에 계십니다. 주님의 권세와 능력은 변하지 않았어요. 볼지어다. 세상 끝 날 까지 내가 항상 너와 함께 하리라고 말씀하신 것입니다.

그러므로 이 사실을 우리가 마음속에 기억하고 주님은 오늘날도 교회를 통해서 전도와 가르치심과 치료를 계속하고 계신다는 사실을 명심해야 되는 것입니다. 사람들은 생각하기를 이런 병도 주님이 과연 고치시겠는가. 이건 너무나 어렵다. 의사들이 못 고친다고 말했다. 병원에서는 못산다고 말했다. 그렇게 말하는데 우리가 알아야 될 것은 주님은 우리를 치료하실 능력이 있다는 것입니다. 요한복음 1장 3절로 4절에 "만물이 그로 말미암아 지은바 되었으니 지은 것이 하나도 그가 없이는 된 것이 없느니라"고 말한 것입니다.

주님은 만물을 지으신 창조자이신데 창조자가 무엇을 못하겠습니까? 하나님은 무엇이든지 할 수 있잖아요. 주님께서는 능치 못하심이 없다는 것을 알아야 되는 것입니다. 그리고 우리는 주님께 병 치료 함을 받기 위해서 나올 때는 반드시 마음속에 깊이 회개해야 됩니다. 마태복음 9장 1절로 8절에 보면 예수께서 가버나움에 오니 사람들이 너무 많이 모여서 입추의 여지가 없었습니다. 그런데 한 중풍병자가 들것에 들려와서 예수님 앞에 나오지 못하니까 천장을 뜯고서 줄로 달아서 내려왔어요. 사람들이 비난을 하고 집주인은 야단법석을 했습니다. 그런데 예수님은 그 사람의 믿음을 보시고 "소자야 안심하라 네 죄 사함을 받았느니라" 그 가운데 바리새교인이나 사두개나 교법사들이 비난했습니다.

감히 뉘기에 사람이 남의 죄를 사하겠느냐? 그때 예수께서 말씀하기를 "내가 네 죄 사함을 받았다는 말과 네 침상을 들고 집으로 돌아가라는 것 중에 어느 것이 쉽겠느냐? 인자가 이 세상에서 죄를 사하는 권세가 있는 것을 너에게 보여 주겠다. 침상을 걸머지고 집으로 돌아가라" 즉시로 나아서 침상을 걸머지고 집으로 돌아갔습니다. 이 사람이 병든 것은 죄 때문에 병들었는데 예수님이 죄를 용서하자 치료함이 임한 것입니다. 오늘날 그러므로 우리도 주님께 나와서 치료함을 받으려고 할 때는 진실하게 죄를 회개해야 됩니다. 야고보서5장 14−16절에 "너희 중에 병든 자가 있느냐 저는 교회의 장로들을 청할 것이요 그들은 주의 이름으로 기름을 바르며 위하여 기도할지니라. 믿음의 기도는 병든 자를 구원하리니 주께서 저를 일으키시리라 혹시 죄를 범하였을지라도 사하심을 얻으리라 이러므로 너희 죄를 서로 고하며 병 낫기를 위하여 서로 기도하라 의인의 간구는 역사하는 힘이 많으니라"고 말씀한 것입니다.

지금도 불치의 질병들이 치유가 됩니다. 저는 지난토요일에 집중치유 기도 받았던 김○○입니다. 목사님이 어디서왔느냐고 질문하셔서 대전에서 왔다고 했는데 기억하실런지요. 그때 제가 기도가 막히고 축농증수술 후유증으로 목에서 가래가 심하다고 올려서 목사님께서 집중기도 해주셨습니다. 제가 유아 때부터 축농증 때문에 고생하다 어른이 되어 수술도 재발하는 바람에 3번이나 했고, 후유증 때문에 몹시 어렵고 고통을 많이 당해서 좋다는 것 다 먹어보고 고칠 수 있다는 한의원에 가서도 침 치료를 받았지만, 평생 가지고 가야 한다고 말했는데…. 목사님의 기도로 깨끗이 완치되어 너무 기쁘고 감사해서 이렇게 메일 보내드립니다. 그날 가기 전에 철야기도도하고 했는데…. 점점 기도가 힘들어지고 게다가 환경도 막혀 막막했는데…. 아는 지인의 소개로 목사님을 알게 되어 바로 서점가서 목사님의 저서를 읽고 망 서릴 틈도 없이 바로 서울에 올라갔습니다. 가기 전까지도 마음이 힘들고 이런저런 어려움마음을 안고 갔는데 대전에 올 때는 코와 목도 시원하게 치료받고 마음도 가볍고…. 목사님의 말씀대로 기도도 해보니 전에 느끼지 못한 변화가 느껴집니다. 앞으로 저에게 하나님의 더 큰 은총이 부어주실 것을 기대하고 감사하며, 그날 집중치유기도시간에 저 때문에 많이 힘을 더 많이 쏟아주신 것 같아 너무 죄송하고 감사드립니다. 목사님교회에 다니시는 성도들이 정말 부럽습니다. 돈으로 따질수 없는 값진 것을 받고 돌아온 기쁨으로 감사드립니다. 하나님께 영광을 돌립니다. 저는 성도는 세상방법으로 질병이나 문제를 해결하려는 생각을 접으라고 합니다. 하나님께 기도하여 하나님의 방법으로 치유받고 문제를 해결하라는 것입니다.

마가복음 6장 12절로 13절에 "제자들이 나가서 회개하라 전파하고 많은 귀신을 쫓아내며 많은 병인에게 기름을 발라 고치더라"고 했으니 복음증거를 통해서 치료받기 원하시는 분들은 먼저 회개가 따라야 되는 것입니다. 그리고는 우리가 단호하게 배수진을 치고 기도해야 됩니다. 하나님께 간절히 구해야 돼요. 마태복음 7장 7절로 11절에 말씀대로 "구하라 그러면 너희에게 주실 것이요 찾으라. 그러면 찾을 것이요 문을 두드리라 그러면 너희에게 열릴 것이니 구하는 이마다 얻을 것이요 찾는 이가 찾을 것이요 두드리는 이에게 열릴 것이니라. 너희 중에 누가 아들이 떡을 달라 하면 돌을 주며 생선을 달라 하면 뱀을 줄 사람이 있겠느냐 너희가 악한 자라도 좋은 것으로 자식에게 줄줄 알거든 하물며 하늘에 계신 너희 아버지께서 구하는 자에게 좋은 것으로 주시지 않겠느냐"고 말한 것입니다.

치료는 좋은 것입니다. 치료는 나쁜 것이 아닙니다. 구하는 자에게 주님께서 주시기 때문에 간절히 구하고 그 다음에는 흔들리지 않고 믿어야 되는 것입니다. 눈에는 아무증거 안보이고 귀에는 아무 소리 안 들리고 손에는 잡히는 것 없어도 그리고 이성적으로 믿을 수 없어도 말씀에 따라 믿어야 되는 것입니다. 우리의 믿음은 말씀을 믿는 것입니다. 믿음은 들음에서 나며 들음은 그리스도의 말씀으로 말미암는 것입니다.

야고보서 1장 6절로 8절은 "오직 믿음으로 구하고 조금도 의심하지 말라 의심하는 자는 마치 바람에 밀려 요동하는 바다 물결 같으니 이런 사람은 무엇이든지 주께 얻기를 생각하지 말라 두 마음을 품어 모든 일에 정함이 없는 자로다"라고 말한 것입니다. 우리가 마음속에 의심하지 않기로 결심을 해야 되는 것입니다. 마음에 그렇게 결심을 하면 그대로 되는 것입니다. 믿음이란 마음의 선택에 달려 있는 것입니다. 안 믿으려면 안 믿고 믿으려면 믿을 수 있는 것입니다. 우리는 믿음을 선택하고 단호하게 믿기로 작정해야 되는 것입니다.

우리는 치료의 기도를 받고 난 다음에는 입술의 고백을 해야 됩니다. 무엇이든 땅에서 매면 하늘에서 매일 것이요. 땅에서 풀면 하늘에서 풀리는데 매고 푸는 것은 우리 입술의 고백에 달려 있는 것입니다. 아직 없는데 나타나지 않았는데 있는 것처럼 믿음으로 이미 시인하는 것을 말하는 것입니다. 입술로 고백하는 것입니다. 그럴 때 믿음의 역사가 일어나는 것입니다.

성경에도 스로보니게 여인이 예수님께 아뢰기를 개도 상에서 떨어진 부스러기를 먹나이다. 할 때 주님께서 "오 여인아 네 믿음이 크도다. 네가 이 말을 하였으므로 네 딸에게서 귀신이 나갔다"고 말씀한 것입니다. 말을 했기 때문에 한 말로 천 냥 빚을 갚는 다는 말도 있는데 말이 얼마나 중요한지 모릅니다. 우리가 아무리 믿었다고 하나 입술로 부인해 버리면 아무 일도 일어나지 않는 것입니다. 믿음이 다 무효가 다 되고 마는 것입니다. 그러므로 우리의 믿음을 입술로 우리는 단호하게 강하게 고백해야만 되는 것입니다.

25장 귀신에게 자유를 누리게 하시는 예수님

(막 16:17-18)"믿는 자들에게는 이런 표적이 따르리니 곧 그들이 내 이름으로 귀신을 쫓아내며 새 방언을 말하며, 뱀을 집어 올리며 무슨 독을 마실지라도 해를 받지 아니하며 병든 사람에게 손을 얹은즉 나으리라 하시더라"

예수를 믿어 성령으로 거듭난 성도는 세상 신을 쫓아내야 합니다. 세상 신이 떠나가야 지금 이 땅에서 마음의 천국을 누리고, 아브라함의 복을 받아 누리며 하나님의 군사로서 사명을 감당할 수가 있는 것입니다. 성령의 권능과 예수 이름으로 먼저 자신과 가정에 역사하는 귀신들을 쫓아내야 합니다. 예수님을 믿는 성도들은 귀신을 두려워해서는 안 됩니다. 귀신은 마음에 천국이 이루어지면 자동으로 떠나갑니다. 만약에 성도가 귀신을 쫓아내는 데에만 관심을 둔다면 천국에 갈 때까지 귀신을 쫓아내야 합니다. 귀신은 성령으로 세례를 받고 성령으로 기도하여 마음 안에서 성령의 역사가 일어나야 성령의 권능으로 떠나가는 것입니다. 목회자와 성도들이 잘못알고 있는 것은 권능 있는 목사와 성도만 귀신을 쫓아내는 줄로 아는 것입니다. 아닙니다. 귀신은 우리 안에 임재하신 성령의 권능으로 귀신이 쫓겨나가는 것입니다.

그러므로 귀신을 쫓아내는 일에만 관심을 두지 말고 성령으로 세례를 받고 성령의 인도하심에 따라 회개하며, 용서하여, 귀신이 자신에게 역사하게 된 근본을 성령으로 찾아 푸는 것이 더 중요합니다. 귀신은 반드시 회개하고 용서하여 풀어야 떠나가기 때문입니다. 이렇게 회개하고 용서한 다음에 그 때 들어온 귀신을 축귀해야 합니다. 성령으로 충만한 상태이므로 자신이 자신 안에 역사하는 귀신에게 예수 이름으로 명령하면 떠나갑니다. 만약 떠나가지 않는 다면 회개나 용서가 되지 않았거나 아직 성령께서 자신의 전인격을 장악하지 못한 것입니다.

그렇다면 더욱 성령의 인도를 받으며 기도해야 합니다. 성령님께 문의하여 아직 해결되지 않은 죄악이나 상처가 있는지 질문해야 합니다. 성령님께 질문하면 알려주십니다. 성령께서 다 알고 계시기 때문입니다. 그러므로 성령께서는 다 알고 계신다는 믿음을 가지고 응답을 받을 때까지 질문하는 것입니다, 귀신은 반드시 성령께서 알려주시는 문제들을 해결해야 떠나갑니다. 귀신은 자신이 성령으로 완전하게 장악이 되어야 항복하고 떠나간다는 것을 믿어야 합니다. 귀신을 무서워하지 말아야 합니다. 귀신은 성령의 권능 앞에 무력한 존재이며 예수이름으로 명령하면 떠나가야 하는 존재입니다. 귀신을 쫓아내는 데에만 시간과 노력을 투자하지 말고 성령으로 전인격이 장악되는 것에 시간과 노력과 물질을 투자하기 바랍니다.

첫째, 귀신이 사람과 더불어 살면서 하는 일. 귀신은 이 세상의 사람과 하도 오랫동안 친숙하게 살기 때문에 사람들은 귀신이 자기 곁에 있는 줄도 모릅니다. 귀신이 사람과 더불어 살면서 어떠한 형태로 있느냐면 제일 처음 단계는 'Obsession'이라고 해서 귀신이 붙어 다닙니다. 몸에 붙어 다녀요. 이 사람이 시장에 가면 시장에 붙어가고 학교에 가면 학교에 붙어가고 가고, 집에 오면 집에 붙어 오는 것입니다.

사도행전 8장 4절로 7절에 보면 "그 흩어진 사람들이 두루 다니며 복음의 말씀을 전할새 빌립이 사마리아 성에 내려가 그리스도를 백성에게 전파하니 무리가 빌립의 말도 듣고 행하는 표적도 보고 한마음으로 그가 하는 말을 따르더라. 많은 사람에게 붙었던 더러운 귀신들이 크게 소리를 지르며 나가고 또 많은 중풍병자와 못 걷는 사람이 나았다"고 말한 것입니다.

많은 사람에게 붙었던 귀신이 예수님을 모시게 되니까 견디지 못하여 고함을 치고 나갔던 것입니다. 귀신은 예수 그리스도 앞에 설 수가 없습니다. 예수 그리스도의 이름과 그 보혈 앞에는 한 길로 왔다가 일곱 길로 도망을 치는 것입니다. 많은 사람에게 붙어 있는 귀신들이 예수님 앞에서 고함을 치고 쫓겨나갑니다. 오늘 당신은 모르지만 몸에 붙어있는 귀신도 있습니다. 10년, 20년 붙어있는 귀신이 있습니다. 하도 오랫동안 붙어 있기 때문에 귀신인지도 모르고 친구인줄 알고 있는 것입니다.

담배 피는 귀신이 붙어서 10년 동안 담배를 피웠으니 담배는 자기가 피우는 줄 알지만 귀신이 피우도록 뒤에서 종용한 것입니다. 10년, 20년 술주정뱅이가 된 자도 술주정뱅이가 자기가 된 줄 아는데 귀신이 붙어서 그렇게 만드는 것입니다. 귀신은 사람에게 붙어서 귀신 성격을 그대로 옮겨 부어주는 것입니다. 그러므로 처음 단계는 귀신이 우리 몸에 붙어서 우리 몸의 생명을 빼앗아가는 것입니다. 두 번째 귀신은 붙어 다니다가 좀 더 힘을 얻으면 'Oppression'이라고 해서 압박을 가합니다. 압력을 가해요. 붙어 다닐 때는 내가 끌려 다니는데 그게 오랫동안 붙어 다니다가 나중에는 자기가 끌고 다닙니다. 끌려다니는 것이 아니라 끌어당깁니다.'Oppression'압박단계에 들어옵니다. 그러면 내가 가고 싶지 않은데도 가야되는 것입니다. 내가 하고 싶지 않은데도 해야 되는 것입니다. 내가 먹기 싫은데도 먹어야 되는 것입니다. 마귀의 억압단계에 들어간 것입니다.

그리고 셋째 단계는 'Depression'나중에는 슬픔의 단계에 들어가는 것입니다. 압박을 당해서 이제는 도저히 자기 힘으로 착하게 될 수가 없습니다. 선하게 될 수가 없습니다. 올바른 길로 걸어갈 수가 없습니다. 'Oppression'압박단계에 들어가 있습니다. 그렇게 되면 얼마 있지 아니하여 곧 'Depression' 마음이 우울하고 침울하고 억압당하여 인생이 살기 싫고 자살하는 사람도 생기고 패배자가 되어 완전히 마귀에게 잡힌 'Possession' 소유단계로 떨어지고 마는 것입니다.

마태복음 8장 16절에 보면 "저물매 사람들이 귀신 들린 자를 많이 데리고 예수께 오거늘 예수께서 말씀으로 귀신들을 쫓아내시고 병든 자들을 다 고치시니" 예수님이 가시는 곳마다 귀신을 쫓아내고 병 고치는 일을 하셨습니다. 제자들에게도 나가서 회개하라 천국이 가까이 왔다하고는 꼭 귀신을 쫓아내고 병을 고치라고 말한 것입니다. 예수 그리스도는 어제나 오늘이나 영원토록 동일하기 때문에 오늘날 교회에도 우리가 예배하러 모일 때면 귀신을 쫓아내고 병을 고치라고 명령하신 것입니다.

그런데 우리가 안하지요. 오늘날 목사들은 교육을 너무 많이 받아서 예수님의 말씀을 미신으로 생각하고 순종을 하지 않는 분이 있습니다. 세상의 교육은 잘 받았는지는 몰라도 하늘나라 교육은 잘못 받은 것입니다. 주님이 하라면 하는 것입니다. 우리의 도리인 것입니다. 오늘날 그렇기 때문에 귀신들이 자유롭게 교회에 출입을 하고 너무나 많은 사람들이 비참한 병의 고통을 당하고 있는 것입니다. 우리 교회가 다시 회개하고 귀신을 쫓아내고 병든 자를 고쳐야 되는 것입니다.

귀신이 초기 단계에는 우리에게 붙어 다니다가 그 다음에는 우리를 강제로 끌고 다니고, 그 다음에는 억압하고, 그 다음에는 완전히 우리를 점령해서 우리를 괴롭히고 도적질하고 죽이고 멸망시키는 일을 하는 것입니다.

화초나 채소를 기를 때, 식물이 잘 자라다가 어느 날부터 잎사귀가 누렇게 뜨고 죽는 것을 볼 때가 많습니다. 그 때 잎사귀를 뒤집어보면 뒤에 진딧물이 잔뜩 붙어있는 것을 보는 것입니다. 진딧물이 잎사귀의 생명줄인 물기를 다 빨아 먹습니다. 그러므로 잎사귀가 누렇게 뜨고 그 다음 말라죽게 되는 것입니다.

수맥을 다 점령하여 물과 양분을 빨아 먹는 것입니다.

그러니 화초나 채소의 잎사귀에 물과 영양분이 공급되지 않으면 누렇게 뜰 수밖에 없지요. 오늘날 진딧물 같은 귀신이 우리 마음을 점령하면 자꾸 내 마음 속에 생명을 빼앗아 가기 때문에 나쁜 생각이 마음을 점령하고 죄를 짓게 하고 마음에 간직한 믿음, 소망, 사랑, 평안, 기쁨을 빼앗아 가고 우리의 삶이 누렇게 떠서 행복을 누리지 못하게 하는 것입니다.

그러므로 우리는 무엇보다 먼저 회개하고 예수님의 이름으로 귀신을 쫓아내야 되는 것입니다. 내 마음에 믿음, 소망, 사랑, 의, 평강, 희락이 사라지고 마음이 늘 우울하고 고통스럽고 괴로우면 마음에 진딧물이 붙었습니다. 귀신이 붙어서 생명을 빼앗고 도둑질하고 죽이는 것입니다. 그러므로 예수님의 이름으로 귀신을 쫓아내야 되는 것입니다. 그러면 귀신이 쫓겨 나가고 마음에 평안을 회복할 수가 있는 것입니다.

둘째, 예수 이름으로 귀신을 쫓아내라. 예수님께서는 이 귀신을 쫓아내라고 말씀하셨습니다. 베드로 전서 5장 8절에서 9절에 보면 "근신하라 깨어라 너희 대적 마귀가 우는 사자같이 두루 다니며 삼킬 자를 찾나니 너희는 믿음을 굳게 하여 저를 대적하라 이는 세상에 있는 너희 형제들도 동일한 고난을 당하는 줄을 앎이니라"라고 하셨습니다.

그러므로 우는 사자와 같이 돌아다니며 시간만 나면 기회만 있으면 우리의 영을 잡고 마음을 누르고 육체를 눌러서 도적질하고 죽이고 멸망시키는 일을 하고 있습니다. 그렇기 때문에 우리는 시시각각으로 원수 마귀를 내어쫓아야 하는 것입니다. 요한계시록 12장 10절에서 11절에 "내가 또 들으니 하늘에 큰 음성이 있어 가로되 이제 우리 하나님의 구원과 능력과 나라와 또 그의 그리스도의 권세가 이루었으니 우리 형제들을 참소하던 자 곧 우리 하나님 앞에서 밤낮 참소하던 자가 쫓겨났고 또 여러 형제가 어린양의 피와 자기의 증거하는 말을 인하여 저를 이기었으니 그들은 죽기까지 자기 생명을 아끼지 아니하였도다." 고 말하고 있는 것입니다.

원수귀신은 밤낮으로 밤에도 낮에도 쉬지 않고 참소를 합니다. 하나님 앞에서 참소를 합니다. 그래서 참소는 하나님이 하는 일이 아닙니다. 참소는 마귀가 합니다. 하나님이 하는 역사는 하나님은 용서하시고 하나님은 사랑하시고 하나님은 격려하시고 하나님은 돌보시는 일을 하십니다. 하나님은 우리에게 생명을 주는 일을 하는 것입니다. 마귀는 참소합니다. 끝임없이 참소합니다. 오늘날 이 세상에 얼마나 참소하는 일이 많습니까. 두 사람만 모이면 남을 헐뜯고 남을 모함하는 말을 합니다.

이러므로 이런 귀신은 단호하게 쫓아내야 하는 것입니다. 그러면 귀신을 어떻게 쫓아낼까요. 누가복음 10장 19절에서 20절에 보면 "내가 너희에게 뱀과 전갈을 밟으며 원수의 모든 능력을 제어할 권세를 주었으니 너희를 해할 자가 결단코 없으리라 그러나 귀신들이 너희에게 항복하는 것으로 기뻐하지 말고 너희 이름이 하늘에 기록된 것으로 기뻐하라 하시니라" 여기에 보면 하나님께서 우리에게 귀신의 능력을 제어할 권세를 주었다고 말한 것입니다. 능력이란 power입니다. 힘을 말하는 것입니다. 그러나 권세라는 것은 힘을 제어하는 능력인 것입니다. 예를 들어 말하면 자동차는 능력이 있습니다. 큰 능력으로 우렁차게 달려옵니다. 그러나 교통순경은 권세가 있습니다. 자동차보다는 능력은 없지만 교통순경은 손가락 하나로 지시만 하면 그 능력 많은 자동차가 덜컥 섭니다. 그것은 왜 그러냐 하면 자동차는 능력이 있지만 교통순경은 권세가 있는 것입니다. 여기 성경에 마귀는 능력이 있지만 하나님을 믿는 우리에게는 하나님께서 권세를 주셨다고 말씀하신 것입니다.

우리가 예수를 믿고 구원을 받자마자 우리의 이름이 하늘나라에 등록이 되자마자, 하나님은 우리에게 원수마귀의 모든 능력을 제어 할 권세를 주신 것입니다. 그러므로 우리는 권세가 있는 자들이라는 것을 깨닫게 되기를 주의 이름으로 축원합니다. 우리가 예수 믿고 권세가 있는 줄 알면 밤중에 혼자 있어도 두렵지 아니하고 밤중에 공동묘지를 걸어가도 두렵지 않습니다. 왜냐하면 모든 원수마귀는 힘이 있지만, 예수님을 믿지 않는 사람은 그 힘에 짓눌려서 꼼짝 못합니다.

그러나 예수님을 믿는 사람은 태어나서부터 믿은 자 마다 하나님께서 능력을 제어할 권세를 주신 것입니다. 우리가 담대하게 권세를 사용하면 마귀는 우리의 권세에 쫓겨서 한 길로 왔다가 일곱 길로 도망쳐 버리고 마는 것입니다. 그러므로 모두 다 하나님께서 태어날 때부터 권세를 주신 권세자이신 것을 알게 되시기를 주의 이름으로 축원합니다.

그러면 그 권세를 어떻게 사용할까요. 예수님의 이름으로 사용할 수 있습니다. 마가복음 16장 17절에 "믿는 자들에게는 이런 표적이 따르리니 곧 저희가 내 이름으로 귀신을 쫓아내며 새 방언을 말하며"라고 말합니다. 나사렛 예수 이름으로 명하노니 너희 귀신은 물러갈찌어다. 더러운 귀신아 물러가라. 악한 귀신아 물러가라 거짓된 귀신아 물러가라. 점치는 귀신아 물러가라. 질병의 귀신아 물러가라. 불신의 귀신아 물러가라. 우리가 예수님의 이름으로 우리의 권세를 사용할 수 있는 것입니다. 예수의 이름으로 명하노니 원수 귀신아 물러갈찌어다.

이와 같이 우리가 가진 권세를 예수의 이름으로 사용하면 마귀는 한 길로 왔다가 일곱 길로 도망가는 것입니다. 또 예수님의 보혈과 말씀으로 귀신을 쫓아냅니다. 요한계시록 12장 11절에 "또 여러 형제가 어린양의 피와 자기의 증거 하는 말을 인하여 저를 이겼다"고 말씀한 것입니다. 주의 그리스도 보혈을 보면 원수 귀신은 쫓겨납니다. 왜냐하면 그리스도의 보혈이 마귀의 모든 무장을 해제했습니다. 마귀의 죄의 무장을 해제하고, 미움의 무장을 해제하고 질병과 저주와 죽음의 무장을 다 해제시켜 버렸습니다. 십자가에서 마귀의 권세를 빼앗아 버렸습니다.

그러므로 예수의 보혈을 보면 마귀는 놀라서 도망을 칩니다.

우리가 예수의 보혈을 찬송하고 예수의 보혈을 말하고 예수의 보혈을 믿으면 보혈 앞에 마귀는 서지 못합니다. 타락한 귀신과 천사들은 쫓겨나는 것입니다. 그리고 난 다음 우리가 담대하게 하나님의 말씀을 증거할 때 귀신은 쫓겨나는 것입니다. 우리가 말씀을 증거하면 그 말씀에 의해서 가정에 있는 귀신이 쫓겨나고 사회에 있는 귀신이 쫓겨나고 그리고 그리스도를 믿게 되고 하늘나라가 임하게 되는 것입니다.

이르므로 보혈과 말씀으로 귀신이 쫓겨나가므로 우리는 강하고 담대하게 언제나 말씀을 전하고 말씀을 선언하는 모두가 되시기를 주의 이름으로 축원합니다. 내가 남에게 말씀을 전할 때 귀신이 쫓겨나가고, 그 집안의 귀신이 쫓겨나가는 것입니다.

그 다음에는 기도와 금식으로 귀신이 쫓겨나갑니다. 마가복음 9장 19절에 "이르시되 기도 외에는 다른 것으로는 이런 유가 나갈 수 없느니라" 귀신이 깊이 들어서 가정이 이상하게 되었든지 완전히 귀신에게 꽉 잡힌 가정을 위해서는 보통해서는 귀신이 쫓겨나지 않습니다. 아예 전통적으로 뿌리를 내리고 있는 귀신들은 우리가 금식하고 기도하고 대적하면 그 개인이나 가정에서 뿌리가 뽑히고 쫓겨나는 것입니다. 단호하게 우리가 금식하고 원수마귀를 대적하면 다들 쫓겨나갑니다.

우리가 이 세상에 살면 먼지와 티끌이 자꾸 묻습니다. 그러면 어떻게 합니까. 우리는 샤워를 합니다. 목욕을 해서 우리 몸을 자꾸 정하게 합니다. 그렇지 않으면 몸에 먼지와 티끌과 때가 많이 묻어서 결국 병들게 되고 마는 것입니다. 이와 같이 우리에게 영적으로도 끊임없이 귀신들이 붙습니다. 이 귀신들을 우리가 성령으로 기도하여 심령을 정화하며 씻어내야 합니다. 성령으로 기도를 하면 성령으로 충만해져서 귀신이 물러나는 것입니다.

하늘나라가 우리 속에 임하면 언제나 의를 가져옵니다. 불의와 악함을 제하고, 의를 가져오고 마음의 평화를 가져옵니다. 하늘나라가 오면 마음의 불안과 공포를 제하고 마음속이 평안으로 강물같이 넘쳐납니다. 그리고 마음에 기쁨이 넘쳐납니다. 기쁨이 바로 우리 삶의 용기와 희망을 줍니다.

마음에 기쁨이 있으면 살아가는데 용기가 생기고 힘이 생기고 창조적이 되는 것입니다. 그러나 사람의 마음속에 기쁨을 잃어버리면 좌절하고 낙심하고 허약하게 되어버립니다. 그리고 무능력하게 되어 버리고 마는 것입니다. 기쁨을 잃어버린 개인이나 가정이나 사회나 국민은 망하게 되고 마는 것입니다. 마귀는 어찌하든지 의를 빼앗아가고 평화를 빼앗아가고 기쁨을 빼앗아 가서 멸망시키려고 하는 것입니다.

그러나 우리가 예수의 이름으로 마귀를 단호하게 대적하여 이기고. 성령의 인도를 받는 영의 기도로써 성령 충만한 믿음생활을 하면, 성령이 우리 마음속에 충만해집니다. 마음에 하늘나라가 임하고, 하늘나라는 마음에 의를 가져오고, 마음의 평안을 가져오고, 마음의 기쁨으로 충만해서, 우리가 사기가 충천하고, 의욕이 넘쳐나고 긍정적이고 적극적이며 창조적이고 생산적이고 승리적인 삶을 살게 만들어 주는 것입니다.

예수님의 이름으로 대적하시기를 바랍니다. 내가 예수 이름으로 명하노니 나를 괴롭히는 귀신은 물러갈지어다. 가정을 파괴하는 귀신은 물러갈지어다. 나를 우울하게 하는 귀신은 물러갈지어다. 한 가지 알아야 할 것은 귀신은 막연하게 귀신아 예수 이름으로 명하노니 떠나가라. 명령하면 어느 귀신이 떠나갈지 몰라서 떠나가지 못합니다. 정확한 이름을 부르면서 명령을 해야 합니다. 자신에게서 또는 가정에서 일어나는 현상을 가지고 명령해야 합니다. 혈기가 심하면 혈기 나게 하는 귀신아 예수 이름으로 명령하노니 혈기 귀신은 떠나가라. 이렇게 구체적으로 이름과 현상을 가지고 명령해야 해당 귀신이 떠나갑니다.

여기 귀신의 영향으로 고생하다가 치유 받은 분의 간증을 들어보시기를 바랍니다. 저는 지난 세월 귀신의 역사로 참으로 고통스러운 세월을 살았습니다. 한동안은 무릎이 아파서 잠을 자지 못하도록 고통을 당했습니다. 병원에 가서 MRI를 찍어보니 연골이 잘못되었다는 것입니다. 수술을 해야 한다고 해서 젊은 나이에 무릎 수술을 한 것입니다. 얼마 지나지 않아서 허리가 아파서 앉아 있을 수가 없었습니다. 또 병원에 가서 MRI를 찍어보니 허리 디스크라는 것입니다. 그래서 수술을 받았습니다. 수술을 받고 나니 이제 허벅지에 근육통이 일어나 밤이나 낮이나 할 것 없이 통증으로 고생을 했습니다. 급기야 불면증이 찾아왔습니다. 거기다가 우울증이 겹쳐서 저를 괴롭혔습니다. 할 수 없어서 점쟁이를 찾아갔습니다.

　무당이 하는 말이 신끼가 있으니 신 내림을 받으면 몸이 아프지 않는 다는 것입니다. 내가 무당이 되어야 하다니 기가 막혔습니다. 친정에 가서 이야기를 하니 이모가 하는 말이 외할머니가 무당을 하다가 돌아가셨다는 것입니다. 그래서 제가 이렇게 고통을 당한다는 것입니다. 그러면서 하시는 말씀이 예수를 믿고 귀신을 쫓아내면 된다는 것입니다.

　그래서 예수를 믿었습니다. 교회에 등록을 하고 다니게 되었습니다. 불면증과 우울증과 허벅지 통증을 고치려고 여기 저기 수소문을 했습니다. 어느 능력이 있다는 교회를 찾았습니다. 찾아가서 상담을 했습니다. 다니면서 집회와 예배에 참석하면 치유가 된다고 했습니다. 담임목사님이 여 목사인데 능력이 있다고 했습니다. 집회에 참석하여 안찰을 받았습니다. 안찰은 이렇게 했습니다. 허벅지가 아프다고 하니까, 손바닥으로 탁탁 두드리면서 저보고 악악하고 소리를 지르라는 것입니다. 악~ 악~ 하면서 소리를 지르다가 보니 가래가 나오니까, 귀신이 나온다고 했습니다. 저는 잘 모르기 때문에 맞는 줄만 알았습니다.

　그런데 이상하게 그날 밤은 통증이 없는 것입니다. 다음날 교회에 가니까, 물어보는 것입니다. 통증이 있었는가, 그래서 없었다고 하니까, 헌금을 하라는 것입니다. 그것도 300만원을 하라는 것입니다. 이제 나았으니 교회도 자기 교회로 옮기라는 것입니다. 그래서 교회를 옮겼습니다. 그런데 다시 아프기 시작을 합니다. 거기서 있는 돈 다 헌금하고 돈이 없어서 사는 집 월세를 석 달이나 밀리게 되었습니다.

담임목사가 오라고 해서 갔더니 감사헌금을 하라는 것입니다. 그러면 치유가 된다고 말입니다. 사정을 이야기 했더니 살고 있는 월세집의 보증금을 빼서 헌금하고, 자기 교회 성도가 준비한 산속에 있는 초가집에 들어와 살라고 하는 것입니다. 아브라함이 이삭을 하나님에게 바쳐서 축복을 받은 것과 같이 치유 받고 축복을 받는 다고 말입니다.

그래서 아무리 생각을 해도 잘못된 것으로 생각이 들어 아는 친구의 도움으로 충만한 교회에 오게 되었습니다. 충만한 교회에 와서 전문적인 치유를 받다가 보니까, 모두 잘못된 것이었습니다. 목사님은 안수를 하시면서 제가 스스로 기도하여 성령님이 저를 장악하도록 하셨습니다. 목사님이 안수를 해주시면서 하라는 대로 기도하니 기침이 나오면서 속에서 오물이 토해져 나왔습니다. 내가 기도가 술술 잘되니 기침이 더 많이 나왔습니다. 한참을 토했습니다. 기침을 얼마나 했는지 모릅니다. 가슴이 시원해졌습니다. 목사님이 다라관절 허리 디스크를 안수하며 치유하여 주셨습니다. 마음이 편안해 지면서 허벅지 통증이 없어졌습니다. 밤에 잠도 잘 잡니다. 우울증도 없어졌습니다. 저는 철저하게 귀신에게 당하면서 살았다는 것을 체험적으로 알게 되었습니다. 그리고 치유는 아무 곳에서나 하는 것이 아니고 전문적으로 치유하는 곳을 찾아야 한다는 것도 알게 되었습니다. 충만한 교회에 와서 정말로 영육이 편안해졌습니다. 정말 예수님의 사랑을 체험하고 있습니다.

이 책을 통해 예수님이 땅끝까지 전파 되기를 소원합니다.
(출판으로 인한 이익금은 문서선교와 개척교회 선교에 사용합니다.)

예수님이 만사 형통이신 이유

발 행 일 | 2015.09.01초판 1쇄 발행

지 은 이 | 강요셉

펴 낸 이 | 강무신

편집담당 | 강무신

디 자 인 | 강은영

교정담당 | 원영자

펴 낸 곳 | 도서출판 성령

신고번호 | 제22-3134호(2007.5.25)

등록번호 | 114-90-70539

주   소 | 서울 서초구 방배천로 4안길 20(방배동)

전   화 | 02)3474-0675/ 3472-0191

E-mail | kangms113@hanmail.net

유   통 | 하늘유통. 031)947-7777

ISBN | 978-89-97999-35-4 부가기호 | 03230

가   격 | 18,000원